QUINZE
LEÇONS DE FRANÇAIS

QUINZE
LEÇONS DE FRANÇAIS

JEAN-ANTOINE BOUR
WILLIAM L. HENDRICKSON
Brown University

HOLT, RINEHART AND WINSTON, INC.
NEW YORK • TORONTO • LONDON • SYDNEY

Copyright © 1972 by Holt, Rinehart and Winston, Inc.
All rights reserved
Library of Congress Catalog Card Number: 75-177522

ISBN 0-03-086309-0

234567 006 987654321

Printed and bound in the United States of America

INTRODUCTION

The organization and contents of *15 leçons de français* are the result of several years of classroom experience on the intermediate level. The authors know all too well how short one semester can be; the choice was therefore made not to pretend to review the whole of French grammar. At this level, most manuals now available attempt to be all inclusive; this can only lead to a sketchy presentation, a hasty practice, and thus a partial assimilation of the structures. This manual, instead, is made up of 15 chapters, each centered upon a basic problem for the English speaking student. Such a selection provides the teacher with the opportunity to treat more fully the problem areas and gives the student a reasonable amount of time to concentrate upon and reinforce his knowledge of these areas.

In order to give unity to each chapter the vocabulary stresses a particular theme ("Une Rencontre", "Au Magasin", etc.), thereby providing a language focus in addition to a grammatical focus.

Each lesson is divided into four basic parts:

(1) A series of practice exercises which provide initial contact with the structure or structures treated in the lesson. These are oral exercises meant to be used both in the laboratory and in the classroom (fast drill).

(2) The "Explications" (in French in order to give maximum exposure to the language) which consist of grammatical explanations of what has been done orally in the exercises.

(3) A series of exercises primarily meant to be written ("Invention", "Exercices de Contrôle", and "Thème d'Applica-

tion") in which the knowledge acquired in 1 and 2 can be applied.

(4) A selected verb offered for review and an "Emploi pratique" of the particular verb.

At the end of the book, the student will also find a series of verbs which are commonly used and whose conjugations should be mastered. A French-English vocabulary has been compiled to aid the student whenever necessary.

                          Jean-Antoine Bour
                          William L. Hendrickson

How to use the "Practice Exercises" to greatest advantage

You will note that for each practice exercise the answers are given. This will help you in your individual study because the correct answer is readily available for the control of your work.

In order for you to profit from *15 leçons de français*, we suggest the following method:

(1) With the help of an index card or an envelope, cover up the answer(s) to each question,

(2) read the question out loud,

(3) answer without moving the card,

(4) then move the card down to check your answer,

(5) repeat the correct answer out loud.

You should go over each exercise at least twice following the above method.

TABLE DES MATIÈRES

LEÇON 1 *Les Voyages et les Transports* 1
Explications:
L'article défini
L'article indéfini

LEÇON 2 *Au Restaurant* 18
Explications:
Le partitif et les expressions de quantité

LEÇON 3 *A la Campagne* 31
Explications:
L'adjectif possessif
Le pronom possessif
L'adjectif démonstratif
Le pronom démonstratif

LEÇON 4 *La Famille* 51
Explications:
La négation
L'interrogation

LEÇON 5 *Les Sports* 80
Explications:
Généralités sur le verbe
Le verbe pronominal
Le passif
Constructions avec "faire"

LEÇON 6 *Les Distractions* 98
Explications:
Le passé composé—l'accord du participe

LEÇON 7 *Les Arts* 113
Explications:
L'imparfait de l'indicatif
Constructions avec "depuis"; "voilà ⎫
"il y a ⎬ ... que";
"cela fait" ⎭
"il y avait ⎫ que"; "pendant/durant";
"cela faisait ..." ⎭ ; "dans"; "en"
Notes sur le verbe "aller"

LEÇON 8 *Dans une Librairie* 131
Explications:
Les pronoms personnels atones
Distinctions entre les verbes "savoir"
et "connaître"

LEÇON 9 *Une Rencontre* 148
Explications:
Les pronoms personnels toniques

LEÇON 10 *Au Magasin* 167
Explications:
Le pronom relatif

LEÇON 11 *A l'Université* 185
Explications:
Le subjonctif dans la proposition
subordonnée—I

LEÇON 12 *La Vie Politique* 198
Explications:
Le subjonctif dans la subordonnée—II
Le subjonctif dans la proposition
   indépendante et dans la proposition
   principale

LEÇON 13   *Les Métiers et les Professions*   215
Explications:
Les prépositions

LEÇON 14   *Les Métiers et les Professions (suite)*   242
Les Saisons   246
Explications:
Prépositions (suite)
L'expression de la condition

LEÇON 15   *Les Vacances*   264
Explications:
Emploi de certains temps et de certaines formes verbales
La concordance des temps
Remarques sur le verbe "devoir"

TABLEAUX DES VERBES   293

Être	Mettre
Avoir	Appeler
Étudier	Devoir
Finir	S'asseoir
Faire	Céder
Entendre	Dire et les verbes en -ire
Aller	Écrire
Savoir	Envoyer
Connaître	Lire
Venir	Mourir
Pouvoir	Naître
Vouloir	Peser
Falloir	Recevoir et les verbes en -evoir
Voir	Servir

VOCABULAIRE FRANÇAIS-ANGLAIS   i

QUINZE
LEÇONS DE FRANÇAIS

LEÇON 1
LES VOYAGES ET LES TRANSPORTS

1. PRATIQUE: L'ARTICLE DÉFINI

I. *Dites que vous allez aux endroits suivants.*

   EXEMPLE:
   l'agence de voyages
   Je vais à l'agence de voyages.

   1. l'agence de voyages
      Je vais à l'agence de voyages.
   2. le bureau des renseignements
      Je vais au bureau des renseignements.
   3. la consigne
      Je vais à la consigne.
   4. le buffet de la gare
      Je vais au buffet de la gare.
   5. l'hôtel
      Je vais à l'hôtel.
   6. la gare
      Je vais à la gare.
   7. l'aéroport
      Je vais à l'aéroport.
   8. le wagon-restaurant
      Je vais au wagon-restaurant.
   9. le port
      Je vais au port.
   10. les guichets numéro un et numéro deux
       Je vais aux guichets numéro un et numéro deux.

II. *Dites que vous et votre compagnon de voyage parlez aux personnes suivantes.*

   EXEMPLE:
   l'hôtesse de l'air
   Nous parlons à l'hôtesse de l'air.

1. l'hôtesse de l'air
   Nous parlons à l'hôtesse de l'air.
2. le pilote
   Nous parlons au pilote.
3. les mécaniciens
   Nous parlons aux mécaniciens.
4. le chauffeur
   Nous parlons au chauffeur.
5. l'agent de police
   Nous parlons à l'agent de police.
6. les douaniers
   Nous parlons aux douaniers.
7. le receveur
   Nous parlons au receveur.
8. l'employé
   Nous parlons à l'employé.
9. la vendeuse de sandwichs
   Nous parlons à la vendeuse de sandwichs.
10. les contrôleurs
    Nous parlons aux contrôleurs.

III. *Dites que vous venez des lieux suivants.*

EXEMPLE:
le compartiment
Je viens **du** compartiment.

1. le compartiment
   Je viens **du** compartiment.
2. le couloir
   Je viens **du** couloir.
3. le quai
   Je viens **du** quai.
4. les voitures de première classe
   Je viens **des** voitures de première classe.
5. la douane
   Je viens **de la** douane.
6. le terminus
   Je viens **du** terminus.
7. l'arrêt
   Je viens **de** l'arrêt.
8. le bureau des renseignements
   Je viens **du** bureau des renseignements.

9. la cabine
   Je viens **de la** cabine.
10. la salle à manger
    Je viens **de la** salle à manger.
11. les wagons-lits
    Je viens **des** wagons-lits.

IV. A. *Répondez aux questions suivantes.*

EXEMPLE:
Faut-il étudier la physique pour devenir pilote? (oui)
Oui, il faut étudier **la** physique pour devenir pilote.

1. Faut-il étudier la physique pour devenir pilote? (oui)
   Oui, il faut étudier **la** physique pour devenir pilote.
2. L'hôtesse de l'air sait-elle l'allemand? (oui)
   Oui, l'hôtesse de l'air sait l'allemand.
3. Qu'est-ce qui est plus léger, l'acier ou l'aluminium? (l'aluminium)
   L'aluminium est plus léger que l'acier.
4. Quelle couleur préférez-vous pour les nouveaux wagons de métro? Le vert ou le bleu? (le bleu)
   Je préfère **le** bleu pour les nouveaux wagons de métro.
5. Combien vaut le Nouveau Franc? (moins de 20 cents)
   Le Nouveau Franc vaut moins de 20 cents.
6. L'essence coûte-t-elle plus de 2 francs le litre? (oui)
   Oui, l'essence coûte plus de deux francs le litre.

B. *Répondez aux questions suivantes.*

EXEMPLE:
Les voyages forment-ils la jeunesse? (oui)
Oui, **les** voyages forment **la** jeunesse.

1. Les voyages forment-ils la jeunesse? (oui)
   Oui, **les** voyages forment **la** jeunesse.
2. La santé est-elle plus nécessaire que la richesse? (oui)
   Oui, **la** santé est plus nécessaire que **la** richesse.
3. L'utilité est-elle l'objectif de l'inventeur? (oui)
   Oui, l'utilité est l'objectif de l'inventeur.
4. Échappe-t-on à la solitude dans la foule? (oui)
   Oui, on échappe à **la** solitude dans **la** foule.
5. Découvrirons-nous la beauté ou l'ennui dans ce pays lointain? (la beauté)
   Nous découvrirons **la** beauté dans ce pays lointain.

C. *Dites que votre père a été dans les pays indiqués et a vu les choses suivantes.*

EXEMPLE:
   la France—Paris, la Seine, les Alpes
   Mon père a été en France; il a vu Paris, il a vu la Seine, il a vu les Alpes.

1. la France—Paris, la Seine, les Alpes
   Mon père a été en France; il a vu Paris, il a vu la Seine, il a vu les Alpes.
2. l'Union soviétique—Moscou, la Volga, la Sibérie
   Mon père a été en Union soviétique; il a vu Moscou, il a vu la Volga, il a vu la Sibérie.
3. le Mexique—Acapulco, le Rio Grande, la Sierra Madre
   Mon père a été au Mexique; il a vu Acapulco, il a vu le Rio Grande, il a vu la Sierra Madre.
4. la Grande-Bretagne—Londres, la Tamise, la Cornouailles
   Mon père a été en Grande-Bretagne; il a vu Londres, il a vu la Tamise, il a vu la Cornouailles.
5. les États-Unis—San Francisco, les Rocheuses, la Californie
   Mon père a été aux États-Unis; il a vu San Francisco, il a vu les Rocheuses, il a vu la Californie.
6. l'Afrique—Tunis, Alger, le lac Tanganika, le Niger, l'Égypte
   Mon père a été en Afrique; il a vu Tunis, il a vu Alger, il a vu le lac Tanganika, il a vu le Niger, il a vu l'Égypte.

D, E. *Répondez négativement aux questions suivantes.*

EXEMPLE:
   Est-ce que le docteur Dupont s'est cassé le bras?
   Non, le docteur Dupont ne s'est pas cassé le bras.

1. Est-ce que le docteur Dupont s'est cassé le bras?
   Non, le docteur Dupont ne s'est pas cassé le bras.
2. L'hôtesse de l'air a-t-elle les yeux noirs et les cheveux blonds?
   Non, l'hôtesse de l'air n'a pas les yeux noirs et les cheveux blonds.
3. Est-ce que vous vous êtes lavé les mains?
   Non, je ne me suis pas lavé les mains.
4. Le pilote marche-t-il la tête haute?
   Non, le pilote ne marche pas la tête haute.

5. Le petit Jean parle-t-il la bouche pleine?
   Non, le petit Jean ne parle pas la bouche pleine.

F, G. *Répondez par des phrases complètes.*

EXEMPLE:
Quelle est la saison préférée pour les vacances? l'hiver ou l'été?
L'été est la saison préférée pour les vacances.

1. Quelle est la saison préférée pour les vacances? L'hiver ou l'été?
   L'été est la saison préférée pour les vacances.
2. Quelle est la date de la fête nationale française?
   La date de la fête nationale française est le quatorze juillet.
3. Et celle de la fête nationale américaine?
   Celle de la fête nationale américaine est le quatre juillet.
4. Quel est le premier mois de l'année?
   Le premier mois de l'année est janvier.
5. Est-ce que les transports publics fonctionnent le dimanche?
   Oui, les transports publics fonctionnent le dimanche.

2. PRATIQUE: L'ARTICLE INDÉFINI

I. *Répétez les phrases en remplaçant l'article défini par l'article indéfini.*

EXEMPLE:
Il achète le billet.
Il achète un billet.

1. Il achète le billet.
   Il achète un billet.
2. Nous louons les places.
   Nous louons des places.
3. Je cherche la voiture.
   Je cherche une voiture.
4. Vous descendez sur le quai.
   Vous descendez sur un quai.
5. Tu montes dans le wagon.
   Tu montes dans un wagon.
6. Elle attend l'autocar.
   Elle attend un autocar.

7. Je regarde les passagers de première classe.
   Je regarde **des** passagers de première classe.
8. Le douanier fouille la valise.
   Le douanier fouille **une** valise.

II. A. *Indiquez la profession, la religion, le grade, la nationalité, etc., puis répétez en ajoutant l'adjectif.*

EXEMPLE :
médecin/vieux
Il est médecin/C'est **un vieux médecin.**

1. médecin/vieux
   Il est médecin./C'est **un vieux médecin.**
2. ingénieur/jeune
   Il est ingénieur./C'est **un jeune ingénieur.**
3. catholique/bon
   Il est catholique./C'est **un bon catholique.**
4. serveuse/mauvaise
   Elle est serveuse./C'est **une mauvaise serveuse.**
5. anglais/petit
   Il est anglais./C'est **un petit Anglais.**
6. général/vieux
   Il est général./C'est **un vieux général.**
7. démocrate/grand
   Il est démocrate./C'est **un grand démocrate.**
8. japonaise/belle
   Elle est japonaise./C'est **une belle Japonaise.**
9. gaulliste/ancien
   Il est gaulliste./C'est **un ancien gaulliste.**

B. *Vous vous étonnez de quelque chose.*

EXEMPLE :
C'est un merveilleux pays.
Quel merveilleux pays!

1. C'est un merveilleux pays.
   Quel merveilleux pays!
2. C'est un long voyage.
   Quel long voyage!
3. Le lac de Genève est beau.
   Quel beau lac!
4. Il y a un monde fou dans le train.
   Quel monde fou il y a dans le train!

5. Écoutez ce voisin ennuyeux.
   Quel voisin ennuyeux!
6. La vue d'ici est belle.
   Quelle belle vue d'ici!
7. Le paquebot est immense.
   Quel paquebot immense!

C. *Répondez en vous servant des mots suggérés.*

EXEMPLE:
Combien une hôtesse de l'air gagne-t-elle par mois? 1000 Frs.
Une hôtesse de l'air gagne mille francs **par** mois.

1. Combien une hôtesse de l'air gagne-t-elle par mois? 1000 Frs.
   Une hôtesse de l'air gagne mille francs **par** mois.
2. Combien de fois par an va-t-il au Japon? au moins 2 fois
   Il va au moins deux fois **par** an au Japon.
3. Un avion à réaction fait-il du mille kilomètres à l'heure ou du cent kilomètres à l'heure? Du 1000 kilomètres à l'heure
   Un avion à réaction fait du mille kilomètres **à** l'heure.
4. Le chauffeur de taxi gagne-t-il dix francs de l'heure? non... moins
   Non, le chauffeur de taxi gagne moins de dix francs **de** l'heure.
5. Les vedettes de cinéma sont-elles payées plus de cinq mille francs par jour? Certaines le sont
   Certaines vedettes de cinéma sont payées plus de cinq mille francs **par** jour.

EXPLICATIONS

1. L'ARTICLE DÉFINI

GÉNÉRALITÉS

L'article défini détermine complètement le nom.
Donnez-moi **la** brochure sur **le** Portugal.
(*Give me the folder on Portugal.*)

L'article défini indique le genre (masculin ou féminin) du nom.
le taxi, la gare
(*the taxi, the railroad station.*)

Il indique aussi le nombre (singulier ou pluriel) de ce nom.
le pilote, la valise, les bagages, les hôtesses
(*the pilot, the suitcase, the luggage, the hostesses.*)

I. Formes de l'article défini

	SINGULIER	PLURIEL
MASCULIN	LE L' (devant une voyelle ou un «h» muet)	LES LES
FÉMININ	LA L' (devant une voyelle ou un «h» muet)	LES LES

	EXEMPLES	
MASCULIN	le train l'avion, l'homme	les trains les avions, les hommes
FÉMININ	la consigne l'arrivée, l'hôtesse	les consignes les arrivées, les hôtesses

II. La Contraction

À + LE devient toujours AU :

Je vais AU buffet.
(*I am going to the station restaurant.*)

À + LES devient toujours AUX :

Il parle AUX voyageurs.
(*He is speaking to the travelers.*)

DE + LE devient toujours DU :

Ils ne s'occupent pas DU train.
(*They do not pay attention to the train.*)

DE + LES devient toujours DES :

Le guide prend soin DES valises.
(*The guide takes care of the suitcases.*)

III. L'emploi de l'article défini

Notez tout d'abord que l'article défini s'emploie <u>bien plus souvent</u> en français qu'en anglais. Par exemple :

A. Devant les noms pris dans un sens général ; en particulier les sciences, les langues, les substances, les poids et mesures.

Non seulement il s'intéresse à **la** chimie, mais il étudie **le** chinois!
(*He is not only interested in chemistry, but he studies Chinese!*)
L'aluminium est extrêmement léger.
(*Aluminum is extremely light.*)
Le vert convient très bien à cette cabine d'avion.
(*Green is very suitable for the cabin of this airplane.*)
Cette Citroën «3 C.V.» consomme seulement 4 litres **aux** cent kilomètres.
(*This Citroën burns only 4 litres (of gas) per hundred kilometers.*)

B. Devant les noms exprimant des abstractions.

La richesse ne fait pas **le** bonheur.
(*Wealth does not mean happiness.*)
La vertu et **le** génie ne vont pas nécessairement de pair.
(*Morality and genius do not necessarily go hand in hand.*)

C. Devant les noms géographiques (les pays, les fleuves et les rivières, les continents, les États, les montagnes, les provinces).

La Nouvelle-Zélande est un beau pays.
(*New Zealand is a beautiful country.*)
La Seine et même **le** Rhin sont moins larges que **l'**Hudson.
(*The Seine and even the Rhine are less wide than the Hudson.*)
L'Asie est beaucoup plus vaste que **l'**Europe.
(*Asia is much larger than Europe.*)
Le Québec et **le** Maine ont quelques montagnes, mais elles sont moins hautes que **les** Rocheuses—les Montagnes Rocheuses.
(*The province of Quebec and the state of Maine have some mountains, but they are less high than the Rockies.*)

Les noms de villes ne se placent pas dans cette catégorie, sauf (*except*):

la Haye	**la** Nouvelle-Orléans	**la** Nouvelle-Delhi
le Havre	**la** Havane	**le** Caire

Pour indiquer qu'on est dans un pays ou qu'on va dans un pays on emploie

EN pour les pays féminins:

> Je suis EN Suisse.
> (*I am in Switzerland.*)
> Elle va EN Suisse.
> (*She is going to Switzerland.*)

AU ou AUX pour les pays masculins:

> Je suis AU Luxembourg.
> (*I am in Luxemburg.*)
> Elle va AU Japon.
> (*She is going to Japan.*)
> Nous vivons AUX États-Unis.
> (*We live in the United States.*)

D. Devant un nom propre modifié.

> **la** petite Nicole, **le** grand Charles, **le** Professeur Dupont, **le** Président Pompidou, **la** grande Callas . . .
>
> (*Little Nicole, Big Charles, Professor Dupont, President Pompidou, the Great Callas . . .*)

E. Très souvent avec les parties du corps—alors que l'anglais se sert généralement de l'adjectif possesssif.

> Il se lave **les** mains.
> (*He washes his hands.*)
> Elle a **les** yeux verts.
> (*Her eyes are green.*)
> André s'est cassé **la** jambe en faisant du ski.
> (*André broke his leg while skiing.*)

F. Avec les saisons.

Le printemps, l'été, l'automne et l'hiver sont les quatre saisons de l'année.
(*The four seasons of the year are spring, summer, fall, and winter.*)

Remarquez en passant:

au printemps
(*in the spring*)
en été
(*in the summer*)
en automne
(*in the fall*)
en hiver
(*in the winter*)

G. Avec les dates.

Le France (le paquebot) part du Havre le 1er ou le deux juin.
(*The S/S France leaves le Havre on June 1st or on June 2nd.*)

Avec les jours de la semaine (lundi, mardi, mercredi, jeudi, vendredi, samedi, dimanche) l'article exprime <u>une habitude</u>.

Le jeudi (chaque jeudi/tous les jeudis) nous rentrons à la maison en car.
(*Every Thursday, we go home by bus.*)

MAIS

Jeudi nous rentrons à la maison en autocar.
(*Next Thursday, we are going home by bus.*)

2. L'ARTICLE INDÉFINI

GÉNÉRALITÉS

L'article indéfini s'emploie devant <u>un nom indéterminé</u>.

J'ai visité **un** aéroport intéressant.
(*I visited an interesting airport.*)

MAIS

J'ai visité l'aéroport dont vous m'avez parlé.
(*I visited the airport about which you spoke to me.*)

I. Formes de l'article indéfini

	SINGULIER	PLURIEL
MASCULIN	UN	DES (DE au négatif)
FÉMININ	UNE	DES (DE au négatif)
MASCULIN	un paquebot, un avion	des paquebots, des avions pas de paquebots, pas d'avions
FÉMININ	une ligne aérienne, une valise	des lignes aériennes, des valises pas de lignes aériennes, pas de valises

II. Les emplois de l'article indéfini

Il s'emploie <u>moins souvent</u> en français qu'en anglais. Notez les cas suivants:

A. Après le verbe «être», l'article indéfini n'est <u>pas</u> employé, d'une façon générale, devant les noms qui expriment <u>la profession</u> ou <u>le métier</u>.

Il est pilote de ligne.
(*He is a commercial pilot.*)
Il est mécanicien.
(*He is a mechanic.*)
Janine est guide.
(*Janine is a guide,*)

devant les noms qui expriment <u>le grade</u>.

Georges est capitaine.
(*Georges is a captain.*)
Ils sont tous deux généraux. (Cf. le général—les généraux)
(*They are both generals.*)

On notera la même construction dans l'expression de <u>la nationalité</u>.

Juanita est mexicaine, elle n'est pas espagnole.
(*Juanita is a Mexican, she is not a Spaniard.*)
John et Andrew sont américains, lui est canadien.
(*John and Andrew are Americans, he is a Canadian.*)

de la religion.

Christiane est catholique.
(*Christiane is a Catholic.*)
Il est protestant.
(*He is a Protestant.*)

de l'appartenance à un parti politique.

Elle est démocrate.
(*She is a Democrat.*)
Il est communiste.
(*He is a communist.*)

Dans les cas ci-dessus, l'attribut joue vraiment le rôle d'un adjectif.
Comparez à :

Il est grand.
(*He is tall.*)
Elle est intelligente.
(*She is intelligent.*)

Lorsque le nom garde tout à fait sa valeur de nom, on a la construction :

C'EST + L'ARTICLE INDÉFINI + NOM
ou
CE SONT + L'ARTICLE INDÉFINI + NOM

C'est **un** pilote de ligne.
C'est **une** Américaine.
Ce sont **des** Mexicains.

Remarquez les distinctions suivantes :

Il est docteur.
(*He is a physician—profession.*)
C'est **un** docteur.
(*He is a physician—as opposed to these two engineers standing by him.*)

13

Lorsque le nom est modifié par un adjectif, on a le plus souvent la construction avec C'EST ou CE SONT.

C'est **un** assez mauvais général.
(*He is a pretty bad general.*)
Ce sont toutes **d'**excellentes employées.
(*They are all excellent employees.*)

B. Contrairement à l'anglais, le français n'emploie pas l'article indéfini dans l'expression exclamative.

Quel désastre!
(*What a disaster!*)
Quelle énorme montagne!
(*What an enormous mountain!*)
Ah! Quel original celui-là!
(*What a non-conformist he can be!*)

C. Notez en dernier lieu l'emploi, en français, d'une préposition dans certaines expressions qui prennent généralement un article indéfini en anglais.

Vous pouvez louer une petite voiture européenne pour 500 ou 600 Frs. **par** mois.
(*You can rent a small European car for 500 or 600 francs a month.*)
En Italie, on a l'impression que tout le monde fait du 150 **à** l'heure.
(*In Italy, you have the impression that everyone drives at 150 kilometers per hour.*)
Pour visiter Paris, tu pourrais louer une Renault à 8 Frs. **de** l'heure.
(*To visit Paris, you could rent a Renault for 8 francs an hour.*)

INVENTION

Écrivez des phrases complètes au présent de l'indicatif en vous servant du vocabulaire indiqué.

EXEMPLE:
C'est **un** excellent chauffeur; nous avons visité **le** Luxembourg, **la** Belgique et **l'**Allemagne avec lui.

1. (*Affirmation*) être/excellent chauffeur/nous avons visité/Luxembourg/Belgique/Allemagne/avec lui.
2. (*Exclamation*) une petite voiture étonnante/consommer/deux litres/cent kilomètres.
3. (*Affirmation*) être/mécanicien. En fait/être/bon mécanicien.
4. (*Question*—3ème personne du singulier) Peut-être/vouloir aller/les États-Unis/l'Argentine.
5. (*Affirmation*) les douaniers/chercher/or/montres/vous/cacher/dans votre valise.
6. (*Question*—2ème personne du pluriel) faire du ski/hiver/été.
7. (*Exclamation*) une question ridicule.
8. (*Affirmation*—1ère personne du singulier) faire du ski/hiver/samedi/dimanche.

EXERCICE DE CONTRÔLE

Mettez l'article défini ou l'article indéfini convenable dans chacun des espaces libres—attention au genre des noms.

«Il y avait en Westphalie, dans .... Château de M. .... baron de Thunder-ten-tronckh .... jeune garçon à qui .... nature avait donné .... mœurs les plus douces. Il avait .... jugement assez droit, avec .... esprit le plus simple. .... anciens domestiques de .... maison soupçonnaient qu'il était fils de .... sœur de monsieur .... baron, et d'un bon et honnête gentilhomme du voisinage. Monsieur .... baron était un .... plus puissants seigneurs de Westphalie, car son château avait .... porte et .... fenêtres. .... précepteur Pangloss était .... oracle de .... maison, et .... petit Candide écoutait ses leçons avec toute .... bonne foi de son âge et de son caractère.» (Voltaire, *Candide*)

THÈME D'APPLICATION

1. André takes a taxi to reach (*se rendre à*) the travel agency.
2. He goes up to the ticket window and asks for information.
3. He wants to take a trip to Paris in the spring.
4. He does not have time to take a liner; he prefers to go to France by plane. (*en avion*)
5. The hostess has blond hair and green eyes. What a beautiful girl!
6. André's neighbor is a doctor; he plans to (*compter*) visit Spain and Portugal.
7. "What a young doctor!" thinks André. "Is he a Spaniard or an Italian?"
8. "Do we have stops (*l'escale, n.f.*) on the way?" "I don't know, but I would like to stop in Ireland."
9. On Sunday mornings there are not many people in the subway.
10. But from Monday to Saturday there is always a big crowd (*un monde fou*).

EMPLOI PRATIQUE DU VERBE ÊTRE

(*Voir tableau du verbe «être» p. 294*)

A. *Dans les phrases suivantes, mettez la forme du verbe indiquée entre parenthèses.*

1. Moi aussi, je .... (*conditionnel présent*) content d'être riche comme lui.
2. Il voudrait que nous .... (*subjonctif présent*) prêts pour le départ.
3. Après .... (*infinitif passé*) payé, il a fait le tour du monde.
4. .... (*impératif, deuxième personne pluriel*) à l'heure.
5. J'aurais préféré que l'hôtesse n'....... pas .... (*subjonctif passé*) si désagréable.
6. Ils .... (*conditionnel présent*) avec nous s'ils n'avaient pas décidé de rester au Louvre.

7. La Tour Eiffel .... (*passé simple*) construite pour l'Exposition de 1889.
8. Vous .... (*conditionnel passé*) surpris de voir de la neige en août.
9. Il faudrait que tu .... (*subjonctif présent*) mieux préparé à parler français.
10. Après .... (*infinitif passé*) arrêté par les gendarmes, il tremblait.

B. *Recopiez les phrases suivantes au négatif et donnez la forme du verbe indiquée entre parenthèses.*
1. .... (*participe présent*) riche, il voyage beaucoup.
2. L'avion .... (*présent de l'indicatif*) son moyen de transport préféré.
3. Lui et sa femme .... (*imparfait de l'indicatif*) en retard.
4. ....-tu .... (*passé composé*) content de ton séjour à Paris?
5. Ils .... (*futur*) pressés.
6. Si j'....... (*plus-que-parfait*) malade, je serais resté à la maison.
7. Les douaniers .... (*passé composé*) très aimables.
8. Ils .... (*futur*) avec nous au musée d'Art Moderne.
9. Les touristes .... (*passé simple*) touchés par le paysage.
10. Si vous .... (*plus-que-parfait*) dans un compartiment de première classe, vous auriez pu vous reposer.

LEÇON 2
AU RESTAURANT

PRATIQUE: *LE PARTITIF ET LES EXPRESSIONS DE QUANTITÉ*

I. A. *Dites que les personnes indiquées commandent les choses suivantes.*

EXEMPLE:
les/hors-d'œuvre (je)
Je désirerais **des**/hors-d'œuvre.

1. les/hors-d'œuvre (je)
   Je désirerais **des**/hors-d'œuvre.
2. la charcuterie (nous)
   Nous désirerions **de la** charcuterie.
3. le pâté (tu)
   Tu désirerais **du** pâté.
4. le steak (elle)
   Elle désirerait **du** steak.
5. les escargots (vous)
   Vous désireriez **des** escargots.
6. les/haricots (ils)
   Ils désireraient **des**/haricots.
7. les petits pois (je)
   Je désirerais **des** petits pois.

B. *Dites que les personnes indiquées veulent boire les boissons suivantes.*

EXEMPLE:
la bière (nous)
Nous voulons boire **de la** bière.

1. la bière (nous)
   Nous voulons boire **de la** bière.

2. le vin (tu)
   Tu veux boire **du** vin.
3. les boissons gazeuses (elles)
   Elles veulent boire **des** boissons gazeuses.
4. le café (je)
   Je veux boire **du** café.
5. les boissons alcoolisées (vous)
   Vous voulez boire **des** boissons alcoolisées.
6. le thé (ils)
   Ils veulent boire **du** thé.
7. le cognac (il)
   Il veut boire **du** cognac.

C. *Maintenant vous insistez pour qu'on vous apporte les choses suivantes.*

EXEMPLE:
   les pommes de terre
   Apportez-moi **des** pommes de terre, s'il vous plaît.

1. les pommes de terre
   Apportez-moi **des** pommes de terre, s'il vous plaît.
2. le fromage
   Apportez-moi **du** fromage, s'il vous plaît.
3. la glace
   Apportez-moi **de la** glace, s'il vous plaît.
4. les fruits
   Apportez-moi **des** fruits, s'il vous plaît.
5. la mayonnaise
   Apportez-moi **de la** mayonnaise, s'il vous plaît.
6. le rosbif
   Apportez-moi **du** rosbif, s'il vous plaît.
7. le raisin
   Apportez-moi **du** raisin, s'il vous plaît.

II. A. *La personne indiquée ne commande pas ce qu'on lui offre.*

EXEMPLE:
   les/hors-d'œuvre (il)
   Il ne commande **pas de** hors-d'œuvre.

1. les/hors-d'œuvre (il)
   Il ne commande **pas de** hors-d'œuvre.
2. le jambon (nous)
   Nous ne commandons **pas de** jambon.

3. la soupe à l'oignon (tu)
   Tu ne commandes **pas de** soupe à l'oignon.
4. les olives (vous)
   Vous ne commandez **pas d'**olives.
5. la choucroute (je)
   Je ne commande **pas de** choucroute.
6. les œufs (elle)
   Elle ne commande **pas d'**œufs.
7. la truite (vous)
   Vous ne commandez **pas de** truite.

B. *Dites ce que vous trouvez au menu.*

EXEMPLE:
les beaux fruits (il y a)
Il y a **de** beaux fruits.

1. les beaux fruits (il y a)
   Il y a **de** beaux fruits.
2. les bons légumes (voilà)
   Voilà **de** bons légumes.
3. les très grosses fraises (voici)
   Voici **de** très grosses fraises.
4. les vieilles liqueurs (il y a)
   Il y a **de** vieilles liqueurs.
5. les autres plats (voici)
   Voici **d'**autres plats.
6. les mauvais vins de table (il y a)
   Il y a **de** mauvais vins de table.

C. *Remarquez la différence lorsque l'adjectif suit le nom.*

EXEMPLE:
les fruits secs (il y a)
Il y a **des** fruits secs.

1. les fruits secs (il y a)
   Il y a **des** fruits secs.
2. les légumes verts (voilà)
   Voilà **des** légumes verts.
3. les fraises mûres (voici)
   Voici **des** fraises mûres.
4. les liqueurs fortes (il y a)
   Il y a **des** liqueurs fortes.

5. les plats délicieux (voici)
   Voici **des** plats délicieux.
   6. les vins de table buvables (il y a)
   Il y a **des** vins de table buvables.

III. A. *Maintenant, répétez la phrase en insérant l'expression de quantité qui vous est donnée.*

   EXEMPLE:
   Vous demandez de la moutarde. (plus)
   Vous demandez **plus de** moutarde.

   1. Vous demandez de la moutarde. (plus)
   Vous demandez **plus de** moutarde.
   2. Vous prenez de la sauce. (peu)
   Vous prenez **peu de** sauce.
   3. Tu as mis du sel. (assez)
   Tu as mis **assez de** sel.
   4. Elle trouve qu'il y a du poivre dans son potage. (trop)
   Elle trouve qu'il y a **trop de** poivre dans son potage.
   5. Le cuisinier emploie l'assaisonnement. (beaucoup)
   Le cuisinier emploie **beaucoup** d'assaisonnement.
   6. Nous boirons du vin. (davantage)
   Nous boirons **davantage de** vin.
   7. J'ai donné du pourboire au garçon. (pas mal)
   J'ai donné **pas mal de** pourboire au garçon.
   8. Ils ont pris de la crème. (moins)
   Ils ont pris **moins de** crème.
   9. Il y avait des desserts au menu. (beaucoup)
   Il y avait **beaucoup de** desserts au menu.

B. *Faites précéder le nom qu'on vous donne de la quantité indiquée.*

   EXEMPLE:
   J'ai goûté de l'alcool. (une gorgée)
   J'ai goûté **une gorgée** d'alcool.

   1. J'ai goûté de l'alcool. (une gorgée)
   J'ai goûté **une gorgée** d'alcool.
   2. Tu trouveras du chocolat dans la glace. (des morceaux)
   Tu trouveras **des morceaux de** chocolat dans la glace.
   3. Il buvait du vin rouge. (une bouteille)
   Il buvait **une bouteille de** vin rouge.

4. Nous mettrons du cognac dans notre café. (un petit verre)
  Nous mettrons **un petit verre de** cognac dans notre café.
5. Le pâtissier ajoute du sucre à son gâteau. (beaucoup)
  Le pâtissier ajoute **beaucoup de** sucre à son gâteau.
6. Il verse de la sauce sur la viande. (un peu)
  Il verse **un peu de** sauce sur la viande.

C. *Attention aux expressions suivantes.*

EXEMPLE:
  Les maîtres d'hôtel accueillent les clients avec le sourire. (la plupart)
  La plupart des maîtres d'hôtel accueillent les clients avec le sourire.

1. Les maîtres d'hôtel accueillent les clients avec le sourire. (la plupart)
  La plupart des maîtres d'hôtel accueillent les clients avec le sourire.
2. Dans chaque grande ville il y a des restaurants de luxe. (plusieurs)
  Dans chaque grande ville il y a **plusieurs** restaurants de luxe.
3. Les repas sont succulents. (bien)
  Bien des repas sont succulents.
4. Les garçons recommandent les meilleurs vins. (la plupart)
  La plupart des garçons recommandent les meilleurs vins.
5. Mais deux ou trois personnes préfèrent la bière. (quelques)
  Mais **quelques** personnes préfèrent la bière.

EXPLICATIONS

LE PARTITIF ET LES EXPRESSIONS DE QUANTITÉ

GÉNÉRALITÉS

L'article partitif s'emploie pour communiquer l'idée de <u>partie</u> ou la notion d'une <u>certaine quantité</u> de ce qui est désigné par le nom.

Je bois **du** vin avec mes repas.
(*I drink/some/wine with my meals.*)

Comme dessert, il désire seulement **des** pommes.
(*For dessert, he only wants/some/apples.*)
Voulez-vous **de la** salade ou **des** escargots?
(*Would you like/some/salad or/some/snails?*)
Au moins une fois, tu devrais manger **du** rosbif.
(*Once, at least, you should eat/some/roast beef.*)

Comparez maintenant *l'article partitif* à *l'article défini*.

Ah bon! Tu bois **du** vin blanc avec ton poisson.
(*Good! You are drinking/some/white wine with your fish.*)

MAIS

Bravo! Tu bois **le** vin blanc que je t'avais recommandé.
(*Great! You are drinking the white wine I had recommended to you.*)

I. Formes de l'article partitif

	SINGULIER	PLURIEL
MASCULIN	DU	DES
	DE L' (+ une voyelle ou «h» muet)	DES
FÉMININ	DE LA	DES
	DE L' (+ une voyelle ou «h» muet)	DES

EXEMPLES:
Vas-tu vraiment commander DU champagne?
(*Are you really going to order champagne?*)
Je prendrai DE L'orangeade plutôt que DU coca.
(*I will take orangeade rather than coke.*)
Quels goûts étranges! Le voilà qui boit DE LA bière avec sa glace.
(*What strange tastes! Here he is drinking beer with his ice cream.*)
Quel désastre! J'ai oublié de mettre DE L'huile dans la salade!
(*What a disaster! I forgot to put some oil into the salad.*)
Tu vas avoir DES ennuis avec les clients. Tant pis pour toi.
(*You are going to have trouble with the customers. Too bad for you.*)
Garçon, donnez-nous DES verres plus petits, s'il vous plaît.
(*Waiter, give us, please, some smaller glasses.*)
DES poissons pourraient nager dans ceux-ci.
(*Fish could swim in these.*)

II. Emplois particuliers du partitif. Il est important de noter que l'article partitif se réduit à **de** dans les cas suivants:

A. Dans les phrases au <u>négatif</u>

Comparez

Je bois toujours **du** vin avec mes repas.	Je ne bois **jamais de** vin avec mes repas.
Voulez-vous **de la** salade?	Non merci, je ne veux **pas de** salade ce soir.
Tu prendras bien **des** fruits?	Non merci, **pas de** fruits non plus.
Aimerais-tu manger **des** escargots?	Merci, je ne mange **jamais** d'escargots.

Après le verbe **être,** on garde la forme normale de l'article partitif.

Est-ce **du** café?
(*Is this coffee?*)
Non, ce n'est pas **du** café.
(*No, that is not coffee.*)
Ça doit être **du** thé, alors?
(*Then, it must be tea?*)
Ça n'est pas **du** thé non plus . . .
Cela n'a pas **de** goût.
(*It is not tea either . . .
It doesn't have any taste.*)

Remarquez le dernier exemple: avec le verbe **avoir,** on retrouve **de** dans la phrase négative.

Cela n'a pas **de** goût.
MAIS
Cela a **du** goût.
(*It is tasty.*)

B. Lorsqu'un nom pluriel est <u>précédé d'un adjectif</u>

Comparez

Il connaît **des** restaurants formidables.	Ils servent toujours **d**'excellents vins.
(*He knows terrific restaurants.*)	(*They always serve fine wines.*)

Cette maison a **des** clients réguliers.	D'innombrables gourmets y mangent.
(*This establishment has regular customers.*)	(*Countless gourmets eat there.*)

Il faut éviter de placer des expressions telles que «grands-mères», «jeunes filles», «libres penseurs», dans la catégorie ci-dessus. En effet, «petit», «grand», «jeune», «libre» <u>font corps avec</u> (*are one with*) <u>le nom</u> en ce qui concerne le sens:

des grands-mères   **des** libres penseurs
des jeunes filles   **des** petits pois

III. Après les expressions de <u>quantité</u>

A. Remarquez les adverbes de quantité suivants:

assez de .... (*enough* + noun)
autant de .... (*so much* + noun/*as much* + noun *as*)
davantage de .... (*more* + noun)
plus de .... (*more* + noun)
moins de .... (*less* + noun)

Y a-t-il encore **du** vin dans la bouteille?
(*Is there some wine left in the bottle?*)

MAIS

Y a-t-il assez **de** vin dans la bouteille?
(*Is there enough wine in the bottle?*)
Il boit **du** café.
(*He drinks some coffee.*)

MAIS

Il boit autant **de** café que moi.
(*He drinks as much coffee as I do.*)
Veux-tu **de la** sauce sur ta viande?
(*Would you like some gravy on your meat?*)

MAIS

Veux-tu davantage **de** sauce?
(*Would you like more gravy?*)

ou

Veux-tu plus **de** sauce?

beaucoup de............(*much* + noun/*many* + noun; *a lot of*)
peu de/ guère de..........(*little* + noun)
tant de................(*so much* + noun/*so many* + noun)
tellement de............(*so much* + noun)
trop de................(*too much* + noun)

Garçon, apportez-moi **des** pommes de terre, s'il vous plaît.
(*Waiter, bring me some potatoes, please.*)
MAIS
Garçon, apportez-moi beaucoup **de** pommes de terre, j'ai très faim.
(*Waiter, bring me a lot of potatoes, I am very hungry.*)
Elle a mangé **de la** viande aujourd'hui.
(*She ate some meat today.*)
MAIS
Elle a mangé peu **de** viande aujourd'hui.
(*She ate little meat today.*)
Vous reprenez **du** cognac?
(*You are taking more cognac?*)
MAIS
Vous reprenez tellement **de** cognac! J'ai peur que ne vous soyez malade.
(*You are taking so much cognac! I am afraid you may be sick.*)
Il y a **du** sel dans la glace.
(*There is salt in the ice cream.*)
MAIS
Il y a trop **de** sel dans cette sauce.
(*There is too much salt in this gravy.*)

B. Prenez note des expressions suivantes:

    un sac de....................(*a*/*one bag of*)
    un verre de...................(*a*/*one glass of*)
    une tasse de..................(*a*/*one cup of*)
    une cuillerée de...............(*a*/*one spoonful of*)
    une bouteille de...............(*a*/*one bottleful of*)
    une poignée de................(*a*/*one handful of*)
    un morceau de................(*a*/*one piece of*)
    un tas de....................(*a*/*one heap of*/*a lot of*)

une gorgée de	(*a/one sip of*)
une bouchée de	(*a/one mouthful of*)
une goutte de	(*a/one drop of*)
un panier de	(*a/one basketful of*)

un litre de, une tonne de, un mètre de, un centimètre cube de ... etc.

Passez-moi **du** pain.
(*Give me some bread.*)

MAIS

Passez-moi un morceau **de** pain.
(*Give me a slice of bread.*)
Elle boit **de la** liqueur une ou deux fois par an.
(*She drinks liqueur once or twice a year.*)

MAIS

Elle boit une gorgée **de** liqueur une ou deux fois par an.
(*She takes a sip of liqueur once or twice a year.*)

    On emploie cependant:
    La plupart **du** + nom masculin sing.
    La plupart **de la** + nom fém. sing.
    La plupart **de l'** + voyelle, «h» muet.
    La plupart **des** + nom pluriel.

    La plupart **du** temps, elle mange seule.
    (*Most of the time, she eats alone.*)
    La plupart **des** tables étaient occupées.
    (*Most of the tables were occupied.*)

Bien des + nom pluriel

    Bien des fois, il n'y a pas de place.
    (*Many times, there is no room.*)
    Bien des clients n'aiment pas le service.
    (*Many a customer dislikes the service.*)

Après **Plusieurs** et **Quelques,** on emploie simplement le nom:

Dans certaines rues, vous trouverez **plusieurs restaurants.**
(*On some streets, you will find several restaurants.*)
Quelques plats sont de véritables chefs-d'œuvre.
(*Some/several dishes are real masterpieces.*)

INVENTION

Écrivez des phrases complètes en vous servant du vocabulaire donné.
1. Il/rester encore/les fruits/sur/la table.
   EXEMPLE:
   Il reste encore des fruits sur la table.
2. Je/avoir mangé/tant/les hors-d'œuvre/que/je/ne plus avoir faim.
3. Quelques/les spécialités/français/déplaire à/beaucoup/les Américains.
4. Je/vouloir (*conditionnel présent*)/acheter/une bouteille/le vin/mais/je/ne pas avoir/assez/l'argent.
5. La plupart/les clients/de/le restaurant/être étrangers.
6. Ajouter (*impératif*)/une cuillerée/la moutarde/à/la sauce.
7. Bien/les personnes/avoir demandé/la recette/à/le chef.

EXERCICES DE CONTRÔLE

Complétez les phrases suivantes par les mots qui s'imposent.
1. Nous avons commandé .... vins différents. Elle a bu .... verre .... vin blanc, et j'ai bu .... vin rouge.
2. Il y avait .... beaucoup .... légumes et .... quelques fruits au menu.
3. N'avais-tu jamais mangé .... soupe à l'oignon?
4. Aimeriez-vous goûter un peu .... vieille liqueur?
5. Chaque jour, la plupart .... Français passent plusieurs .... heures à table. Vous trouverez toujours devant eux un panier plein .... morceaux .... pain blanc.
6. Elle ne mange jamais .... pommes de terre, mais elle commande toujours .... petits pois.
7. Bien .... restaurants sont chers; peu .... hôtels sont bon marché.
8. Voudriez-vous essayer .... liqueurs fortes?

THÈME D'APPLICATION

1. Sorry (*désolé*), Sir, we have no onion soup tonight.
2. But we have some consommé Madrilène.
3. I must confess (*admettre*) that we drank several bottles of milk.
4. They ate in many (*bien des*) first class restaurants during their stay (*le séjour*) in France.
5. I ordered roast beef, French fries (*les pommes frites*), a glass of beer, tomato salad and some nice fruit.
6. There were so many delicious dishes to choose. In fact, too many.
7. Most Frenchmen finish their meal with (*par*) coffee and a small glass of liqueur.
8. Some travelers use (*se servir de*) the Michelin Guide only to look for three star (*à trois étoiles*) hotels.
9. Would you like one or two cubes (*le morceau*) of sugar in your coffee?
10. Does he need money for the bill (*l'addition, f.*)?

EMPLOI PRATIQUE DU VERBE <u>AVOIR</u>

(Voir Tableau du verbe «avoir», p. 296)

A. *Dans les phrases suivantes, mettez la forme du verbe indiquée entre parenthèses.*

1. Si elle .... (*plus-que-parfait*) un repas plus tranquille, elle aurait été satisfaite.
2. Vous .... (*conditionnel présent*) tort de ne pas goûter à ces escargots; ils sont délicieux.
3. .... (*impératif—2ème personne du pluriel*) du courage. Regardez l'addition.
4. Ayant trop mangé, il .... (*passé composé*) une crise de foie.
5. Commande ce que tu veux. N'....... (*impératif—2ème personne du singulier*) pas peur, je suis riche.
6. Remarquez comme le garçon .... (*présent de l'indicatif*) soin de bien verser les vins.

29

7. J'...... (*imparfait de l'indicatif*) froid, j'ai donc commandé un café.
8. Nicole ...... (*conditionnel présent*) sûrement envie de ce gâteau.
9. Après ...... (*infinitif passé*) l'occasion de prendre un repas à Paris, il a décidé d'y passer toutes ses vacances.
10. N'...... (*participe présent*) que cinq francs sur moi, j'ai déjeuné dans un libre service.

B. *Recopiez les phrases suivantes en les mettant à l'interrogatif et en employant la forme du verbe indiquée entre parenthèses.*

1. D'ici là, nous ...... (*futur*) faim.
2. Il faut qu'il ...... (*subjonctif passé*) bien soif pour avoir bu de l'eau.
3. Ils ...... (*présent de l'indicatif*) à peine assez d'argent pour le pourboire. Le garçon ne va pas être content.
4. Elle est en retard ; j'...... (*conditionnel passé*) le temps de me mettre à table et de manger avant qu'elle n'arrive.
5. Il avait tant mangé qu'il ...... (*imparfait de l'indicatif*) sommeil.
6. Il faut d'abord que vous ...... (*subjonctif présent*) un bon repas pour vraiment comprendre que vous êtes en France.

LEÇON 3
À LA CAMPAGNE

1. PRATIQUE: L'ADJECTIF POSSESSIF

I. *Transformez les phrases en substituant le sujet indiqué.*

EXEMPLE:
   Je vais à ma maison de campagne. (tu)
   Tu vas à **ta** maison de campagne.

1. Je vais à ma maison de campagne. (tu)
   Tu vas à **ta** maison de campagne.
2. Tu es dans ton jardin. (il)
   Il est dans **son** jardin.
3. Il arrivera à sa villa. (elle)
   Elle arrivera à **sa** villa.
4. Suzanne visitait sa ferme. (nous)
   Nous visitions **notre** ferme.
5. Nous n'étudierons pas pendant nos vacances. (vous)
   Vous n'étudierez pas pendant **vos** vacances.
6. Vous labourez votre terre. (ils)
   Ils labourent **leur** terre.
7. Jean et Pierre ramassent leurs œufs. (Christiane et Yvonne)
   Christiane et Yvonne ramassent **leurs** œufs.

II. *Remplacez les articles définis par les adjectifs possessifs qui correspondent au sujet.*

EXEMPLE:
   Il s'occupe des fleurs dans le jardin.
   Il s'occupe de **ses** fleurs dans **son** jardin.

1. Il s'occupe des fleurs dans le jardin.
   Il s'occupe de **ses** fleurs dans **son** jardin.
2. Je plante les vignes et je bois le vin.
   Je plante **mes** vignes et je bois **mon** vin.

3. Nous rentrons la récolte et nous vendons les produits.
   Nous rentrons **notre** récolte et nous vendons **nos** produits.
4. Tu coupes le bois et tu empiles les bûches.
   Tu coupes **ton** bois et tu empiles **tes** bûches.
5. Vous mécanisez la ferme et vous oubliez les chevaux.
   Vous mécanisez **votre** ferme et vous oubliez **vos** chevaux.
6. Elle donne à manger à la vache et aux lapins.
   Elle donne à manger à **sa** vache et à **ses** lapins.
7. Ils admirent le verger et les arbres fruitiers.
   Ils admirent **leur** verger et **leurs** arbres fruitiers.

III. *Répondez en français en employant l'adjectif possessif.*

EXEMPLE:
   Votre église est-elle au centre du village? (oui)
   Oui, **mon** église est au centre du village.

1. Votre église est-elle au centre du village? (oui)
   Oui, **mon** église est au centre du village.
2. Le champ de Pierre est-il loin d'ici? (non)
   Non, **son** champ n'est pas loin d'ici.
3. Les animaux de vos parents sont-ils rentrés? (oui)
   Oui, **leurs** animaux sont rentrés.
4. Est-ce que ta moisson est belle cette année? (oui)
   Oui, **ma** moisson est belle cette année.
5. Le tracteur de vos voisins est-il en panne? (oui)
   Oui, **leur** tracteur est en panne.
6. Est-ce que mon jardin produit beaucoup de légumes? (non, à la forme familière)
   Non, **ton** jardin ne produit pas beaucoup de légumes.
7. Ma coopérative est-elle utile? (oui, à la forme polie)
   Oui, **votre** coopérative est utile.
8. Vos vaches sont-elles au pâturage? (oui, première personne du pluriel)
   Oui, **nos** vaches sont au pâturage.

2. PRATIQUE: LE PRONOM POSSESSIF

I. *Remplacez l'adjectif possessif et le nom par un pronom possessif.*

EXEMPLE:
   C'est mon jardin.
   C'est **le mien.**

1. C'est mon jardin.
   C'est **le mien.**
2. Elle a travaillé son potager.
   Elle a travaillé **le sien.**
3. Vous faites votre vin.
   Vous faites **le vôtre.**
4. Tu regardes ton champ.
   Tu regardes **le tien.**
5. Nous nettoyons notre chalet.
   Nous nettoyons **le nôtre.**
6. Ils boivent leur (propre) cidre.
   Ils boivent **le leur.**

II. *Même exercice.*

EXEMPLE :
C'est ma vache.
C'est **la mienne.**

1. C'est ma vache.
   C'est **la mienne.**
2. Nous mécanisons notre exploitation agricole.
   Nous mécanisons **la nôtre.**
3. Tu as tué ta poule.
   Tu as tué **la tienne.**
4. Les jeunes filles nettoient leur maison.
   Les jeunes filles nettoient **la leur.**
5. Pierre a fait rentrer sa dinde.
   Pierre a fait rentrer **la sienne.**
6. Vous réparez votre ferme.
   Vous réparez **la vôtre.**

III. *Même exercice, mais remarquez cette fois* <u>la présence de la préposition De.</u>

EXEMPLE :
Je m'occupe de mon potager.
Je m'occupe **du mien.**

1. Je m'occupe de mon potager.
   Je m'occupe **du mien.**

2. Nous ne pourrons pas nous passer de nos vacances.
   Nous ne pourrons pas nous passer **des nôtres**.
3. Que penses-tu de mes méthodes?
   Que penses-tu **des miennes**?
4. Il s'agit de son terrain.
   Il s'agit **du sien**.
5. Que pense-t-il de ta ferme?
   Que pense-t-il **de la tienne**?
6. Vous avez parlé de votre tracteur.
   Vous avez parlé **du vôtre**.

IV. *Faites des transformations semblables. Remarquez <u>la présence de la préposition À</u>.*

EXEMPLE:
   Je pense à mes vignes.
   Je pense **aux miennes**.

1. Je pense à mes vignes.
   Je pense **aux miennes**.
2. Vous tenez beaucoup à votre coopérative.
   Vous tenez beaucoup **à la vôtre**.
3. Le chien berger obéit à ses ordres.
   Le chien berger obéit **aux siens**.
4. Ils se font à leurs techniques agricoles.
   Ils se font **aux leurs**.
5. Tu assisteras à ses démonstrations.
   Tu assisteras **aux siennes**.
6. Nous avons renoncé à nos anciennes habitudes.
   Nous avons renoncé **aux nôtres**.
7. Je me résigne à ma tâche.
   Je me résigne à **la mienne**.

3. PRATIQUE: L'ADJECTIF DÉMONSTRATIF

I. *Remplacez l'article défini par l'adjectif démonstratif.*

EXEMPLE:
   le torrent
   ce torrent

1. le torrent
   ce torrent
2. l'œuf
   cet œuf
3. la forêt
   cette forêt
4. les paysages alpestres
   ces paysages alpestres
5. le jardinier
   ce jardinier
6. la plaine
   cette plaine
7. les plateaux
   ces plateaux
8. la paille
   cette paille
9. le maïs
   ce maïs
10. les blés
    ces blés
11. le foin
    ce foin

4. PRATIQUE: LE PRONOM DÉMONSTRATIF

I. *Répondez aux questions en remplaçant l'adjectif démonstratif et le nom par le pronom démonstratif qui s'impose.*

EXEMPLE:
Peux-tu sauter par-dessus ce buisson-ci? (oui)
Oui, je peux sauter par-dessus **celui-ci.**

1. Peux-tu sauter par-dessus ce buisson-ci? (oui)
   Oui, je peux sauter par-dessus **celui-ci.**
2. Choisirons-nous ce restaurant de campagne-là? (non)
   Non, nous ne choisirons pas **celui-là.**
3. Aimez-vous ces feux de camp-là? (oui)
   Oui, j'aime **ceux-là.**
4. Aimeriez-vous déjeuner à cette table-ci? (non)
   Non, je n'aimerais pas déjeuner à **celle-ci.**

5. Voulez-vous vous reposer près de ces fleurs-là? (oui)
Oui, je veux me reposer près de **celles-là.**

II. A. *Faites précéder les phrases données de* **ce, ceci,** *ou* **cela.** *Remarquez que parfois les trois conviennent.*

EXEMPLE:
.... est vrai.
C'est vrai; **ceci** est vrai; **cela** est vrai.

1. .... est vrai.
C'est vrai; **ceci** est vrai; **cela** est vrai.
2. .... est intéressant.
C'est intéressant; **ceci** est intéressant; **cela** est intéressant.
3. .... m'intéresse.
Ceci m'intéresse; **cela** m'intéresse.
4. .... semble impossible à escalader.
Ceci semble impossible à escalader; **cela** semble impossible à escalader.
5. .... est pittoresque.
C'est pittoresque; **ceci** est pittoresque; **cela** est pittoresque.
6. .... est un fermier du nord.
C'est un fermier du nord.
7. .... rapporte bien peu au propriétaire.
Ceci rapporte bien peu au propriétaire; **cela** rapporte bien peu au propriétaire.
8. .... est Robert.
C'est Robert.
9. .... sont mes voisins.
Ce sont mes voisins.

B. *Répondez en employant le pronom démonstratif qui s'impose.*

EXEMPLE:
Préférez-vous les raisins mûrs de M. Dupuis ou les raisins verts de M. Durand?
Je préfère **ceux** de M. Dupuis.

1. Préférez-vous les raisins mûrs de M. Dupuis ou les raisins verts de M. Durand?
Je préfère **ceux** de M. Dupuis.
2. Aimes-tu mieux les plaines de l'Île de France ou les plaines de la Sibérie?
J'aime mieux **celles** de l'Île de France.

3. Vaut-il mieux acheter des produits de première qualité ou des produits de qualité douteuse?
   Il vaut mieux acheter **ceux** de première qualité.
4. Qu'est-ce qui est préférable? Les techniques agricoles du 20ᵉ siècle ou les techniques du moyen âge?
   Celles du 20ᵉ siècle sont préférables.
5. Préférez-vous le nouveau tracteur de M. Ernest ou le tracteur démodé de M. Decoster?
   Je préfère **celui** de M. Ernest.

C. *Remplacez les noms par des pronoms démonstratifs.*

   EXEMPLE:
   Je nage dans la rivière qui borde nos terres.
   Je nage dans **celle** qui borde nos terres.

1. Je nage dans la rivière qui borde nos terres.
   Je nage dans **celle** qui borde nos terres.
2. Elles sautent dans le torrent qui est si limpide.
   Elles sautent dans **celui** qui est si limpide.
3. Tu découvriras l'hôtel que j'aime tant.
   Tu découvriras **celui** que j'aime tant.
4. Nous avons traversé la forêt dont je t'ai parlé.
   Nous avons traversé **celle** dont je t'ai parlé.
5. Nous reverrons les paysages que nous aimons tellement.
   Nous reverrons **ceux** que nous aimons tellement.
6. Vous grimperez dans le vieux clocher que j'ai photographié.
   Vous grimperez dans **celui** que j'ai photographié.
7. Je renversais les barrières que le voisin avait construites.
   Je renversais **celles** que le voisin avait construites.

EXPLICATIONS

1. L'ADJECTIF POSSESSIF

GÉNÉRALITÉS

Comme son nom l'indique, l'adjectif possessif est placé devant le nom pour exprimer la possession:

Une maison de campagne . . .**Ma** maison de campagne.
Un jardin . . . . **Ton** jardin.
Une villa . . . . **Votre** villa.

L'adjectif possessif s'accorde en genre (masculin ou féminin) et en nombre (singulier ou pluriel) avec l'objet possédé, non pas avec celui ou celle qui possède:

Henri dit: "**Ma** maison." C'est **sa** maison.
(*Henri says: "My house." It is his house.*)

Suzanne dit: "**Ma** maison." C'est **sa** maison.
(*Suzanne says: "My house." It is her house.*)

I. Formes de l'adjectif possessif
Ce qui est possédé est masculin:

	SINGULIER		PLURIEL
MON:	mon champ	MES:	mes champs
TON:	ton bois	TES:	tes bois
SON:	son verger	SES:	ses vergers
NOTRE:	notre village	NOS:	nos villages
VOTRE:	votre cheval	VOS:	vos chevaux
LEUR:	leur animal de ferme	LEURS:	leurs animaux de ferme

Ce qui est possédé est féminin:

SINGULIER		PLURIEL	
MA:	ma ferme	MES:	mes fermes
MON (voyelle):	mon église	MES:	mes églises
TA:	ta vigne	TES:	tes vignes
TON (voyelle):	ton automobile	TES:	tes automobiles
SA:	sa poule	SES:	ses poules
SON (voyelle):	son exploitation	SES:	ses exploitations
NOTRE:	notre pâture	NOS:	nos pâtures
VOTRE:	votre terre	VOS:	vos terres
LEUR:	leur moisson	LEURS:	leurs moissons

2. LE PRONOM POSSESSIF

GÉNÉRALITÉS

L'ensemble ADJECTIF POSSESSIF + NOM peut se remplacer par le pronom possessif.

Ma maison de campagne.....................LA MIENNE
Ton jardin..............................LE TIEN
Votre villa............................LA VÔTRE

Le pronom possessif s'accorde en genre et en nombre avec l'objet possédé, et non avec le possesseur.

Henri dira de sa maison: **"La mienne"**
(*Henri will say about his house: "Mine."*)

Suzanne dira de son jardin: **"Le mien."**
(*About her garden, Suzanne will say: "Mine."*)

Pierre dira de ses vacances: **"Les miennes."**
(*About his vacation, Pierre will say: "Mine."*)

I. Formes du pronom possessif

Ce qui est possédé est masculin.

SINGULIER	PLURIEL
LE MIEN	LES MIENS
LE TIEN	LES TIENS
LE SIEN	LES SIENS
LE NÔTRE	LES NÔTRES
LE VÔTRE	LES VÔTRES
LE LEUR	LES LEURS

Ce qui est possédé est féminin.

SINGULIER	PLURIEL
LA MIENNE	LES MIENNES
LA TIENNE	LES TIENNES
LA SIENNE	LES SIENNES
LA NÔTRE	LES NÔTRES
LA VÔTRE	LES VÔTRES
LA LEUR	LES LEURS

N'oubliez pas que:
À + LE : AU
À + LES : AUX
DE + LE : DU
DE + LES : DES

PAR EXEMPLE:
Je fais attention à mon cheval.
Je fais attention AU MIEN.

Il fait attention à ses chevaux.
Il fait attention AUX SIENS.

Nous nous occupons de nos bois.
Nous nous occupons DES NÔTRES.

Lorsque l'idée de possession est exprimée à l'aide du verbe être, on emploie souvent la construction

À + PRONOM PERSONNEL (moi, toi, lui, elle, nous, vous, eux, elles).

>Est-ce **votre** ferme?
>(*Is this your farm?*)
>Est-ce **à vous?**
>(*Is it yours?*)
>Oui, bien sûr, c'est **à moi.**
>(*Yes, of course, it is mine.*)
>Et ces vaches, sont-elles **à vous?**
>(*And these cows, are they yours?*)
>Non, elles sont **à lui.**
>(*No, they are his.*)

3. L'ADJECTIF DÉMONSTRATIF

GÉNÉRALITÉS

Comme le terme l'indique, l'adjectif démonstratif se place devant le nom pour montrer (*to point to*) la personne, l'animal ou la chose dont il est question

>Quelle vieille ferme!............Regardez **cette** ferme.
>Tiens, des chevaux!.............Apercevez-vous **ces** chevaux?
>Voilà un pâturage vert...........Voyez **ce** pâturage vert.

L'adjectif démonstratif s'accorde en genre et en nombre avec le nom qu'il qualifie.

>Un champ................................**Ce** champ.
>(*A field*)
>La moisson..............................**Cette** moisson.
>(*The harvest*)
>Le beau blé.............................**Ce** beau blé.
>(*The beautiful wheat*)
>L'arbre.................................**Cet** arbre.
>(*The tree*)

I. Formes de l'adjectif démonstratif

Le nom qu'il qualifie est masculin

	SINGULIER		PLURIEL
CE:	ce torrent	CES:	ces torrents
CET (+ voyelle):	cet œuf	CES:	ces œufs

Le nom qu'il qualifie est féminin

SINGULIER		PLURIEL
CETTE: cette vaste plaine	CES:	ces vastes plaines

On trouve souvent **-ci** ou **-là** après un nom employé avec l'adjectif démonstratif

Ces vignes-**ci** reçoivent plus de soleil que **ces** vignes-**là**.
(*These vineyards get more sun than those vineyards.*)
Ce raisin-**ci** est un peu plus sucré que **ce** raisin-**là**.
(*These grapes are a bit sweeter than those grapes.*)

Généralement, **-ci** marque la proximité et **-là** l'éloignement. Souvent, il s'agit tout simplement de distinguer 2 séries d'objets.

J'ai visité la Bretagne et la Normandie.
Celle-ci est riche et **celle-là** est pauvre.
(*I visited Brittany and Normandy. The former is poor and the latter is rich.*)

Remarquez la façon de présenter la construction "the former ... the latter" en français.

4. LE PRONOM DÉMONSTRATIF

GÉNÉRALITÉS

L'ensemble ADJECTIF DÉMONSTRATIF + NOM peut être remplacé par un pronom démonstratif

Regardez cette ferme-ci . . . Regardez **celle-ci.**
Regardez cette ferme-là . . . Regardez **celle-là.**
Ces chevaux sont vraiment beaux . . . **Ceux-là** sont vraiment beaux.

Le pronom démonstratif s'accorde en genre et en nombre avec le nom qu'il remplace.

Le petit bois . . . ce petit bois . . . **celui-ci.**
La vigne . . . cette vigne . . . **celle-là.**
Les villages . . . ces villages . . . **ceux-là.**
Les forêts . . . ces forêts . . . **celles-ci.**

I. Formes du pronom démonstratif

Le nom qu'il remplace est masculin

SINGULIER	PLURIEL
celui-ci	ceux-ci
celui-là	ceux-là

Le nom qu'il remplace est féminin

SINGULIER	PLURIEL
celle-ci	celles-ci
celle-là	celles-là

EXEMPLES:
Si vous aviez à choisir entre ces deux champs (le champ) de blé, choisiriez-vous **celui-ci** ou **celui-là**?
(*If you had to choose between these two wheat fields, would you choose this one or that one?*)

Je ne prendrais ni **celui-ci** ni **celui-là**. Je choisirais des vignes. **Celles-ci**, par exemple.
(*I would take neither this one nor that one. I would choose some vineyards. These, for example.*)

«**-ci**» marque la proximité, «**-là**» indique l'éloignement. Souvent, pourtant, ces particules indiquent seulement un contraste entre deux séries d'objets.

En plus des formes au masculin et au féminin du pronom démonstratif, il existe les formes neutres suivantes:

ce/c' qui s'emploie avec le verbe être

C'est une merveilleuse vallée où tout est calme.
(*It is a wonderful valley where everything is quiet.*)
Il n'y a pas de doute, **ce sont** des champs de blé!
(*There is no doubt about it, these are wheat fields.*)
C'est Jean qui travaille le plus.
(*It is John who works the most.*)

ceci (*this*), **cela** (*that*) qui s'emploient pour des choses ou des idées:

Je vais vous raconter...
Silence, **cela** ne m'intéresse pas!
(*I am going to tell you...*
Quiet! that doesn't interest me!)
Alors écoutez **ceci**...
(*Then, listen to this...*)

Dans le langage familier, **cela** devient **ça**.

Comment vas-tu, mon vieux?
Ça va, merci.
(*How are you, old boy?*
I am all right, thanks.)
Et les affaires, **ça** marche?
Ça ne marche pas mal, merci.
(*How is business?*
It is not going too badly, thank you.)

II. Emplois du pronom démonstratif

Les formes composées données dans le tableau ci-dessus ne s'emploient pas dans les cas suivants pour lesquels on utilise le pronom sans **-ci** ou **-là**.

A. Devant un complément introduit par **de, des** ou **d'**

Le paysage de la Bourgogne est accidenté, **celui des** Landes est monotone.
(*The landscape of Burgundy is hilly, that of the Landes is monotonous.*)

Les toits des maisons alsaciennes sont très inclinés; **ceux des** maisons provençales sont relativement plats.
(*The roofs of the Alsatian houses are very steep; those of the Provençal houses are relatively flat.*)

B. Devant une proposition relative (c'est-à-dire une proposition introduite par **qui, que, dont, à qui, auquel, duquel,** etc.)

J'ai de très belles roses au fond du jardin: prenez **celles qui** vous plairont.
(*I have very beautiful roses at the back of the garden: take the ones that you like.*)
Celles dont je vous avais parlé l'été dernier sont mortes cet hiver.
(*Those about which I talked to you last summer died this winter.*)
Regardez ces rosiers. **Celui que** vous préférez est magnifique.
(*Look at those rose-bushes. The one that you prefer is magnificent.*)

EXERCICES DE CONTRÔLE

A. *Ajoutez l'adjectif ou le pronom possessif nécessaire dans chacun des blancs; référez-vous au sujet de chaque proposition.*

1. Il a vendu .... ferme et tous .... animaux.

   EXEMPLE:
   Il a vendue **sa** ferme et tous **ses** animaux.

2. Ils labourent .... terres et nous labourons aussi ....

3. Est-ce que vous trouvez .... coopérative avantageuse? Je trouve que .... l'est certainement.

4. Je m'occupe de .... verger et de .... vignes.
5. Occupe-toi de .... vignes; .... vin sera meilleur.
6. Nous avons amélioré .... méthodes agricoles, mais .... voisin n'a pas amélioré ....
7. Jacques et Marie iront passer .... vacances dans .... villa; nous passerons .... dans .... chalet.

B. *Ajoutez l'adjectif ou le pronom démonstratif nécessaire dans chacun des blancs.*

1. La récolte de maïs de Pierre est mauvaise, mais .... de Jean est excellente.
2. .... tracteurs sont formidables. Préfères-tu ....-ci ou ....-là?
3. .... est absolument vrai: .... ferme ne coûte que vingt mille francs.
4. .... homme est le plus grand propriétaire de la région; .... champ-ci lui appartient.
5. .... paysage alpestre est extraordinaire, mais .... de la Provence me plaisent encore plus.
6. .... jardin est un potager. .... dont je vous avais parlé ne contient que des fleurs.
7. .... champ est bien situé; c'est .... qui rapporte le plus.
8. .... fraises sont plus belles que .... que nous avons cueillies.
9. .... arbre est un jeune chêne, mais .... que vous apercevez là-bas sont des arbres fruitiers.

THÈME D'APPLICATION

1. On his farm, M. Dupré takes care of his animals and his wife takes care of their vegetable garden.
2. They recommend the rotation of crops (*les récoltes*); today that seems indispensable.
3. André mentioned the word tractor, and we spoke of ours right away.
4. Jeannette and Suzanne have left for the country; the former will swim every day, and the latter will play tennis.
5. It is a bad season for apples; those of my neighbor are not yet ripe.
6. These fields are productive; the small one is mine, and the other is his.

7. Let's speak of these new techniques; begin with those you are using.
8. I am thinking about my native province, and she is thinking about hers.
9. Which grapes are better, those from Burgundy or those from the Bordeaux region (*le Bordelais*)?
10. Would you like to spend your vacation in our country home?

Remarques sur les verbes du premier groupe **(-er)** en **-ger, -cer, -yer**

(Voir Tableau du verbe «étudier», p. 298)

1. **manger**................(to eat)
   changer...............(to change)
   voyager...............(to travel)
   partager..............(to share)
   etc.

Devant **a** et **o,** ces verbes ajoutent un **-e** afin de conserver le son **-ge** de l'infinitif.

EXEMPLES : Au passé simple   Il mangea
                                    Nous mangeâmes
                                    Je mangeai, etc.

            À l'imparfait   Je mangeais
                                    tu mangeais
                                    il mangeait
                                    ils mangeaient

           Au présent de l'indicatif
                              Nous mangeons

2. **commencer**............(to begin)
   placer................(to place/put)
   avancer...............(to advance/to move forward)
   menacer...............(to menace/to threaten)
   etc.

Devant **a** et **o,** ces verbes ajoutent une **cédille** (ç) au c afin de conserver le son **-ce** de l'infinitif.

EXEMPLES : <u>Au passé simple</u>   Il commença
　　　　　　　　　　　　　　　Nous plaçâmes
　　　　　　　　　　　　　　　J'avançai

　　　　　　<u>À l'imparfait</u>   Je commençais
　　　　　　　　　　　　　　Tu plaçais
　　　　　　　　　　　　　　Il avançait
　　　　　　　　　　　　　　Ils menaçaient

　　　　<u>Au présent de l'indicatif</u>
　　　　　　　　　　　　　　Nous commençons
　　　　　　　　　　　　　　Nous avançons

3. **employer**.................(to use)
   essuyer...................(to wipe)
   ennuyer..................(to bore/to bother)
   etc.

   Devant un **e** muet, le **y** devient un **i**.

   EXEMPLES : <u>Au présent de l'indicatif</u> J'emploie
　　　　　　　　　　　　　　　　　　　　Tu emploies
　　　　　　　　　　　　　　　　　　　　Il emploie
　　　　　　　　　　　　　　　　　　　　　　　MAIS
　　　　　　　　　　　　　　　　　　　　Nous employons
　　　　　　　　　　　　　　　　　　　　Vous employez
　　　　　　　　　　　　　　　　　　　　　　　MAIS
　　　　　　　　　　　　　　　　　　　　Ils emploient

　　　　　　　　<u>Au futur</u>　　　　　Je m'ennuierai
　　　　　　　　　　　　　　　　　　Tu t'ennuieras
　　　　　　　　　　　　　　　　　　Il s'ennuiera
　　　　　　　　　　　　　　　　　　Nous nous ennuierons
　　　　　　　　　　　　　　　　　　Vous vous ennuierez
　　　　　　　　　　　　　　　　　　Ils s'ennuieront

　　　　　　　　　　　　　　　　　　Les verbes en **-ayer,** comme **payer** peuvent garder le **y**.

　　　　　　　　　　　　　　　　　　Je paie/je paye
　　　　　　　　　　　　　　　　　　J'essaierai/j'essayerai

EMPLOI PRATIQUE DU VERBE ÉTUDIER ET DE CERTAINS VERBES EN -ER

(Voir Tableau du verbe «étudier», p. 298)

A. *Dans les phrases suivantes, donnez la forme du verbe indiquée entre parenthèses.*

1. Nous .... (*étudier—passé composé*) toutes les méthodes imaginables de culture.
2. Pendant leur séjour à la campagne, ils .... (*ne jamais manger—imparfait de l'indicatif*) avant huit heures du soir.
3. En fait, je .... (*commencer—imparfait de l'indicatif*) à me faire à cette vie campagnarde.
4. Il faut dire que je .... (*ne jamais s'ennuyer—conditionnel présent*) dans une ferme.
5. Elle voulait faire une promenade, mais il .... (*menacer trop—imparfait de l'indicatif*) de pleuvoir pour pouvoir sortir.
6. Vous savez qu'en ce moment j'....... (*étudier—présent de l'indicatif*) les techniques agricoles du moyen âge?
7. Il faut que nous .... (*changer—présent du subjonctif*) notre emploi du temps; il ne convient pas à nos besoins.
8. Dans sa jeunesse, il .... (*voyager—passé simple*) un peu partout. Seule la Normandie ne l'intéressa jamais.
9. Lorsque j'ai visité la Bretagne, j'ai remarqué que les paysans .... (*employer—imparfait de l'indicatif*) encore des outils rudimentaires.

B. *Même exercice.*

1. Quand vous .... (*manger—futur antérieur*), vous .... (*nettoyer—futur*) la cuisine, n'est-ce pas?
2. Il tient à ce que nous .... (*apprécier—présent du subjonctif*) ses tentatives de jardinage.
3. Le jeune homme .... (*remplacer—passé simple*) les vieux outils par une machine ultra-moderne qui ne fonctionna jamais bien!

4. Il .... (*placer—plus-que-parfait*) sa chaise devant la porte.
5. Demain, nous .... (*commencer—futur*) à labourer nos terres.
6. Je suis sûr que vous .... (*ne jamais manger—plus-que-parfait*) de jambon fumé.
7. S'il avait assez d'argent, il .... (*échanger—conditionnel présent*) son vieux tracteur pour quelque chose de mieux.
8. Les fermiers .... (*employer—présent de l'indicatif*) toujours des chiens pour garder leurs animaux.
9. Si la pluie .... (*ne pas menacer—imparfait de l'indicatif*), nous .... (*nager—conditionnel présent*) dans notre petite rivière.

LEÇON 4

LA FAMILLE

1. PRATIQUE: LA NÉGATION

I. A. *Répondez aux questions en vous servant de l'expression négative indiquée.*

EXEMPLE:
  Est-ce qu'il fait la cour à Marie? (ne ... pas)
  Non, il **ne** fait **pas** la cour à Marie.

1. Est-ce qu'il fait la cour à Marie? (ne ... pas)
   Non, il **ne** fait **pas** la cour à Marie.
2. Vas-tu demander la main de cette jeune fille? (ne ... jamais)
   Je **ne** vais **jamais** demander la main de cette jeune fille.
3. Est-ce qu'ils croient à l'amour? (ne ... plus)
   Ils **ne** croient **plus** à l'amour!
4. Accepterait-elle un mariage de raison? (ne ... guère)
   Elle **n'**accepterait **guère** un mariage de raison.
5. Ce couple fait-il bon ménage? (ne ... pas)
   Il **ne** fait **pas** bon ménage.
6. Porte-t-elle sa bague? (ne ... jamais)
   Elle **ne** porte **jamais** sa bague.
7. Y pensons-nous? (ne ... plus)
   Nous **n'**y pensons **plus**.
8. Qu'est-ce qu'ils en disent? (ne ... rien)
   Ils **n'**en disent **rien**.

B. *Mettez les phrases suivantes au passé composé.*

EXEMPLE:
  Il ne fait pas la cour à Marie.
  Il **n'a pas fait** la cour à Marie.

1. Il ne fait pas la cour à Marie.
   Il **n'a pas fait** la cour à Marie.

2. Je ne demande pas la main de cette jeune fille.
   Je **n'ai pas demandé** la main de cette jeune fille.
3. Ils ne croient plus à l'amour.
   Ils **n'ont plus cru** à l'amour.
4. Elle n'accepterait guère un mariage de raison.
   Elle **n'a guère accepté** un mariage de raison.
5. Il ne fait pas bon ménage.
   Il **n'a pas fait** bon ménage.
6. Elle ne porte jamais sa bague.
   Elle **n'a jamais porté** sa bague.
7. Nous n'y pensons plus.
   Nous **n'y avons plus pensé**.

II. A. *Répétez les phrases en insérant les mots donnés.*

   EXEMPLE:
   Gérard est paresseux et gourmand. (ne ... ni ... ni)
   Gérard **n'**est **ni** paresseux **ni** gourmand.

1. Gérard est paresseux et gourmand. (ne ... ni ... ni)
   Gérard **n'**est **ni** paresseux **ni** gourmand.
2. Tu manges et tu dors. (ne ... ni ne)
   Tu **ne** manges **ni ne** dors.
3. Vous donnez des conseils. (ne ... que)
   Vous **ne** donnez **que** des conseils.
4. Il a beaucoup de courage et peu d'enthousiasme. (ne ... ni ... ni)
   Il **n'**a **ni** courage **ni** enthousiasme.
5. La décision dépend des parents. (ne ... que)
   La décision **ne** dépend **que** des parents.

B. *Mettez les phrases suivantes au passé composé.*

   EXEMPLE:
   Gérard n'est ni paresseux ni gourmand.
   Gérard **n'a été ni** paresseux **ni** gourmand.

1. Gérard n'est ni paresseux ni gourmand.
   Gérard **n'a été ni** paresseux **ni** gourmand.
2. Nous ne buvons ni ne jouons.
   Nous **n'avons ni bu ni joué**.
3. Vous ne donnez que des conseils.
   Vous **n'avez donné que** des conseils.

4. Il n'a ni courage ni enthousiasme.
   Il **n'a eu ni** courage **ni** enthousiasme.
5. La décision ne dépend que des parents.
   La décision **n'a dépendu que** des parents.

III. A. *Transformez les phrases en introduisant l'expression négative indiquée.*

EXEMPLE :
Cet adolescent respecte l'autorité. (aucune)
Cet adolescent **ne** respecte **aucune** autorité.

1. Cet adolescent respecte l'autorité. (aucune)
   Cet adolescent **ne** respecte **aucune** autorité.
2. Ils ont beaucoup de disputes. (pas une)
   Ils **n'**ont **pas une** dispute.
3. J'ai confiance en elle. (nulle)
   Je **n'**ai **nulle** confiance en elle.
4. Il accordera de nombreuses récompenses. (aucune)
   Il n'accordera **aucune** récompense.

B. *Mettez les phrases qui suivent au passé composé.*

EXEMPLE :
Cet adolescent ne respecte aucune autorité.
Cet adolescent **n'a respecté aucune** autorité.

1. Cet adolescent ne respecte aucune autorité.
   Cet adolescent **n'a respecté aucune** autorité.
2. Ils n'ont aucune dispute.
   Ils **n'ont eu aucune** dispute.
3. Je n'ai nulle confiance en elle.
   Je **n'ai eu nulle** confiance en elle.
4. Il n'accordera aucune récompense.
   Il **n'a accordé aucune** récompense.

IV. A. *Répondez en employant, selon les cas,* **rien** *ou* **personne** *dans votre réponse.*

EXEMPLE :
Pouvez-vous apercevoir mes parents ?
Je **ne** peux apercevoir **personne**.

1. Pouvez-vous apercevoir mes parents?
   Je **ne** peux apercevoir **personne**.
2. Corriges-tu tes fautes?
   Je **ne** corrige **rien**.
3. A qui cet enfant ressemble-t-il?
   Il **ne** ressemble à **personne**.
4. Avez-vous de l'argent en poche?
   Je **n'**ai **rien** en poche.
5. Qui connaissez-vous dans ma famille?
   Je **ne** connais **personne** dans votre famille.
6. Qu'est-ce que sa fille voudra pour son anniversaire?
   Elle **ne** voudra **rien** pour son anniversaire.
7. Choisit-elle quelque chose pour leur salon?
   Elle **ne** choisit **rien** pour leur salon.

B. *Mettez les phrases suivantes au passé composé.*

EXEMPLE:
Je ne peux apercevoir personne.
Je n'ai pu apercevoir personne.

1. Je ne peux apercevoir personne.
   Je n'ai pu apercevoir personne.
2. Je ne corrige rien.
   Je n'ai rien corrigé.
3. Il ne ressemble à personne.
   Il n'a ressemblé à personne.
4. Je n'ai rien en poche.
   Je n'ai rien eu en poche.
5. Je ne connais personne dans votre famille.
   Je n'ai connu personne dans votre famille.
6. Elle ne voudra rien pour son anniversaire.
   Elle **n'a rien voulu** pour son anniversaire.
7. Elle ne choisit rien pour leur salon.
   Elle **n'a rien choisi** pour leur salon.
8. Mon cousin ne le dit à personne.
   Mon cousin **ne l'a dit à personne.**
9. Je ne m'habituais à rien.
   Je **ne me suis habitué à rien.**

V. *Répétez en ajoutant l'élément donné.*

EXEMPLE:
Ma tante ne vient jamais chez nous. (plus)
Ma tante ne vient **plus jamais** chez nous.

1. Ma tante ne vient jamais chez nous. (plus)
   Ma tante ne vient **plus jamais** chez nous.
2. Il n'achète rien depuis deux mois. (plus)
   Il n'achète **plus rien** depuis deux mois.
3. Nous n'avons aucun chagrin. (jamais)
   Nous n'avons **jamais aucun** chagrin.
4. Il ne restera personne dans le salon. (plus)
   Il **ne** restera **plus personne** dans le salon.

2. PRATIQUE: L'INTERROGATION

I. *Faites une question des phrases affirmatives suivantes en donnant une intonation ascendante.* (Faites cela à haute voix.)

EXEMPLE:
Il manque de caractère.
Il manque de caractère? (↗)

1. Il manque de caractère.
   Il manque de caractère? (↗)
2. Il est bien élevé.
   Il est bien élevé? (↗)
3. Tu adores ta mère.
   Tu adores ta mère? (↗)
4. Nous nous montrons patients.
   Nous nous montrons patients? (↗)
5. Ils ont une mauvaise influence sur leurs enfants.
   Ils ont une mauvaise influence sur leurs enfants? (↗)
6. Vous méritez mon estime.
   Vous méritez mon estime? (↗)

II. *Faites une question en plaçant* **est-ce que** *devant les phrases données.*

Exemple :
Il s'est occupé de trois enfants.
Est-ce qu'il s'est occupé de trois enfants?

1. Il s'est occupé de trois enfants.
   Est-ce qu'il s'est occupé de trois enfants?
2. Une scène de ménage est toujours désagréable.
   Est-ce qu'une scène de ménage est toujours désagréable?
3. Elle a eu un garçon.
   Est-ce qu'elle a eu un garçon?
4. Il a demandé le divorce.
   Est-ce qu'il a demandé le divorce?
5. Ils se sont réconciliés.
   Est-ce qu'ils se sont réconciliés?

III. A. *Posez des questions basées sur les phrases suivantes.*

Exemple :
Mon père quitte toujours la maison à l'heure.
Mon père **quitte-t-il** toujours la maison à l'heure?

1. Mon père quitte toujours la maison à l'heure.
   Mon père **quitte-t-il** toujours la maison à l'heure?
2. Les bébés pleurent lorsqu'ils ont faim.
   Les bébés **pleurent-ils** lorsqu'ils ont faim?
3. Jean est parfois jaloux de son frère.
   Jean **est-il** parfois jaloux de son frère?
4. Les mariages de raison ont certains avantages.
   Les mariages de raison **ont-ils** certains avantages?
5. La demoiselle d'honneur est plus jolie que la mariée.
   La demoiselle d'honneur **est-elle** plus jolie que la mariée?

B. *Posez des questions basées sur les phrases suivantes.*

Exemple :
Nous aurons plusieurs enfants.
Aurons-nous plusieurs enfants?

1. Nous aurons plusieurs enfants.
   Aurons-nous plusieurs enfants?
2. Elle aime son foyer.
   Aime-t-elle son foyer?

3. Vous obéissez à ses recommandations.
   Obéissez-vous à ses recommandations?
4. C'est un enfant fragile.
   Est-ce un enfant fragile?
5. Tu as des frères et des sœurs.
   As-tu des frères et des sœurs?

C. *Faites des questions en commençant votre phrase par le mot indiqué et en employant l'inversion.*

EXEMPLE:
   Simone a donné naissance à une petite fille. (quand)
   Quand Simone **a-t-elle** donné naissance à une petite fille?

1. Simone a donné naissance à une petite fille. (quand)
   Quand Simone **a-t-elle** donné naissance à une petite fille?
2. Édouard pourrait arriver à temps. (comment)
   Comment Édouard **pourrait-il** arriver à temps?
3. La jeune femme est triste. (pourquoi)
   Pourquoi la jeune femme **est-elle** triste?
4. Mes nièces passent leur week-end à Deauville. (où)
   Où mes nièces **passent-elles** leur week-end?
5. Ce trousseau coûtera 900.000 francs. (combien)
   Combien ce trousseau **coûtera-t-il**?

D. *Donnez les deux formes possibles de l'interrogation en commençant votre phrase par le mot indiqué.*

EXEMPLE:
   Comment écrivez-vous votre nom?
   Comment est-ce que vous écrivez votre nom?

1. Vous écrivez votre nom. (comment)
   Comment écrivez-vous votre nom?
   Comment est-ce que vous écrivez votre nom?
2. Tu as rendez-vous. (quand)
   Quand as-tu rendez-vous?
   Quand est-ce que tu as rendez-vous?
3. Il pleure toujours. (pourquoi)
   Pourquoi pleure-t-il toujours?
   Pourquoi est-ce qu'il pleure toujours?
4. Ils habitent à Paris. (où)
   Où habitent-ils?
   Où est-ce qu'ils habitent?

5. Nous avons quatorze cousins. (combien de)
Combien de cousins avons-nous?
Combien de cousins **est-ce que** nous avons?

IV. A. *Posez la question qui correspond à la phrase donnée.*

EXEMPLE:
Ces décorations de fleurs ne dureront pas.
Quelles décorations ne dureront pas?

1. Ces décorations de fleurs ne dureront pas.
Quelles décorations ne dureront pas?
2. Les invités qui habitent tout près arriveront à l'heure.
Quels invités arriveront à l'heure?
3. Un cadeau s'imposerait en pareille occasion.
Quel cadeau s'imposerait en pareille occasion?
4. Cette cérémonie est très belle.
Quelle cérémonie est très belle?
5. Plusieurs membres de la famille ont assisté au mariage.
Quels membres de la famille ont assisté au mariage?

B. *Posez de deux manières la question à laquelle correspond la réponse donnée.*

EXEMPLE:
Nous choisirons un jour de congé pour le mariage.
Quel jour **choisirez-vous** pour le mariage?
Quel jour **est-ce-que** vous choisirez pour le mariage?

1. Nous choisirons un jour de congé pour le mariage.
Quel jour **choisirez-vous** pour le mariage?
Quel jour **est-ce que** vous choisirez pour le mariage?
2. Je porterai ma robe verte.
Quelle robe **porterez-vous**?
Quelle robe **est-ce que** vous porterez?
3. Elle préfère la musique traditionnelle.
Quelle musique **préfère-t-elle**?
Quelle musique **est-ce qu'**elle préfère?
4. Ils ont choisi ce restaurant pour le repas.
Quel restaurant **ont-ils choisi** pour le repas?
Quel restaurant **est-ce qu'**ils ont choisi pour le repas?
5. On a commandé des plats spéciaux.
Quels plats **a-t-on commandés**?
Quels plats **est-ce qu'**on a commandés?

C. *Posez de deux manières la question qui correspond à la réponse donnée. Employez* **qui** *en vous rapportant* <u>*toujours aux personnes*</u>.

   Exemple:
     Suzanne va se marier au mois d'août.
     Qui va se marier au mois d'août?
     Qui est-ce qui va se marier au mois d'août?
1. Suzanne va se marier au mois d'août.
   Qui va se marier au mois d'août?
   Qui est-ce qui va se marier au mois d'août?
2. Tu as donné un cadeau aux nouveaux mariés.
   À qui as-tu donné un cadeau?
   À qui est-ce que tu as donné un cadeau?
3. Mon grand-père vient de mourir à l'âge de quatre-vingt-dix ans.
   Qui vient de mourir à l'âge de quatre-vingt-dix ans?
   Qui est-ce qui vient de mourir à l'âge de quatre-vingt-dix ans?
4. Nous avons fêté l'anniversaire de ma mère.
   De qui avez-vous fêté l'anniversaire?
   De qui est-ce que vous avez fêté l'anniversaire?
5. Vous avez gardé son enfant.
   Qui avons-nous gardé?
   Qui est-ce que nous avons gardé?
6. Je préfère sortir avec un groupe d'amis.
   Avec qui préférez-vous sortir?
   Avec qui est-ce que vous préférez sortir?

D. *Maintenant, posez de deux manières une question* <u>*portant sur la chose*</u> *et non plus sur la personne.*

   Exemple:
     Tu entends du bruit.
     Qu'entends-tu?
     Qu'est-ce que tu entends?
1. Tu entends du bruit.
   Qu'entends-tu?
   Qu'est-ce que tu entends?
2. Le grand événement est enfin arrivé.
   Qu'est-ce qui est enfin arrivé?
3. L'enfant cassera tout.
   Que cassera l'enfant?
   Qu'est-ce que l'enfant cassera?

4. Je reconnais mon cousin à ses cheveux blonds.
   À **quoi** reconnaissez-vous votre cousin?
   À **quoi est-ce que** vous reconnaissez votre cousin?
5. Elle a vu le trousseau de sa cousine.
   Qu'a-t-elle vu?
   Qu'est-ce qu'elle a vu?
6. Mes frères se disputent toujours pour la meilleure place.
   Pour quoi tes frères se disputent-ils?
   Pour quoi est-ce que tes frères se disputent?
   (pour quoi—*for what*; pourquoi—*why*)
7. Sa mère s'occupe de la vaisselle.
   De quoi sa mère s'occupe-t-elle?
   De quoi est-ce que sa mère s'occupe?
8. On discute de la politique en famille.
   De quoi discute-t-on en famille?
   De quoi est-ce qu'on discute en famille?

E. *Posez de deux manières une question <u>sur la seconde des deux phrases</u>.*

   EXEMPLE:
   J'ai trois oncles. Je préfère André.
   Lequel préférez-vous?
   Lequel est-ce que vous préférez?

1. J'ai trois oncles. Je préfère André.
   Lequel préférez-vous?
   Lequel est-ce que vous préférez?
2. Nous dînerons au Restaurant du Bois ou Chez Maxim. Nous aimons mieux le Restaurant du Bois.
   Lequel aimez-vous mieux?
   Lequel est-ce que vous aimez mieux?
3. Chaque jeudi je joue au tennis avec mes cousines. Je bats toujours Janine.
   Laquelle bats-tu?
   Laquelle est-ce que tu bats?
4. Il y a deux entrées. J'attendrai devant la porte sud.
   Devant laquelle attendrez-vous?
   Devant laquelle est-ce que vous attendrez?
5. J'ai deux amies. Je pense surtout à Jeanne.
   À **laquelle** pensez-vous surtout?
   À **laquelle est-ce que** vous pensez surtout?

6. Mes trois frères sont très forts. J'ai peur du plus vieux.
   Duquel avez-vous peur?
   Duquel est-ce que vous avez peur?
7. Je suis allé à quatre mariages cette année. Je me rappelle bien le dernier.
   Lequel vous rappelez-vous bien?
   Lequel est-ce que vous vous rappelez bien?

EXPLICATIONS

1. LA NÉGATION

GÉNÉRALITÉS

L'idée de négation peut s'appliquer à différents éléments de la phrase.

I. A. Lorsque la négation s'applique au verbe, nous employons des adverbes de négation.

Je **n'**aime **pas** mon cousin.
(*I do not like my cousin.*)
Pierrette **ne** visite **plus** ma famille.
(*Pierrette does not visit my parents any longer.*)
La fête pour son anniversaire **n'**était **guère** amusante.
(*His birthday party was hardly entertaining.*)

II. Lorsque l'idée de négation porte sur une partie de phrase, on emploie des conjonctions de négation.

Elle **ne** veut voir **ni** son père, **ni** sa mère.
(*She wants to see neither her father nor her mother.*)
Alphonse **ne** tenait **ni** à lui déclarer son amour, **ni** à lui offrir une bague.
(*Alphonse was eager neither to tell her he loved her, nor to give her a ring.*)

Comparez à la construction affirmative:

Alphonse tenait (et) à lui déclarer son amour **et** à lui offrir une bague.

On note donc que **ni** est le contraire de **et**.

III. Si le négatif porte <u>sur un nom</u>, on se sert <u>d'adjectifs indéfinis négatifs</u>.

Aucun jeune homme **n'**aurait voulu l'épouser.
(*No young man would have wanted to marry her.*)
Nous **ne** voyons **nulle** raison pour aller au baptême du petit François.
(*We see no reason to attend the baptism of little François.*)
Pas un père **ne** refuserait une maison avec un grand jardin.
(*No father would turn down a house with a large garden.*)

IV. Si le mot négatif joue le rôle <u>d'un nom</u> dans la phrase, il s'agit <u>du pronom négatif</u>.

Personne n'admire les mariages de raison.
(*No one admires marriages of convenience.*)
Tu **ne** comprends **rien** à l'amour.
(*You understand nothing about love.*)
Aucun ne voulait l'épouser.
(*No one wanted to marry her.*)

Vous remarquerez que certains mots peuvent avoir <u>différentes fonctions grammaticales</u>.

PAR EXEMPLE: **aucun, pas un, nul,** etc. peuvent être <u>adjectifs ou pronoms selon le cas</u>.

Je **n'**accepterai **aucune** excuse.
(*I will accept no excuses.*)
(aucune: *adjectif*)

Je crois qu'**aucune ne** serait bonne.
(*I believe none would be good.*)
(aucune: *pronom*)

V. Adverbes et Locutions adverbiales de négation

ne ... jamais .... (*never*)
ne ... plus .... (*no longer/not anymore*)
ne ... guère .... (*not much—hardly*)

A. Position dans la phrase avec un verbe non composé

SUJET + NE + VERBE + PAS/JAMAIS/PLUS

La mère **ne** punit **jamais** son fils.
(*The mother never punishes her son.*)
Vous **n'**avez **guère** de patience.
(*You have hardly any patience.*)

SUJET + NE + {PRONOM OBJET / PRONOM RÉFLÉCHI} + VERBE
+ PAS/JAMAIS/PLUS

La mère **ne** le punit **pas.**
(*The mother does not punish him.*)
Nous **ne** les apprécions **guère.**
(*We do not appreciate them much.*)
Elle **ne** parle **plus** à son mari.
Elle **ne** lui parle **plus.**
(*She does not speak to him any more.*)
Ce jeune ménage **ne** va **jamais** au cinéma.
Ce jeune ménage **n'**y va **jamais.**
(*This young couple never goes there.*)
Il **ne** s'endort **pas** avant minuit.
(*He does not fall asleep before midnight.*)

B. Position dans la phrase avec un verbe composé

SUJET + NE + AUX. + PAS/JAMAIS/PLUS
+ PART. PASSÉ

ou

SUJET + NE + {PRONOM OBJET / PRONOM RÉFLÉCHI} + AUX.
+ PAS/JAMAIS/PLUS + PART. PASSÉ

Nous **n'**avons **guère** eu de patience.
Nous **ne** les avons **guère** appréciés.
Elle **ne** lui avait **plus** parlé.
Il **n'**y est **jamais** allé.
Il **ne** s'était **pas** endormi avant minuit.

VI. Conjonctions de négation

ne (verbe) . . . **ni ne** (verbe) . . . . . (*not . . . nor/neither . . . nor*)
ne . . . **ni** . . . **ni** . . . . (*neither . . . nor*)
ne . . . **que** . . . . (*only*)

A. Position dans la phrase avec un verbe non composé

SUJET + NE + VERBE + NI NE
+ VERBE + (COMPLÉMENT)

ou

SUJET + NE + VERBE + NI + NOM + NI + NOM

ou

SUJET + NE + VERBE + QUE + COMPLÉMENT

Maurice **n'**écoute **ni ne** respecte ses parents.
(*Maurice neither listens to nor respects his parents.*)
Le pauvre bébé **n'**avait **ni** lit **ni** vêtements.
(*The poor baby had neither bed nor clothing.*)
Ils **n'**ont **qu'**un enfant.
(*They have only one child.*)

SUJET + NE + PRON. OBJ. + VERBE
+ NI NE + PRON. OBJ. + VERBE

ou

SUJET + NE + PRON. OBJ. + VERBE
+ NI + NOM + NI + NOM

ou

SUJET + NE + PRON. OBJ. + VERBE
+ QUE + COMPLÉMENT

Elle **ne** lui écrit **ni ne** lui téléphone.
(*She neither writes to him nor phones him.*)
Elle **ne** lui écrit **pas** et **ne** lui téléphone **pas non plus**.
(*She does not write to him and does not phone him either.*)
Ses parents **ne** lui laissent avoir **ni** argent **ni** voiture.
(*His parents let him have neither money nor car.*)

C'est un ménage étrange: ils **ne** se voient **qu'**un jour sur deux.
(*They are a strange couple: they see each other only one day out of two.*)

B. Position dans la phrase avec un verbe composé

SUJET + NE + AUX. + NI + PART. PASSÉ
+ NI + PART. PASSÉ

Maurice **n'**a **ni** écouté **ni** respecté ses parents.
(*Maurice neither listened to nor respected his parents.*)

SUJET + NE + AUX. + PART. PASSÉ
+ NI + NOM + NI + NOM

Le pauvre bébé **n'**avait eu **ni** lit **ni** vêtements.
(*The poor baby had had neither bed or clothing.*)

SUJET + NE + AUX. + PART. PASSÉ
+ QUE + COMPLÉMENT

Ils **n'**ont eu **qu'**un enfant.
(*They had only one child.*)

SUJET + NE + PRON. OBJ. + AUX. + NI
+ PART. PASSÉ + NI + PART. PASSÉ

Il l'aimait, mais elle **ne** l'a **ni** regardé **ni** écouté une seule fois.
(*He loved her, but she neither looked at him nor listened to him once.*)
Elle **ne** lui aurait **ni** écrit **ni** téléphoné.
(*She would have neither written nor phoned him.*)

SUJET + NE + PRON. OBJ. + AUX. + PART. PASSÉ
+ NI + NOM + NI + NOM

Il **ne** lui a donné **ni** bagues, **ni** voitures.
(*He gave her neither rings, nor cars.*)

SUJET + NE + PRON. OBJ. + AUX. + PART. PASSÉ
+ QUE + COMPLÉMENT

Ils auraient pu **ne** se revoir **que** deux ou trois fois, mais ...
(*They could have seen each other again only two or three times, but ...*)

Notez l'absence de pas dans les exemples ci-dessus.
Ils ne se parlent **pas.**

MAIS

Ils **ne** se parlent **plus.**
Ils **ne** se parlent **jamais.**
Ils **ne** se parlent **qu'**une fois par jour.
Ils **ne** se parlent **guère.**
etc.

Ni . . . ni peuvent introduire <u>des sujets</u>.

Ni Bernard, **ni** Yvonne **ne** sont là.
Ni lui, **ni** moi **ne** sommes mariés.
(*Neither he, nor I are married.*)

VII. Adjectifs de négation

ne . . . aucun (aucune)............(no + noun)
ne . . . pas un (une).............(not one + noun)
ne . . . nul (nulle)...............(no + noun)

A. Position dans la phrase avec un verbe simple

SUJET + NE + VERBE + AUCUN/PAS UN/NUL + NOM

Son père **n'**a **aucune** autorité sur lui.
(*His father has no authority over him.*)
Cette famille **n'**a **pas** un sou.
(*This family does not have one penny.*)

AUCUN/PAS UN/NUL + SUJET + NE + VERBE + (COMPLÉMENT)

Pas un jour **ne** passe sans dispute.
(*Not one day goes by without an argument.*)
Aucune famille **n'**est aussi unie . . .
(*No family is as united . . .*)

SUJET + NE + {PRON. OBJ. / PRON. RÉFLÉCHI} + VERBE + AUCUN/PAS UN/NUL + NOM

Son père **ne** lui laisse **aucune** initiative.
(*His father does not let him have any initiative.*)

B. Position dans la phrase avec un verbe composé

SUJET + NE + AUX. + PART. PASSÉ
+ AUCUN/PAS UN/NUL + NOM

ou

SUJET + NE + $\begin{cases}\text{PRON. OBJ.}\\ \text{PRON. RÉFLÉCHI}\end{cases}$ + AUX.
+ PART. PASSÉ + AUCUN/PAS UN/NUL + NOM

Sa mère **n'**a **aucune** influence sur lui.
(*His mother has no influence on him.*)
Sa famille **ne** lui a laissé **aucune** liberté.
(*His parents have given him no freedom.*)

VIII. Pronoms négatifs

ne ... personne .... (nobody/not ... anybody)
ne ... rien .... (nothing/not ... anything)

A. Position dans la phrase avec un verbe simple

SUJET + NE + VERBE + PERSONNE/RIEN

Le vieillard **ne** voit **personne**.
(*The old man sees nobody/no one.*)
Il **ne** dit **rien** à **personne**.
(*He does not say anything to anyone.*)

SUJET + NE + $\begin{cases}\text{PRON. OBJ.}\\ \text{PRON. RÉFLÉCHI}\end{cases}$ + VERBE
+ PERSONNE/RIEN

Ma cousine **n'**en dira **rien**.
(*My cousin will say nothing about it.*)
    (**en:** *l'histoire dont nous avons parlé*)
Alors moi, je **ne** dirai **rien non plus**.
(*Then, I won't say anything either.*)
    (**non plus:** *not either*)

B. Position dans la phrase avec un verbe composé

SUJET + NE + AUX. + PART. PASSÉ
+ (PRÉPOSITION) + PERSONNE

SUJET + NE + {PRON. OBJ. / PRON. RÉFLÉCHI} + AUX.
+ PART. PASSÉ + (PRÉP.) + PERSONNE

Le vieillard **n'**avait vu **personne** pendant des mois.
(*The old man had not seen anybody for several months.*)
Ma cousine **ne** l'aurait raconté **à personne**.
(*My cousin would not have told it to anyone.*)
(*My cousin would not have said anything about it to anyone.*)

SUJET + NE + AUX. + RIEN + PART. PASSÉ

ou

SUJET + NE + {PRON. OBJ. / PRON. RÉFLÉCHI} + AUX.
+ RIEN + PART. PASSÉ

Il **n'**a **rien** dit.
(*He said nothing.*)
Nous **ne** lui en avons **rien** dit.
(*We said nothing about it to him.*)

Personne et **rien** peuvent être sujets.
On a alors:

personne ... ne
rien ... ne

Personne n'héritera de ce million imaginaire.
(*No one will inherit this imaginary million.*)
Rien ne compte **plus** à ses yeux.
(*Nothing counts any more in his eyes.*)

IX. Combinaisons de négatifs

Il n'est pas rare de trouver les uns après les autres plusieurs mots (adverbes ou pronoms) qui ont un sens négatif lorsqu'ils s'emploient avec **ne**.

Notez les exemples suivants:

Le vieil homme **n'a plus rien** demandé à sa famille.
(*The old man did not ask for anything from his family any more.*)
Le vieil homme **n'a plus jamais rien** demandé à sa famille.
(*The old man never asked for anything from his family any more.*)
Le vieillard **ne** les revit **plus jamais**.
(*The old man never saw them again.*)
(*The old man never saw them any more.*)
Mon oncle **n'**avait **plus aucun** courage.
(*My uncle had no courage any more.*)
(*My uncle did not have any courage any more.*)
Tu **n'**aurais **plus** vu **personne**.
(*You would not have seen anybody any more.*)
Je **n'**aurais vu **personne non plus**.
(*I would not have seen anybody either.*)

2. L'INTERROGATION

GÉNÉRALITÉS

Un certain nombre de moyens sont à notre disposition pour poser une question.

1. l'intonation de la voix

   Vous venez? (⤴)

2. est-ce que placé devant une affirmation

   Est-ce que vous venez?

3. l'inversion et les adverbes d'interrogation

   Venez-**vous?**
   Pourquoi venez-vous? (**Pourquoi est-ce que** vous venez?)

4. les adjectifs et les pronoms interrogatifs

   Quel côté de sa famille préfère-**t-il**?
   Quel côté de sa famille **est-ce qu'il** préfère?
   (*Which side of his family does he prefer?*)
   Et toi, **qui** préfères-**tu**?
   Et toi, **qui est-ce que tu** préfères?
   (*And you, whom do you prefer?*)

I. L'Intonation
La phrase parlée se caractérise par une intonation ascendante.

Vous venez? (⟶)
(*Are you coming?*)
Ça va? (⟶)
(*How is it going?*)

Cette façon de poser une question est extrêmement courante dans la conversation de tous les jours. L'adjonction de n'est-ce pas souligne que celui qui parle s'attend à une réponse en accord avec sa question.

Tu pars dimanche, **n'est-ce pas?**
(*You are leaving next Sunday? Right/Aren't you?*)

Celui à qui l'on s'adresse répondra probablement affirmativement à cette question.

II. Est-ce que . . .?
Il suffit de placer **est-ce que** devant une déclaration pour transformer cette dernière en une question :

Ils sortent tous les samedis.

Est-ce qu'ils sortent tous les samedis?
(*Do they go out every Saturday?*)

III. L'inversion et les adverbes d'interrogation **(quand, comment, pourquoi, où, combien).**
Une déclaration affirmative ou négative peut être transformée en une question par l'inversion du sujet et du verbe.

A. Le sujet est un nom propre ou un nom commun. Il faut ajouter après le verbe un pronom personnel qui s'accorde en genre et en nombre avec le sujet (inversion complexe).

Catherine a des enfants en bas âge.
Catherine **a-t-elle** des enfants en bas âge?
(*Does Catherine have young children?*)

La délinquance juvénile devient insupportable.
La délinquance juvénile **devient-elle** insupportable?
(*Is juvenile delinquency becoming unbearable?*)

B. Le sujet est un pronom personnel. Il suffit de reporter ce pronom après le verbe (inversion simple).

Il adorait sa femme.
Adorait-il sa femme?
(*Did he adore his wife?*)
Elle n'aime pas les bijoux.
N'aime-t-elle pas les bijoux?
(*Doesn't she like jewels?*)

> À la première personne du singulier on emploie le plus souvent **est-ce que**.
>
>> J'aime les fleurs.
>> **Est-ce que j'aime** les fleurs?

Le **-t-** (*t euphonique*) intercalé entre le verbe et le pronom personnel facilite la prononciation.

> N'aime-t-elle pas les bijoux?

Le **trait d'union** (-) s'emploie toujours en compagnie du **t euphonique**.

> Catherine a-t-elle ...

Il se place entre le verbe et le pronom personnel dans l'inversion simple.

> Pars-tu?
> Mangeait-elle?
> Arriverons-nous?

C. Quand, comment, pourquoi, où, combien

Ces adverbes d'interrogation peuvent s'employer avec est-ce que.

> Comment est-ce que tu t'appelles?

Lorsqu'on choisit l'inversion, il faut observer les règles suivantes:

1. Inversion complexe avec un nom propre ou un nom commun

   Pourquoi **Jean offre-t-il** une bague à Lyne?
   (*Why does Jean offer Lyne a ring?*)
   Quand la **jeune fille acceptera-t-elle** le cadeau?
   (*When will the girl accept the gift?*)

2. Inversion simple avec un pronom personnel

   Où **va-t-il** passer la soirée?
   (*Where will he spend the evening?*)
   Comment **viendra-t-elle**?
   (*How will she come?*)

IV. Les adjectifs interrogatifs et les pronoms interrogatifs

   A. L'adjectif interrogatif s'accorde en genre et en nombre avec le nom qu'il modifie.

	SINGULIER	PLURIEL
MASCULIN	QUEL	QUELS
FÉMININ	QUELLE	QUELLES

Lorsque le nom modifié est sujet de la phrase, il n'y a pas d'inversion dans la question.

Le prénom plaîrait à tout le monde.
Quel prénom plaîrait à tout le monde?
(*What first name would please everybody?*)

Lorsque le nom modifié par l'adjectif interrogatif est objet, il y a inversion.

Tu me poses **des questions.**
Quelles questions **me poses-tu?**
(*What questions are you asking me?*)

   Quel, quelle, quels, quelles s'emploient *seuls* devant être.

Quel est son âge?
(*How old is he?*)
(*What is his age?*)
Quelles sont vos préférences en matière de romans?
(*What are your preferences concerning novels?*)

B. Le pronom interrogatif varie en fonction de deux choses:

a. son rôle dans la phrase (sujet? objet direct? objet indirect?)
b. la nature de son antécédent (est-ce une personne ou une chose?)

PERSONNES

QUI QUI EST-CE QUI	sujet
QUI QUI EST-CE QUE	objet direct
À QUI/À QUI EST-CE QUE POUR QUI/POUR QUI EST-CE QUE DE QUI/DE QUI EST-CE QUE AVEC QUI/AVEC QUI EST-CE QUE	objet indirect

EXEMPLES:
Qui surveille les enfants?
Qui est-ce qui surveille les enfants?
(*Who is watching the children?*)
Qui encourageras-tu?
Qui est-ce que tu encourageras?
(*Whom will you encourage?*)
À qui cède-t-elle toujours?
À qui est-ce qu'elle cède toujours?
(*To whom does she yield all the time?*)
Pour qui travailles-tu?
Pour qui est-ce que tu travailles?
(*For whom do you work?*)
De qui dépendons-nous?
De qui est-ce que nous dépendons?
(*Whom do we depend upon?*)

Avec qui préférez-vous sortir?
Avec qui est-ce que vous préférez sortir?
(*With whom do you prefer to go out?*)

CHOSES

QU'EST-CE QUI	sujet
QUE QU'EST-CE QUE	objet direct
À QUOI/À QUOI EST-CE QUE POUR QUOI/POUR QUOI EST-CE QUE DE QUOI/DE QUOI EST-CE QUE etc. . . .	objet indirect

EXEMPLES:
Qu'est-ce qui fait peur à l'enfant?
(*What is frightening the child?*)
Que voulez-vous faire ce soir?
Qu'est-ce que vous voulez faire ce soir?
(*What do you want to do this evening?*)
À quoi reconnaît-on un enfant sage?
À quoi est-ce qu'on reconnaît un enfant sage?
(*By what do you recognize a well-behaved child?*)
Pour quoi se battent-ils?
Pour quoi est-ce qu'ils se battent?
(*What are they fighting for?*)
De quoi a-t-il besoin?
De quoi est-ce qu'il a besoin?
(*What does he need?*)

Pour demander la définition d'un mot, on pose la question de la façon suivante:

Qu'est-ce qu'un/une . . .?
(*What is a . . .?*)
Qu'est-ce que c'est qu'un/une . . .?
(*What is a . . .?*)
Qu'est-ce que c'est qu'un cousin?
(*What is a cousin?*)

C. Pour poser une question qui sous-entend un choix entre plusieurs personnes ou plusieurs objets, on emploie les pronoms suivants:

SUJET

MASCULIN SINGULIER	MASCULIN PLURIEL
LEQUEL	LESQUELS
FÉMININ SINGULIER	**FÉMININ PLURIEL**
LAQUELLE	LESQUELLES

Lequel de vos oncles est le plus gentil?
(*Which one of your uncles is the nicest?*)
Lequel est le plus gentil?
(*Which one is the nicest?*)
Lequel des trois est le plus gentil?
(*Which one of the three is the nicest?*)
Laquelle de vos trois tantes viendra au mariage?
(*Which one of your three aunts will come to the wedding?*)
Vous voulez aussi savoir **lesquels** de mes 14 cousins doivent venir?
(*You also want to know which ones of my 14 cousins are to come?*)

OBJET DIRECT

MASCULIN SINGULIER	MASCULIN PLURIEL
LEQUEL	LESQUELS
LEQUEL EST-CE QUE	LESQUELS EST-CE QUE
FÉMININ SINGULIER	**FÉMININ PLURIEL**
LAQUELLE	LESQUELLES
LAQUELLE EST-CE QUE	LESQUELLES EST-CE QUE

Voici deux voitures: **laquelle** préfères-tu?
(*Here are two cars: which one do you like better?*)
Tiens, voilà mes cousines. **Laquelle** trouves-tu la plus jolie?
(*Well, here are my cousins. Which one do you find the prettiest?*)
Vous avez rencontré mes frères. **Lequel** trouvez-vous le plus distingué?
(*You have met my brothers. Which one do you find the most distinguished?*)

75

OBJET INDIRECT

MASCULIN SINGULIER	MASCULIN PLURIEL
AUQUEL/AUQUEL EST-CE QUE DUQUEL/DUQUEL EST-CE QUE CONTRE LEQUEL/CONTRE LEQUEL EST-CE QUE POUR LEQUEL/POUR LEQUEL EST-CE QUE etc.	AUXQUELS/AUXQUELS EST-CE QUE DESQUELS/DESQUELS EST-CE QUE CONTRE LESQUELS/CONTRE LESQUELS EST-CE QUE POUR LESQUELS/POUR LESQUELS EST-CE QUE etc.
FÉMININ SINGULIER	FÉMININ PLURIEL
À LAQUELLE/À LAQUELLE EST-CE QUE DE LAQUELLE/DE LAQUELLE EST-CE QUE CONTRE LAQUELLE/CONTRE LAQUELLE EST-CE QUE etc.	AUXQUELLES/AUXQUELLES EST-CE QUE DESQUELLES/DESQUELLES EST-CE QUE CONTRE LESQUELLES/CONTRE LESQUELLES EST-CE QUE etc.

Regarde, voilà mes vieilles tantes. Sais-tu **avec laquelle** nous resterons?
(*Look, here are my old aunts. Do you know with which one we will stay?*)
Contre lequel des jeunes la famille est-elle fâchée?
(*With which one of the young is the family irritated?*)

INVENTION

Écrivez des phrases complètes en vous servant du vocabulaire donné et suivant les indications.

1. (*Interrogatif*) Vos parents/venir voir souvent (*présent de l'indicatif*)/ vous/à/l'université?

   EXEMPLE:
   Vos parents **viennent-ils** souvent vous voir à l'université?
2. Pourquoi/Jeanne/ne pas parler de (*présent de l'indicatif*)/son/ le mariage/prochain?
3. Nous/n'avoir (*présent de l'indicatif*) ni ... ni/la fortune/l'instruction/mais/nous/ne jamais/perdre (*futur*)/espoir.
4. (*Interrogatif*) De/les deux dames/(lequel, laquelle, lesquels ...)/ être (*présent de l'indicatif*)/la grand-mère/de/votre camarade?
5. De quoi/vous/parler (*présent de l'indicatif*)? Je/ne rien entendre (*passé composé*).
6. On/ne/rien/me/dire (*passé composé*). Je/ne plus jamais/accepter (*futur*)/une telle invitation.
7. (*Négatif*) Il/y avoir (*présent*)/encore/ne personne/dans/le salon. (*Interrogatif*) Qui/devoir (*présent de l'indicatif*)/venir?
8. Aller (*futur, troisième personne du singulier, masculin*) demander/la main/de/Irène.

EXERCICE DE CONTRÔLE

Recopiez les phrases suivantes au négatif en remplaçant chaque expression soulignée par l'expression contraire.

EXEMPLE:
Vous avez déjà rencontré ma sœur.
Vous n'avez pas encore rencontré ma sœur.

1. Il m'a dit quelque chose au sujet de son mariage.
2. Tout le monde admire mon oncle Henri.
3. Tout l'ennuie.
4. Elle visite toujours sa grand-mère à Noël.
5. Tu parles encore à ton ancien voisin.
6. Nous avons rencontré quelqu'un.
7. J'ai plusieurs cousins à Paris.
8. Il faisait chaud partout.

THÈME D'APPLICATION

1. Our family reunions are never dull.
2. When will Patrick come and what will he do?
3. Didn't Jeanne wait for her husband much too long?
4. Nothing has changed in my home town.
5. She was neither interesting nor beautiful.
6. Which of your uncles are you most fond of? (*tenir à*)
7. I scarcely remember my grandfather.
8. You often go to the movies, but we do not go there any more.
9. I failed and he never again asked (*redemander*) me anything.
10. For whom would you rather not work?
11. What are you complaining about?
12. My parents give me only one dollar per week.

EMPLOI PRATIQUE DU VERBE <u>FINIR</u> ET DES VERBES DU TYPE FINIR

(Voir Tableau du verbe «finir», p. 300)

A. *Dans les phrases suivantes, donnez la forme du verbe indiquée entre parenthèses.*

1. Il faut que vous .... (*punir—présent du subjonctif*) l'enfant de temps à autre, sinon il n'écoutera jamais.
2. Il suffit de l'observer pour voir qu'il .... (*subir—passé composé*) l'influence de son frère.
3. Ils .... (*accomplir—futur*) la tâche qui leur a été confiée.
4. .... (*agir—présent de l'indicatif*)—vous généralement à l'encontre de vos principes?
5. Ma mère voudrait bien que j'....... (*obéir—présent du subjonctif*) à mon père.
6. Le grand-père disait que la présence de ses petites-filles .... (*remplir—conditionnel présent*) sa maison de gaieté.
7. Chaque fois qu'elles avaient des invités, mes tantes .... (*polir—imparfait*) leur argenterie pendant des heures.

8. Après toutes ces aventures, il .... (*finir—plus-que-parfait*) par résister aux tentations.
9. Son caractère, c'est certain, ... (*subir—passé composé*) bien des changements.

B. *Même exercice.*

1. Il .... (*ne pas s'agir—imparfait de l'indicatif*) d'une simple querelle de famille.
2. Toutes ces histoires .... (*finir—conditionnel présent*) bien, si on leur expliquait l'absurdité de la situation.
3. .... (*finir—présent de l'impératif*) notre travail et allons au cinéma.
4. Ils .... (*ne jamais désobéir—conditionnel passé*) comme cela à leur grand-père!
5. Quelle épreuve .... (*subir—présent de l'indicatif*)—vous immédiatement après celle-ci?
6. Le directeur de la pension affirma: "Nous .... (*punir—présent de l'indicatif*) nos pensionnaires aussi rarement que possible."
7. Il me fit venir dans son bureau et me dit: "Tu .... (*ne rien accomplir—passé composé*) de bon depuis ton arrivée."
8. On .... (*ne jamais choisir—présent de l'indicatif*) sa belle-mère: cela explique bien des choses, n'est-ce pas?
9. .... (*agir—conditionnel passé, troisième personne du singulier*) de la même manière avec un peu plus d'expérience?

LEÇON 5

LES SPORTS

PROBLÈMES DU VERBE - I

1. PRATIQUE: LE VERBE PRONOMINAL

I. *Répondez aux questions suivantes par* **oui** *ou par* **non.**

EXEMPLE:
Est-ce que vous vous reprochez votre défaite? (non)
Non, **je ne me reproche pas** ma défaite.

1. Est-ce que vous vous reprochez votre défaite? (non)
   Non, je **ne me reproche pas** ma défaite.
2. Est-ce qu'il faut se coucher tôt pendant une période d'entraînement? (oui)
   Oui, **il faut se coucher** tôt pendant une période d'entraînement.
3. Nous procurerons-nous de nouvelles raquettes? (oui)
   Oui, **nous nous procurerons** de nouvelles raquettes.
4. Vous habillez-vous chaudement pour faire du ski? (oui)
   Oui, **je m'habille** chaudement pour faire du ski.
5. Est-ce que tu t'es bien préparé? (oui)
   Oui, **je me suis bien préparé.**
6. Les spectateurs se taisent-ils si leur équipe gagne? (non)
   Non, les spectateurs **ne se taisent pas** si leur équipe gagne.
7. Est-ce que je dois me reposer après une longue course? (oui)
   Oui, **vous devez vous reposer** après une longue course.

II. *Exprimez l'idée d'action réciproque en réunissant les éléments donnés.*

EXEMPLE:
Jean et Pierre—se voir une fois par semaine.
Ils se voient une fois par semaine.

1. Jean et Pierre—se voir une fois par semaine.
   Ils se voient une fois par semaine.

2. Jean et moi—se disputer rarement.
   Nous nous disputons rarement.
3. Jacqueline et ma sœur—se parler souvent au téléphone.
   Elles se parlent souvent au téléphone.
4. Lui et moi—se donner la main pour ne pas se perdre.
   Nous nous donnons la main pour ne pas nous perdre.
5. André et vous—se battre pour se saisir de la balle.
   Vous vous battez pour **vous saisir** de la balle.

III. *Répondez suivant les indications données.*

EXEMPLE:
Est-ce qu'il s'en va avant la fin du match? (non, jamais)
Non, il **ne s'en va jamais** avant la fin du match.

1. Est-ce qu'il s'en va avant la fin du match? (non, jamais)
   Non, **il ne s'en va jamais** avant la fin du match.
2. Nous endormons-nous en prenant un bain de soleil? (oui)
   Oui, **nous nous endormons** en prenant un bain de soleil.
3. Est-ce que vous vous enfuyez à la vue des boxeurs? (oui)
   Oui, je **m'enfuis** à la vue des boxeurs.
4. Est-ce que tu ne te doutes pas de leur force? (non)
   Non, **je ne me doute pas** de leur force.
5. S'apercevra-t-elle bientôt de ses faiblesses? (peut-être)
   Peut-être s'apercevra-t-elle bientôt de ses faiblesses.

2. PRATIQUE: LE PASSIF

I. *Mettez les phrases à la voix active.*

EXEMPLE:
La médaille a été gagnée par le meilleur coureur.
Le meilleur coureur **a gagné** la médaille.

1. La médaille a été gagnée par le meilleur coureur.
   Le meilleur coureur **a gagné** la médaille.
2. Le terrain de football a été mouillé par la pluie.
   La pluie **a mouillé** le terrain de football.
3. Les sports sont rendus difficiles par la chaleur.
   La chaleur **rend** les sports difficiles.
4. Le record a été battu par cette petite jeune fille.
   Cette petite jeune fille **a battu** le record.

5. L'équipe de rugby avait été réprimandée par son capitaine.
   Son capitaine **avait réprimandé** l'équipe de rugby.
   6. Le bateau fut renversé par une énorme vague.
   Une énorme vague **renversa** le bateau.

II. *Mettez les phrases à l'actif en utilisant* **on.**

   EXEMPLE :
   Le ballon a été arrêté au dernier moment.
   On a arrêté le ballon au dernier moment.

   1. Le ballon a été arrêté au dernier moment.
   On a arrêté le ballon au dernier moment.
   2. Le court de tennis est nettoyé avant chaque match.
   On nettoie le court de tennis avant chaque match.
   3. Une table a été installée pour les juges.
   On a installé une table pour les juges.
   4. L'esprit d'équipe est toujours remarqué.
   On remarque toujours l'esprit d'équipe.
   5. L'arrivée du champion est attendue avec impatience.
   On attend l'arrivée du champion avec impatience.

III. *Mettez les phrases à l'actif en employant la construction pronominale.*

   EXEMPLE :
   Le ballon de basket est lancé comme cela.
   Le ballon de basket **se lance** comme cela.

   1. Le ballon de basket est lancé comme cela.
   Le ballon de basket **se lance** comme cela.
   2. Le tennis est joué à deux ou à quatre.
   Le tennis **se joue** à deux ou à quatre.
   3. Le ski est de plus en plus pratiqué.
   Le ski **se pratique** de plus en plus.
   4. Une équipe de football est composée de onze joueurs.
   Une équipe de football **se compose** de onze joueurs.
   5. Un match de football est divisé en deux parties.
   Un match de football **se divise** en deux parties.
   6. Une course n'est pas gagnée sans efforts.
   Une course **ne se gagne pas** sans efforts.

3. PRATIQUE: CONSTRUCTIONS AVEC FAIRE

I. *Reliez les éléments donnés à l'aide de* **faire.**

EXEMPLE:
Un autre ballon est demandé—Le joueur . .
Le joueur **fait demander** un autre ballon.

1. Un autre ballon est demandé—Le joueur . . .
   Le joueur **fait demander** un autre ballon.
2. La partie est commencée—Le juge . . .
   Le juge **fait commencer** la partie.
3. Les gants de son adversaire sont examinés—Le boxeur . . .
   Le boxeur **fait examiner** les gants de son adversaire.
4. Le ballon est placé au centre du terrain—Le capitaine . . .
   Le capitaine **fait placer** le ballon au centre du terrain.
5. Le juge sort—Les spectateurs . . .
   Les spectateurs **font sortir** le juge.
6. Les raquettes sont enfin remplacées—Jean et moi . . .
   Jean et moi, nous **faisons** enfin **remplacer** les raquettes.

II. *Dites que le professeur de gymnastique fait faire les choses suivantes à ses étudiants.*

EXEMPLE:
Les étudiants sautent.
Le professeur de gymnastique **fait sauter** les étudiants.

1. Les étudiants sautent.
   Le professeur de gymnastique **fait sauter** les étudiants.
2. André et Jacques monteront à cheval.
   Le professeur de gymnastique **fait monter** André et Jacques à cheval.
3. Les étudiants se taisent.
   Le professeur de gymnastique **fait taire** les étudiants.
4. Une partie de la classe plonge dans la piscine.
   Le professeur de gymnastique **fait plonger** une partie de la classe dans la piscine.
5. Les étudiants respirent profondément.
   Le professeur de gymnastique **fait respirer** profondément les étudiants.

6. Deux ou trois jeunes garçons grimpent à la corde.
Le professeur de gymnastique **fait grimper** deux ou trois jeunes garçons à la corde.

III. A. *Dites qu'on fait faire une action par l'intermédiaire d'une certaine personne.*

EXEMPLE :
La police expulse les spectateurs bruyants. Les officiels . . .
Les officiels **font expulser** les spectateurs bruyants **par** la police.

1. La police expulse les spectateurs bruyants. Les officiels . . .
Les officiels **font expulser** les spectateurs bruyants **par** la police.
2. Ses étudiants nagent la brasse. Le professeur de natation . . .
Le professeur de natation **fait nager** la brasse **par** ses étudiants.
3. Le mécanicien change les pneus. Le coureur automobile . . .
Le coureur automobile **fait changer** les pneus **par** le mécanicien.
4. L'arbitre arrête la rencontre. L'entraîneur . . .
L'entraîneur **fait arrêter** la rencontre **par** l'arbitre.
5. Un assistant gonfle le ballon. Le joueur . . .
Le joueur **fait gonfler** le ballon **par** un assistant.

B. *Dites que quelqu'un fait faire une certaine action.*

EXEMPLE :
L'équipe a couru des risques. Le capitaine . . .
Le capitaine **a fait courir** des risques à l'équipe.

1. L'équipe a couru des risques. Le capitaine . . .
Le capitaine a **fait courir** des risques à l'équipe.
2. Son petit-fils pêche la truite. Le pêcheur . . .
Le pêcheur **fait pêcher** la truite à son petit-fils.
3. Ton épouse fait du camping. Tu . . .
Tu **fais faire** du camping à ton épouse.
4. Ses joueurs font des exercices. L'entraîneur . . .
L'entraîneur **fait faire** des exercices à ses joueurs.
5. Le goal apprend de nouvelles tactiques. L'avant-centre . . .
L'avant-centre **fait apprendre** de nouvelles tactiques **au** goal.

EXPLICATIONS

PROBLEMES DU VERBE - I

Généralités
Le verbe exprime:

1. L'action

>Le jeune homme court.
>(*The young man runs.*)
>Il saute aussi.
>(*He also jumps.*)

2. La manière d'être

>Les sports sont utiles.
>(*Sports are useful.*)
>Il est heureux
>(*He is happy*)

On dit qu'un verbe est transitif direct si l'action porte sur un complément d'objet direct.

>Elle lance le ballon.
>(*She throws the ball.*)
>Sa camarade l'arrête.
>(*Her friend stops it.*)

Le verbe est dit transitif indirect si l'action porte sur un complément d'objet indirect.

>Jacques a hérité d'un château.
>(*Jacques inherited a chateau.*)
>Elle parle à sa camarade.
>(*She speaks to her friend.*)

Le verbe est intransitif si, au contraire, l'action ne porte pas sur un complément d'objet.

>René joue, marche, dort....
>(*René plays, walks, sleeps ...*)

Une action ou un état se plaçant généralement dans le temps, on parle du temps du verbe.

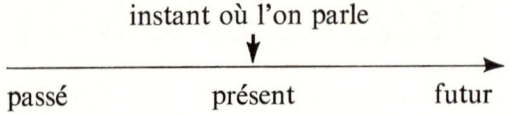

On parle aussi du mode d'un verbe, c'est-à-dire de la façon dont l'action ou l'état sont conçus par celui qui parle.

Indicatif: présente l'action ou l'état comme une réalité, comme un fait.

> Elle lançait le ballon avec assurance.
> (*She was throwing the ball with confidence.*)
> Nous avions perdu la partie, mais nous n'étions pas mécontents de nous-mêmes.
> (*We had lost the game, but we were not dissatisfied with ourselves.*)
> Ils gagneront ce match, croyez-moi.
> (*They will win this game, believe me.*)

Conditionnel: l'action dépend d'une condition.

> Nous **aurions gagné** si nous avions voulu!
> (*We would have won if we had wanted!*)
> Si le capitaine était remplacé, leur moral **serait** meilleur.
> (*If the captain were replaced their morale would be better.*)

Subjonctif: présente l'action non plus comme une réalité absolue, comme un fait (indicatif), mais plutôt comme un fait pensé (opinion, doute, nécessité, appréciation, etc.), ou comme une réalité subordonnée—aux verbes et expressions exprimant le désir, la crainte, la permission, l'ordre, la défense, la joie, la douleur, le regret, l'étonnement. On notera en particulier le rôle joué par certaines conjonctions de subordination—surtout celles exprimant le but et la concession.

> Je **veux** qu'il quitte le terrain.
> (*I want him to leave the field.*)
> Nous **souhaitons** vraiment qu'il finisse l'épreuve.
> (*We really wish that he could finish the competition.*)
> L'entraîneur est trop médiocre **pour qu'**ils réussissent.
> (*The coach is too mediocre for them to succeed.*)

Impératif: exprime un ordre, un commandement.

> Prenez le ballon comme ça. Maintenant, lancez-le.
> (*Take the ball like this! Now, throw it!*)
> Bon, maintenant, repose-toi un peu. Ne te fatigue pas inutilement.
> (*All right, now rest a little. Do not tire yourself unnecessarily.*)

Infinitif: indique l'idée de l'action.

> Que **dire** maintenant que le match est fini?
> (*What should be said now that the game is over?*)

ou prend la valeur d'un nom.

> **Nager** vous fera un bien immense.
> (*Swimming will do you a lot of good.*)

Participe: a souvent la valeur d'un adjectif.

> Voilà l'équipe **gagnante** (féminin singulier).
> (*There is the winning team.*)
> L'équipe **perdante** sort du stade.
> (*The losing team leaves the stadium.*)
> Le joueur **blessé** a été transporté à l'infirmerie.
> (*The injured player was taken to the infirmary.*)

Mais il garde aussi sa valeur de verbe.

> Il a été **soigné** à l'infirmerie.
> (*He was taken care of at the infirmary.*)
> La foule est **sortie** du stade en protestant.
> (*The crowd left the stadium protesting.*)

1. LE VERBE PRONOMINAL

GÉNÉRALITÉS

Le verbe pronominal est un verbe précédé d'un pronom personnel de même personne que le sujet.

> Je me prépare au match le plus important de ma carrière.
> (*I am preparing for the most important match of my career.*)

SE PRÉPARER

Je	ME	prépare
Tu	TE	prépares
Il/elle	SE	prépare
Nous	NOUS	préparons
Vous	VOUS	préparez
Ils/elles	SE	préparent

S'AMUSER

Je	M'	amuse
Tu	T'	amuses
Il/elle	S'	amuse
Nous	NOUS	amusons
Vous	VOUS	amusez
Ils/elles	S'	amusent

SE LEVER

Je	ME	suis levé(e)
Tu	T'	es levé(e)
Il/elle	S'	est levé(e)
Nous	NOUS	sommes levé(e)s
Vous	VOUS	êtes levé(e)(s)
Ils/elles	SE	sont levé(e)s

<u>le verbe être est toujours employé comme auxiliaire d'un verbe pronominal:</u>

Il **s'était entraîné** pendant des mois.
(*He had trained for months.*)
Je **me serais levé** plus tôt, si tu m'avais prévenu.
(*I would have gotten up earlier if you had warned me.*)

Le pronom (me, te, se, nous, vous, se) peut exprimer plusieurs choses.

I. **Sens réfléchi:** l'action s'applique au sujet lui-même.

Nous nous préparons scientifiquement.
(*We prepare ourselves scientifically.*)

Vous vous équipez aussi bien que possible.
(*You equip yourselves as well as possible.*)

II. **Sens réciproque:** deux sujets, ou plus, agissent l'un sur l'autre ou les uns sur les autres.

Ils se serrent la main avant la partie.
(*They shake hands before the game.*)
Nous nous regardions avec méfiance.
(*We were looking at each other with distrust.*)

III. **Pas de sens particulier:**

Certains verbes prennent un pronom sans pour cela avoir un sens réfléchi ou réciproque.

S'en aller

Je m'en vais avant la fin.
(*I am leaving before the end.*)

S'endormir

C'était si ennuyeux qu'il s'est endormi.
(*It was so boring that he fell asleep.*)

Se douter

Je ne me serais jamais douté que la France battrait l'Angleterre.
(*I would never have guessed that France would beat England.*)

S'enfuir

Un enfant s'est enfui avec le ballon.
(*A child ran away with the ball.*)

S'apercevoir

Vous ne voulez pas vous apercevoir des faiblesses de votre équipe.
(*You do not want to notice the weaknesses of your team.*)

Se moquer

Tu te moques de nous.
(*You are making fun of us.*)

Certains verbes s'emploient de trois manières différentes, avec des changements notables de sens.

Sans pronom

Elle **sert** bien.
(*She serves well.*)
Il **attend** le commencement de la partie.
(*He's waiting for the beginning of the game.*)

Avec un pronom

Elle **se sert** une boisson.
(*She is helping herself to a drink.*)
Ils **s'attendront** à la sortie.
(*They will wait for each other at the exit.*)

Avec un pronom et une préposition

Elle **se sert de** sa nouvelle raquette.
(*She uses her new racket.*)
Ils **s'attendaient** à la victoire de leur équipe.
(*They were expecting the victory of their team.*)

Notez les verbes suivants

attendre	to wait
s'attendre	to wait for each other
s'attendre à	to expect
apercevoir	to catch a glimpse of
s'apercevoir	to catch a glimpse of each other
s'apercevoir de	to realize/to become aware of
passer	to go by
se passer	to happen/to take place
se passer de	to go without

2. LE PASSIF (COMPARAISON DE L'ANGLAIS ET DU FRANÇAIS)

GÉNÉRALITÉS

Au passif le sujet subit l'action, alors qu'à l'actif le sujet fait l'action.

Comparez

passif	actif
Le ballon **est emporté** par l'enfant. (*The ball is taken away by the child.*)	L'enfant **emporte** le ballon. (*The child takes the ball away.*)
L'arbitre **est insulté** par le public. (*The referee is insulted by the public.*)	Le public **insulte** l'arbitre. (*The public insults the referee.*)

Le passif est moins courant en français qu'en anglais. Par exemple, "*It is told,*" "*They are being chased,*" "*I have been rewarded,*" "*English spoken,*" etc. se traduiront probablement en français par :

On raconte.
On les chasse.
On m'a récompensé.
On parle anglais, etc.

I. Ainsi, la phrase anglaise au passif sera rendue par une construction active aussi souvent que possible.

The winner was applauded by everyone.
Tout le monde **a applaudi** le vainqueur.

The game was lost by Toulouse.
Toulouse **a perdu** le match.

All the games were interrupted by the rain.
La pluie **a interrompu** toutes les parties.

II. Emploi de **on**: si la construction passive en anglais n'a pas de complément d'agent, on pourra l'exprimer en français par

ON + VERBE ACTIF

The ball was lost.
On a perdu le ballon.

One's reflexes can be developed by playing sports.
On peut développer ses réflexes en jouant aux sports.

On peut prendre plusieurs sens.

1. idée impersonnelle ou générale

> **On** est mieux au premier rang.
> (*It is better in the first row.*)
> Ici **on** parle français.
> (*French is spoken here.*)

2. signifie les gens, les autres, ils:

> **On** dit que cette équipe est incroyable.
> (*People say that this team is incredible.*)
> D'après ce qu'**on** raconte, il abandonnerait le football.
> (*According to what people say, he might abandon football.*)

3. signifie nous dans la langue parlée:

> On est vraiment bien ici, hein?
> (*It is a good spot for us here, don't you think?*)
> Si **on** reste ici sans parapluie, on sera tout mouillé.
> (*If we stay here without an umbrella, we'll be drenched.*)

III. Emploi de **se**: on peut souvent rendre le passif par une forme pronominale.

> *Tennis is played at all ages.*
> Le tennis **se joue** à tous les âges.
> *Special gloves are used for boxing.*
> Des gants spéciaux **s'emploient** pour la boxe.
> *Hard-working students are easily recognized.*
> Les étudiants travailleurs **se reconnaissent** facilement.

3. CONSTRUCTIONS AVEC FAIRE

GÉNÉRALITÉS

Le verbe **faire** est souvent employé dans des expressions impersonnelles:

faire froid........................(to be cold)
faire chaud.......................(to be warm)
faire du vent.....................(to be windy)
faire jour........................(to be light -outside)

faire nuit..........................(to be dark -outside)
faire du soleil....................(to be sunny)
faire beau........................(to be nice, for weather)
faire mauvais....................(to be nasty, for weather)
se faire tard.....................(to be getting late)
faire pitié.........................(to inspire pity)
etc.

Ne confondez pas «faire froid», «faire chaud» (*to be cold, to be warm outside*) avec «avoir froid», «avoir chaud» (*to be cold, to be warm for a person*).

   Il fait très froid dehors, mais grâce à ce manteau j'ai bien chaud.
   (*It is very cold outside, but thanks to this coat I am quite warm.*)

Le verbe **faire** est d'autre part employé pour exprimer qu'<u>un sujet est la cause indirecte d'une action</u>.

I. FAIRE + INFINITIF + L'OBJET DIRECT

   Le président du club **fait construire** un stade.
   (*The president of the club has a stadium built.*)
   Il a aussi **fait améliorer** le terrain.
   (*He also had the field improved.*)
   J'ai **fait faire** un veston.
   (*I had a jacket made.*)

   SE FAIRE + INFINITIF + L'OBJET DIRECT

   Je **me fais masser** les muscles des jambes.
   (*I have my leg muscles massaged.*)
   Elle **s'est fait faire** une robe.
   (*She had a dress made for herself.*)

   SE FAIRE + INFINITIF

   Il **se fait réveiller** à 6 heures du matin.
   (*He has someone wake him up at 6 A.M.*)

II. FAIRE + INFINITIF + L'OBJET DIRECT (qui est en même temps sujet de l'infinitif)

   L'entraîneur **fait courir** son équipe.
   (*The coach has/makes his team run.*)
   Il **fera nager** son champion.
   (*He'll make his champion swim.*)

III. FAIRE + INFINITIF + COMPLÉMENT D'OBJET DIRECT + COMPL. INDIRECT

>Le président **a fait construire** un stade par une compagnie privée.
>(*The president had a stadium built by a private firm.*)
>L'arbitre **fait lire** les règles aux joueurs.
>(*The referee has the rules read by the players/the referee makes the players read the rules.*)

Pour éviter l'ambiguïté de la construction

FAIRE FAIRE QUELQUE CHOSE À QUELQU'UN

EXEMPLE:
>L'arbitre **fait lire** les règles **aux** joueurs.
>(*The referee makes the players read the rules. . . . The referee has the rules read to the players.*)

on peut employer **par** au lieu de **à**

>L'arbitre **fait lire** les règles **par** les joueurs.
>(*The referee makes the players read the rules.*)

Si un pronom personnel objet est employé, il se place devant **faire**

>Il **leur fait lire** les règles.
>(*He makes them read the rules.*)

Pour des raisons d'usage, certaines constructions ne s'emploient jamais avec **à**

>>faire construire par . . .
>>faire expulser par . . .

INVENTION

Écrivez une phrase correcte à l'aide des éléments donnés.

1. Nous/se lever (*présent de l'indicatif*) tôt/mais/vous/se réveiller/vers onze heures/du matin.

   EXEMPLE:
   Nous nous levons tôt mais **vous vous réveillez** vers onze heures du matin.

2. (*Interrogatif*) se rendre compte de (*passé composé*)/ils/l'importance de/un régime sévère?
3. Je/s'absenter (*imparfait*)/toujours/les jours où/nous/avoir (*imparfait*) gymnastique.
4. Pourrais-tu/s'intéresser à/autre chose/le cyclisme?
5. Vous/se faire à (*présent de l'indicatif*)/la discipline d'équipe.
6. L'entraîneur/leur/faire faire (*passé composé*)/deux heures/la nage/par jour.
7. L'équipe de Strasbourg/être battu par (*plus-que-parfait*)/l'équipe de Paris.
8. Le joueur de basket/nouveau/très bien se débrouiller (*présent de l'indicatif*). On/bientôt/l'admirer (*futur*)/partout.

EXERCICES DE CONTRÔLE

A. *Indiquez l'expression qui convient dans chacune des phrases.*

1. Ils ont perdu tous les matches. Ils ....
2. Apparemment les spectateurs sont très heureux. Les joueurs ....
3. Nous allons .... le film de notre dernière rencontre.
4. Il .... car la pluie s'est arrêtée.
5. L'athlète doit .... par son médecin régulièrement.
6. Je .... à six heures, et ainsi je pouvais nager pendant une heure avant le petit déjeuner.

se faire réveiller
faire du bruit
se faire tard
faire passer
faire pitié
se faire examiner
faire du soleil
se faire applaudir

B. *Mettez les phrases suivantes à l'actif.*

1. Tu as été bien préparé par ton entraîneur.
2. Il paraît que tout l'équipement a été volé.
3. Le footballeur a été réprimandé à plusieurs reprises.
4. Je te répète que la partie a été gagnée pendant les deux dernières minutes.
5. Le boxeur est reconduit dans son coin par l'entraîneur.
6. Nous espérons que tous les billets seront vendus.

C. *Recopiez les phrases suivantes en exprimant la causalité à l'aide de* **faire** *et en remplaçant les mots soulignés par des pronoms.*

EXEMPLE:
  L'arbitre chasse le joueur.
  L'arbitre le fait chasser.

1. Nous avons dit à Paulette d'acheter une nouvelle raquette.
2. Les organisateurs ont demandé à deux hommes de nettoyer le court de tennis.
3. La police demande aux spectateurs turbulents de sortir du stade.
4. Le juge a ordonné qu'on arrête le combat de boxe.
5. L'entraîneur demande à Jean de lancer le ballon.

THÈME D'APPLICATION

1. I soon became aware of the other team's weakness.
2. We were hurrying to finish our work in order to go skiing.
3. They looked at each other for an instant before beginning the game.
4. The results of the third race (*la course, n.f.*) were just announced.
5. Athletes cannot go without rigorous training if they expect to win.
6. I am getting ready (am preparing myself) for a difficult competition.
7. Three gold medals were won (*remporter*) by the Brazilians.
8. The gates will be opened at 2:30 P.M. (*14 heures 30*).
9. The ministry of sports had the ski trails (*la piste, n.f.*) lengthened (*allonger*) for the Olympic games.
10. He had himself examined by a physician before the fight (*le combat de boxe*).
11. The gymnastics teacher had the whole class do difficult exercises.

EMPLOI PRATIQUE DU VERBE FAIRE

(Voir Tableau du verbe «faire», p. 302)

A. *Dans les phrases suivantes, donnez la forme du verbe indiquée entre parenthèses.*

1. Je .... (*conditionnel présent*) mieux, si j'avais un peu plus d'entraînement.
2. Ici comme ailleurs, il faut que vous .... (*présent du subjonctif*) la queue.
3. .... -vous (*présent de l'indicatif*) du sport?
4. Nous partirons pour la montagne quand il .... (*futur*) jour.
5. Il .... (*passé composé*) un voyage au Mexique pour voir les Jeux Olympiques.
6. Ils .... (*présent de l'indicatif*) de la bicyclette parce qu'ils pensent au Tour de France.
7. .... (*impératif*) voir ce que tu as gagné.
8. Si vous étiez à Chamonix, ... -vous (*conditionnel présent*) du ski?
9. Pour nous entraîner, nous .... (*imparfait de l'indicatif*) des exercices chaque matin.
10. .... -elles (*futur*) une promenade à cheval?

B. *Même exercice.*

1. Il m'....... (*passé composé*) raconter ce match de football de bout en bout.
2. S'il .... (*plus-que-parfait*) beau hier, nous serions allés à la plage.
3. Il veut que nous .... (*présent du subjonctif*) la connaissance du gagnant.
4. Je ne .... (*futur*) plus de sport.
5. Il .... (*passé simple*) semblant de savoir jouer au tennis.
6. Une excursion en canoë me .... (*conditionnel présent*) très plaisir.
7. Elle .... (*plus-que-parfait*) réparer le pneu de sa bicyclette.
8. S'il .... (*présent de l'indicatif*) chaud demain, nous prendrons un bain de soleil.
9. Sa manière de jouer vous .... (*conditionnel présent*) rire.
10. Tu .... (*passé composé*) une bonne partie de tennis, n'est-ce pas?

LEÇON 6

LES DISTRACTIONS

PRATIQUE: *LE PASSÉ COMPOSÉ—L'ACCORD DU PARTICIPE*

I. A. *Répondez négativement au passé composé en employant* **ne jamais.**

EXEMPLE:
Avez-vous eu plusieurs rendez-vous avec Janine?
Je n'ai jamais eu de rendez-vous avec Janine.

1. Avez-vous eu plusieurs rendez-vous avec Janine?
   Je **n'ai jamais eu** de rendez-vous avec Janine.
2. A-t-il affaire à un public défavorable?
   Il **n'a jamais eu affaire** à un public défavorable.
3. Avez-vous envie de voir un film muet?
   Je **n'ai jamais eu envie** de voir un film muet.
4. Les critiques sont-ils d'accord sur son talent?
   Les critiques **n'ont jamais été d'accord** sur son talent.
5. Est-il content de son œuvre dramatique?
   Il **n'a jamais été content** de son œuvre dramatique.
6. Suis-je capable de composer une symphonie?
   Tu **n'as jamais été capable** de composer une symphonie.
7. Assistez-vous régulièrement aux représentations théâtrales?
   Je **n'ai jamais assisté** régulièrement aux représentations théâtrales.
8. Est-ce que je loue quelquefois une place?
   Vous n'avez jamais loué de place.
9. Joue-t-on un film policier à ce cinéma?
   On n'a jamais joué de films policiers à ce cinéma.
10. Regardez-vous la télévision?
    Je n'ai jamais regardé la télévision.

B. *Répondez qu'on a déjà fait ce qu'on demande.*

    EXEMPLE:
        Vont-ils au zoo aujourd'hui?
        Ils sont déjà allés au zoo.

1. Vont-ils au zoo aujourd'hui?
   Ils sont déjà allés au zoo.
2. Est-ce que vous descendez en ville cet après-midi?
   Nous sommes déjà descendus en ville.
3. Est-ce qu'elles viendront te voir?
   Elles sont déjà venues me voir.
4. Voici l'entracte; est-ce qu'il sort?
   Il est déjà sorti.
5. La vedette entrera-t-elle bientôt en scène?
   Elle est déjà entrée en scène.
6. Voulez-vous monter voir le balcon?
   Je suis déjà monté voir le balcon.

C. *Mettez les phrases suivantes au passé composé.*

    EXEMPLE:
        L'industrie du film naît en Californie.
        L'industrie du film **est née** en Californie.

1. L'industrie du film naît en Californie.
   L'industrie du film **est née** en Californie.
2. Les documentaires restent populaires.
   Les documentaires **sont restés** populaires.
3. Le western ne meurt pas.
   Le western **n'est pas mort.**
4. Le mythe des Indiens et des cowboys naît à l'écran.
   Le mythe des Indiens et des cowboys **est né** à l'écran.
5. Les tragédies grecques ne meurent pas.
   Les tragédies grecques **ne sont pas mortes.**
6. Cyrano de Bergerac reste longtemps à l'affiche.
   Cyrano de Bergerac **est resté** longtemps à l'affiche.

D. *Mettez les phrases données à la personne indiquée et au passé composé.*

    EXEMPLE:
        Le traître se cache sous la table. (les traîtres)
        Les traîtres **se sont cachés** sous la table.

1. Le traître se cache sous la table. (les traîtres)
   Les traîtres **se sont cachés** sous la table.
2. L'héroïne se réfugie dans une tour. (les héroïnes)
   Les héroïnes **se sont réfugiées** dans une tour.
3. Tu t'intéresses à la musique moderne. (vous)
   Vous vous êtes intéressé à la musique moderne.
4. Je me distrais en allant au cirque. (nous)
   Nous nous sommes distraits en allant au cirque.
5. Le dompteur se trouve enfermé dans la cage aux lions. (Les dompteurs)
   Les dompteurs **se sont trouvés enfermés** dans la cage aux lions.
6. L'acrobate se rattrape au trapèze. (les acrobates)
   Les acrobates **se sont rattrapés** au trapèze.
7. Il se moque du clown. (je)
   Je **me suis moqué** du clown.
8. La figurante se tient immobile pendant toute la représentation. (tu)
   Tu **t'es tenu** immobile pendant toute la représentation.
9. Tu te montres indifférent au dénouement. (je)
   Je **me suis montré** indifférent au dénouement.

E. *Mettez les phrases suivantes au passé composé.*

   EXEMPLE :
   L'acteur monte sur la scène.
   L'acteur **est monté** sur la scène.

1. L'acteur monte sur la scène.
   L'acteur **est monté** sur la scène.
2. Le rideau descend lentement.
   Le rideau **est descendu** lentement.
3. L'actrice remonte le col de son manteau.
   L'actrice **a remonté** le col de son manteau.
4. Le prestidigitateur sort quatorze lapins de son chapeau.
   Le prestidigitateur **a sorti** quatorze lapins de son chapeau.
5. Puis il sort de la scène.
   Puis **il est sorti** de la scène.
6. Je retourne mes poches sans trouver les billets.
   J'ai retourné mes poches sans trouver les billets.
7. Le traître retourne sur le lieu du crime.
   Le traître **est retourné** sur le lieu du crime.

II. A. *Mettez le second élément de la phrase au passé composé en faisant attention à l'accord du participe passé.*

EXEMPLE:
Voici une comédie; il la met en scène.
Voici une comédie; il **l'a mise** en scène.

1. Voici une comédie; il la met en scène.
Voici une comédie; il **l'a mise** en scène.
2. Voilà quatre fauteuils d'orchestre; je les loue.
Voilà quatre fauteuils d'orchestre; je **les ai loués.**
3. Voilà des programmes de télévision; je les regarde.
Voilà des programmes de télévision; je **les ai regardés.**
4. Voici les actualités; je vous les fais manquer.
Voici les actualités; je **vous les ai fait manquer.**
5. Voilà trois films d'aventure; on les tourne en Afrique.
Voilà trois films d'aventure; on **les a tournés** en Afrique.
6. Voilà ses rôles; elle les joue tous.
Voilà ses rôles; elle **les a tous joués.**
7. Voici les tours du prestidigitateur; nous les applaudissons.
Voici les tours du prestidigitateur; **nous les avons applaudis.**

B. *Mettez au passé composé en faisant attention au participe passé.*

EXEMPLE:
Janine va au cinéma.
Janine **est allée** au cinéma.

1. Janine va au cinéma.
Janine **est allée** au cinéma.
2. Pierre et moi, nous descendons en ville à pied.
Pierre et moi, **nous sommes descendus** en ville à pied.
3. Hélène et Christiane arriveront en retard.
Hélène et Christiane **sont arrivées** en retard.
4. Moi, je partirai à l'heure, bien sûr.
Moi, je **suis parti** à l'heure, bien sûr.
5. Vous restez assis pendant l'entracte.
Vous **êtes resté(s) assis** pendant l'entracte.
6. Je m'achète des billets à bon marché.
Je **me suis acheté** des billets à bon marché.
7. Jean-Luc se procure une bonne place.
Jean-Luc **s'est procuré** une bonne place.

8. Voici les billets à bon marché; je les achète.
   Voici les billets à bon marché; je les **ai achetés**.
9. Voici une bonne place; Jean-Luc se la procure.
   Voici une bonne place; Jean-Luc **se l'est procurée**.
10. Nicole se fait une robe.
    Nicole **s'est fait** une robe.
11. Voici une jolie robe; Nicole se la fait pour sortir.
    Voici une jolie robe; Nicole **se l'est faite** pour sortir.
12. Quelques spectateurs se battent à cause de la pièce.
    Quelques spectateurs **se sont battus** à cause de la pièce.
13. Nous nous donnons de la peine pour parquer la voiture.
    Nous **nous sommes donné** de la peine pour parquer la voiture.

EXPLICATIONS

LE PASSÉ COMPOSÉ—L'ACCORD DU PARTICIPE

GÉNÉRALITÉS

Le passé composé est un des temps passés de l'indicatif. Il s'emploie dans les cas suivants:

1. Pour une action <u>entièrement accomplie dans le passé à un moment indéterminé</u>

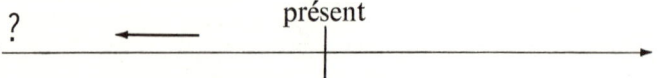

Nous nous sommes bien amusés.
(*We had a lot of fun.*)

J'ai ri plusieurs fois au cours de ce spectacle.
(*I laughed several times during that show.*)

2. Pour une action entièrement accomplie <u>dans le passé à un moment déterminé</u>

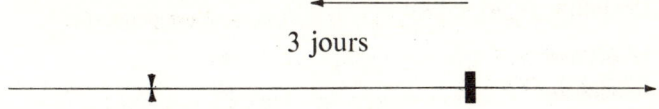

Elles ont vu ce film il y a trois jours.
(*They saw this film three days ago.*)
Jacques et Martine se sont revus l'année dernière.
(*Jacques and Martine saw each other again last year.*)

3. Pour <u>une action passée dont les effets durent encore</u> dans le présent

Jacques et Martine ont commencé à se revoir il y a un ou deux mois.
(*Jacques and Martine started seeing each other again one or two months ago.*)
Il a <u>enfin</u> fini la pièce qu'il avait promise au T.N.P.
(*He finally finished the play he had promised to the "Théâtre National Populaire."*) (Le T.N.P. est un groupe théâtral subventionné par le gouvernement français.)

Ou une action qui s'est passée (ou ne s'est pas passée) à l'intérieur d'un «segment» de temps <u>pas encore écoulé</u>

Quoi? vous n'avez pas encore vu ce film?
(*What? You have not seen this film yet?*)
Aujourd'hui j'ai lu une pièce de théâtre.
(*Today I read a play.*)

Les verbes français sont classés en 4 groupes

1. les verbes en **-er** (**étudier, chanter, manger,** etc. . . .), dont le participe passé est en **-é**

   étudier..................étudié
   chanter..................chanté
   manger..................mangé
   payer....................payé
   jeter.....................jeté

   Pour leur conjugaison, voyez le modèle, p. 298.

2. les verbes en **-ir** (**finir, punir, accomplir,** etc. . . .) dont le participe présent est en **-issant,** et dont le participe passé est en **-i**

   finir (finissant)........................fini
   punir (punissant)......................puni
   accomplir (accomplissant)..............accompli
   agir (agissant).........................agi
   remplir (remplissant)..................rempli

   Pour leur conjugaison, voyez le modèle, p. 300.

3. les verbes en **-re** (**rendre, entendre, rompre, perdre, attendre, défendre, vendre, descendre, dépendre,** etc. . . .) dont le participe passé est en **-u**

   rendre.......................rendu
   entendre....................entendu
   rompre......................rompu
   perdre......................perdu
   attendre....................attendu
   défendre....................défendu
   vendre......................vendu
   descendre...................descendu
   dépendre....................dépendu

   Pour leur conjugaison, voyez le modèle, p. 304.

4. les verbes **irréguliers**

  a. être et **avoir**
  b. certains verbes en **-er** (comme **aller**)
  c. certains verbes en **-ir**

   dormir (dormant)............... dormi
   tenir (tenant).................... tenu
   servir (servant).................. servi
   mourir (mourant)................ mort
   souffrir (souffrant)............... souffert

  d. les verbes en **-oir**

   recevoir (recevant)............... reçu
   voir (voyant).................... vu
   savoir (sachant)................. su
   pouvoir (pouvant)................ pu
   devoir (devant).................. dû-due-dus-dues
   asseoir (asseyant)................ assis

  e. certains verbes en **-re**

   mettre (mettant)................ mis
   vivre (vivant).................. vécu
   faire (faisant).................. fait
   boire (buvant)................. bu

I. Formation du passé composé

   Le passé composé se forme avec le présent d'être ou d'avoir + le participe passé du verbe principal :

   EXEMPLES :
   être...................... j'ai été, il a été, vous avez été.
   avoir..................... j'ai eu, il a eu, vous avez eu.
   étudier................... j'ai étudié, il a étudié.
   finir...................... ils ont fini, nous avons fini.
   aller..................... elle est allée, ils sont allés.
   venir..................... tu es venu, vous êtes venus.

A. Verbes conjugués avec avoir

1. avoir et être

   J'ai eu, nous avons eu.
   Elle a été, ils ont été.

   Notez en particulier la construction passive

   Comparez

Il **a surpris** son camarade.	Son camarade **a été surpris**.
(*He surprised his friend.*)	(*His friend was surprised.*)

2. les verbes transitifs (c'est-à-dire qui peuvent avoir un complément d'objet)

   Elles ont chanté. Elles ont chanté une chanson.
   (*They sang. They sang a song.*)
   Tu as vu un film passionnant.
   (*You saw a thrilling film.*)

3. la plupart des verbes intransitifs (c'est-à-dire qui s'emploient sans complément d'objet)

   J'ai couru jusqu'à la salle de cinéma.
   (*I ran all the way to the theater.*)
   Christiane a assez dormi.
   (*Christiane slept enough.*)

B. Verbes conjugués avec être

1. Quelques verbes intransitifs de mouvement
   aller, venir, partir, monter, descendre, entrer, sortir ...

   Je suis allé/venu/parti/monté/descendu/entré/sorti ...

2. Quelques verbes intransitifs qui expriment un changement d'état

   naître, mourir, décéder

   Louis Lumière, un des pionniers de la cinématographie, est né en 1864. Il est mort en 1948.
   (*Louis Lumière, one of the pioneers of cinematography, was born in 1864. He died in 1948.*)

3. Le verbe <u>rester</u>

La pièce était médiocre, mais nous sommes restés jusqu'à la fin.
(*The play was mediocre, but we remained till the end.*)
Nos voisins sont restés jusqu'au milieu du deuxième acte.
(*Our neighbors stayed until the middle of the second act.*)

4. Les verbes <u>pronominaux</u> (l'infinitif est précédé de **se**)

<u>Comparez</u>

	VERBE EMPLOYÉ PRONOMINALEMENT
J'ai fait mon travail. (*I did my work.*)	**Je me suis fait** un canoë. (*I made myself a canoe.*)
Il a conduit son automobile. (*He drove his car.*)	**Il s'est** toujours **conduit** comme il fallait. (*He always behaved properly.*) (cf. se conduire: *to behave*)
Nous avons amusé nos amis en leur racontant cette histoire. (*We amused our friends by telling them that story.*)	**Nous nous sommes amusés** en entendant cette histoire. (*We had fun when we heard that story.*)

C. Certains verbes sont conjugués avec **avoir** ou **être**.

<u>Comparez</u>

EMPLOYÉS INTRANSITIVEMENT	EMPLOYÉS TRANSITIVEMENT
Je suis descendu en ville à pied. (*I went downtown on foot.*)	**J'ai descendu** mon poste. (*I brought down my radio.*)
Il est sorti tout seul. (*He went out all by himself.*)	**Il a sorti** la voiture du garage. (*He took the car out of the garage.*)

II. Accord du participe passé

A. Le verbe principal est conjugué avec **avoir**

<u>Le participe passé s'accorde avec le complément d'objet direct si celui-ci est placé avant le verbe.</u>

Comparez

le complément d'objet direct est avant le verbe	le complément d'objet direct est après le verbe
Les trois musées que j'ai visités.	**J'ai visité** trois musées.
Les pièces que tu as vues.	**Tu as vu** plusieurs pièces.

Attention: Il est nécessaire de ne pas confondre le complément d'objet indirect ou le complément circonstanciel avec le complément d'objet direct.

Comparez

Les pièces que tu as vues.	Les pièces dont tu m'as parlé.
objet direct	objet indirect
Les musées que j'ai visités.	Les musées où je suis allé.
objet direct	complément circonstanciel

Dans les constructions avec faire + infinitif, le participe passé **fait** reste <u>invariable</u>.

> Les villes que **je vous ai fait** visiter.
> (*The cities that I had you visit.*)
> L'œuvre que **tu m'as fait** lire.
> (*The work that you had me read.*)

Dans le cas où **faire** est employé au passé composé sans être suivi de l'infinitif, il y a accord suivant les règles habituelles.

> Les erreurs **que vous avez faites.**
> (*The mistakes that you made.*)
> MAIS
> Vous **avez fait** des erreurs.

B. Le verbe principal est conjugué avec **être**

    1. Le plus souvent, c'est-à-dire avec les verbes non pronominaux, <u>le participe passé s'accorde avec le sujet.</u>

Elle est partie —féminin singulier
Elles sont parties —féminin pluriel

2. Avec les verbes pronominaux, réfléchis et réciproques, le participe passé s'accorde avec l'objet direct si celui-ci <u>précède le verbe</u>.

Comparez

Elle s'est blessée (réfléchi). (*She hurt herself.*)	Elle s'est lavé les mains. (*She washed her hands.*)
Ils se sont battus (réciproque). (*They fought with each other.*)	Ils se sont parlé. (*They spoke to each other.*)
Observez la peine qu'**il s'est donnée**. (*Note the trouble he went through.*)	Il s'est donné beaucoup de mal. (*He tried very hard.*)

Les règles concernant l'accord du participe passé s'appliquent à <u>tous les temps composés</u>.

Les trois musées que **j'aurais visités**.
cond. passé
(*The three museums I would have visited.*)
Elles étaient parties.
plus-que-parfait
(*They had left.*)
Elle se sera blessée.
futur antérieur
(*She will have hurt herself.*)

INVENTION

Construisez des phrases à l'aide des éléments donnés. S'il y a deux verbes dans la phrase, le premier sera toujours au passé composé. Attention à la concordance des temps.

109

1. Molière/mourir/il y a/trois/le siècle.

EXEMPLE:
Molière **est mort** il y a trois siècles.
2. Le prestidigitateur/chercher/les lapins/il/perdre/dans les décors.
3. Voici/l'ouvreuse/qui/se mettre en colère/parce que/je/ne pas lui donner/assez de/le pourboire. (*La coutume est de donner un pourboire à l'ouvreuse.*)
4. Pierre/penser à/l'actrice/il/trouver/si belle.
5. Ils/aller chercher/Janine/en taxi.
6. Les acteurs/ne pas répéter/la pièce.
7. Cela/devoir être/vrai/un désastre.
8. Les figurants/entrer en scène/au mauvais moment.
9. Voilà les mélodrames/je/lire. Ils/être écrit/il y a/plus de/cent/l'an.
10. Elle/s'occuper de/les costumes. Lui/faire/la mise en scène.
11. Les clowns/se faire applaudir/par/tout/les enfants/présent.

EXERCICE DE CONTRÔLE

Mettez les phrases suivantes au passé composé.

1. Je devrai faire la queue pendant des heures et je ne pourrai quand même pas entrer.
2. Quoi? Vous perdriez les billets que je vous offre!
3. Elle s'assied au moment où la troupe rentre en scène.
4. Les techniques cinématographiques que nous étudions deviennent malheureusement démodées.
5. Voilà les fleurs que la chanteuse recevra après la représentation.
6. Ils vendent leur salle de théâtre et ils descendent vivre dans le Midi.
7. Il boit tellement qu'il ne peut pas jouer.
8. Elles se mettent à applaudir avant la fin du spectacle.
9. La pièce dont nous lisons le texte est écrite par un auteur peu connu.

10. Les musiciens s'entendront-ils bien avec leur nouveau chef d'orchestre?
11. Les principes qu'il défend dans son film ne sont pas acceptés par les critiques.
12. Elle mourra chaque soir sur la scène.

THÈME D'APPLICATION

1. We ran in order to avoid standing in line.
2. The children remained silent during the whole show.
3. Corneille and Racine did not die the same year. They were not born the same year either.
4. Here is one of the many photographs I took.
5. We sang songs that we had learned at school.
6. I went to see the film that you mentioned yesterday.
7. The actresses argued (*se disputer*) over the leading role.
8. They did not speak to each other for ten years.
9. It is said that she hurt herself jumping over the orchestra pit (*la fosse d'orchestre*).
10. The novels (*le roman*) that they had him read were all romantic.
11. No one would believe that she fell asleep on the stage.

EMPLOI PRATIQUE DES VERBES DU TROISIÈME GROUPE—MODÈLE ENTENDRE

(Voir Tableau du verbe «entendre», p. 304)

A. *Dans les phrases suivantes, donnez la forme du verbe indiquée entre parenthèses.*

1. Je .... (*ne pas entendre-présent de l'indicatif*) la radio.
2. Le commencement de la pièce .... (*rompre-passé composé*) le silence.

3. Le chef d'orchestre .... (*battre-imparfait de l'indicatif*) la mesure.
4. Tu .... (*perdre-plus-que-parfait*) ton programme en sortant du théâtre.
5. Vous .... (*interrompre-conditionnel passé*) la représentation, si vous aviez compris ce qui se passait sur la scène.
6. La comédienne nous .... (*attendre-passé composé*) dans les coulisses.
7. Il n'a aucun goût: il .... (*ne jamais se rendre compte de-futur*) l'importance de cette pièce.
8. Pierre .... (*s'attendre à-imparfait*) un film de la nouvelle vague.
9. Il faut que tout le monde .... (*s'entendre-présent du subjonctif*) sinon rien ne marchera.
10. Toutes ses pièces .... (*sous-entendre-imparfait de l'indicatif*) un mépris profond de l'aristocratie.

B. *Recopiez les phrases suivantes à l'interrogatif en donnant la forme du verbe indiquée.*

1. Il .... (*se défendre-passé composé*) lorsqu'on lui a mentionné de telles interprétations.
2. Ils .... (*vendre-futur*) tout pour pouvoir financer ce film.
3. Si nous passons le week-end à Paris, nous .... (*ne pas se détendre-futur*) facilement.
4. Elles .... (*descendre-plus-que-parfait*) avant notre arrivée.
5. Le succès de cet opéra .... (*dépendre-conditionnel présent*) plus des critiques que des spectateurs.
6. La télévision .... (*corrompre-passé composé*) le goût des jeunes.
7. Le compositeur insiste pour que l'exécution de son œuvre .... (*correspondre-subjonctif présent*) à ses objectifs artistiques.
8. Nous .... (*se rendre compte de-passé composé*) la justesse de sa logique.
9. Yvonne .... (*fondre-indicatif présent*) toujours en larmes à la fin des tragédies.

LEÇON 7
LES ARTS

1. PRATIQUE: L'IMPARFAIT DE L'INDICATIF

I. *Dites que les actions suivantes se faisaient; notez la personne à employer.*

EXEMPLE:
Aller aux expositions de peinture. (Nicolas et Chantal)
Nicolas et Chantal **allaient** aux expositions de peintures.
1. Aller aux expositions de peinture. (Nicolas et Chantal)
Nicolas et Chantal **allaient** aux expositions de peinture.
2. Aller au théâtre une fois par mois. (nous)
Nous allions au théâtre une fois par mois.
3. Étudier sérieusement l'architecture. (je)
J'étudiais sérieusement l'architecture.
4. Être malade après chaque représentation. (il)
Il était malade après chaque représentation.
5. Finir ta critique à temps. (tu)
Tu finissais ta critique à temps.
6. Admirer les images de sa poésie. (vous)
Vous admiriez les images de sa poésie.
7. Exécuter une sonate difficile. (elle)
Elle exécutait une sonate difficile.
8. Entendre mal les violons de l'orchestre. (nous)
Nous entendions mal les violons de l'orchestre.
9. Faire un effort pour tout voir. (vous)
Vous faisiez un effort pour tout voir.

II. A. *Employez l'imparfait des verbes indiqués.*

EXEMPLE:
Quand je (*être*) .... enfant, je la connaissais bien.
Quand **j'étais** enfant, je la connaissais bien.
1. «Quand je (*être*) .... enfant, je la connaissais bien.
Quand **j'étais** enfant, je la connaissais bien.

2. Comme elle (*savoir*) .... que sa beauté ne durerait plus longtemps,
   Comme **elle savait** que sa beauté ne durerait plus longtemps,
3. elle (*se hâter*) .... d'en tirer toute joie et toute gloire,
   elle se hâtait d'en tirer toute joie et toute gloire.
4. Au théâtre, où elle (*se montrer*) .... avec plus d'étude que jamais,
   Au théâtre, où **elle se montrait** avec plus d'étude que jamais,
5. elle (*rendre*) .... vivantes les imaginations des sculpteurs, des peintres et des poètes...
   elle rendait vivantes les imaginations des sculpteurs, des peintres et des poétes...
6. Pourtant, elle (*être*) .... triste au milieu des louanges
   Pourtant, **elle était** triste au milieu des louanges
7. et, plus que jamais, elle (*craindre*) .... de mourir.
   et, plus que jamais, **elle craignait** de mourir.
8. Rien ne (*pouvoir*) .... la distraire,
   Rien ne pouvait la distraire,
9. pas même sa maison et ses jardins qui (*être*) .... célèbres
   pas même sa maison et ses jardins qui **étaient** célèbres
10. et sur lesquels on (*faire*) .... des proverbes
    et sur lesquels **on faisait** des proverbes.» (A. France, *Thaïs*)

B. *Mettez le premier verbe à l'imparfait et faites une phrase à l'aide des éléments donnés.*

EXEMPLE:
   Van Gogh est dans le Midi. Il se coupe l'oreille.
   Van Gogh **était** dans le Midi quand **il s'est coupé** l'oreille.

1. Van Gogh est dans le Midi. Il se coupe l'oreille.
   Van Gogh **était** dans le Midi quand **il s'est coupé** l'oreille.
2. Il compose un concerto. L'idée d'une symphonie lui vient.
   Il composait un concerto quand l'idée d'une symphonie lui **est venue**.
3. J'écris un poème pour elle. Elle décide de me quitter.
   J'écrivais un poème pour elle quand **elle a décidé** de me quitter.
4. Nous sommes en train de répéter l'ouverture. Le ténor quitte la scène.
   Nous étions en train de répéter l'ouverture quand le ténor **a quitté** la scène.

5. Tu joues tranquillement. Les pages de musique s'envolent.
   Tu jouais tranquillement quand les pages de musique **se sont envolées.**
6. Vous lisez l'avant-dernière page. Vous vous endormez.
   Vous lisiez l'avant-dernière page quand **vous vous êtes endormi.**

C. *Mettez à l'imparfait et au négatif en employant l'expression donnée et en suivant l'exemple.*

    EXEMPLE:
        Maintenant je vais au théâtre. (autrefois)
        Autrefois **je n'allais pas** au théâtre.

1. Maintenant je vais au théâtre. (autrefois)
   Autrefois **je n'allais pas** au théâtre.
2. Aujourd'hui vous écoutez la musique moderne. (avant)
   Avant **vous n'écoutiez pas** la musique moderne.
3. En ce moment tu lis des romans (il y a deux ans)
   Il y a deux ans **tu ne lisais pas** de romans.
4. Maintenant nous faisons des efforts pour comprendre l'art moderne. (l'année dernière)
   L'année dernière **nous ne faisions pas** d'efforts pour comprendre l'art moderne.
5. En ce moment il s'intéresse à l'œuvre de Chagall. (dans le passé)
   Dans le passé **il ne s'intéressait pas** à l'œuvre de Chagall.
6. Depuis quelque temps elle aime les ballets de Maurice Béjart. (avant)
   Avant **elle n'aimait pas** les ballets de Maurice Béjart.

D. *Liez les deux phrases en exprimant une condition.*

    EXEMPLE:
        Tu étudies le violon. Tu deviendras peut-être un virtuose.
        Si tu étudiais le violon, **tu deviendrais** peut-être un virtuose.

1. Tu étudies le violon. Tu deviendras peut-être un virtuose.
   Si tu étudiais le violon, **tu deviendrais** peut-être un virtuose.
2. Nous écrivons un livre. Nous le ferons vite publier.
   Si nous écrivions un livre, **nous le ferions** vite publier.
3. Elle s'exerce sérieusement. Elle sera bientôt danseuse.
   Si elle s'exerçait sérieusement, **elle serait** bientôt danseuse.
4. Le héros est là. Il sauvera la jeune fille en danger.
   Si le héros était là, **il sauverait** la jeune fille en danger.

5. Je sais l'anglais. J'écouterai la B.B.C.
   Si je savais l'anglais, **j'écouterais** la B.B.C.
6. Vous n'avez pas beaucoup de patience. Vous quitterez la salle.
   Si vous n'aviez pas beaucoup de patience, **vous quitteriez** la salle.

E. *Voici des phrases; exprimez l'idée de souhait en les mettant à l'affirmatif.*

> EXEMPLE:
> Je ne peux pas écrire de poèmes.
> Ah, **si je pouvais** écrire des poèmes!

1. Je ne peux pas écrire de poèmes.
   Ah, **si je pouvais** écrire des poèmes!
2. Il ne travaille pas.
   Ah, **s'il travaillait!**
3. Vous n'êtes pas jeune.
   Ah, **si vous étiez** jeune!
4. Tu ne te tais pas.
   Ah, **si tu te taisais!**
5. Je ne joue pas du piano.
   Ah, **si je jouais** du piano!
6. L'exercice n'est pas fini.
   Ah, **si l'exercice était** fini!

F. *Maintenant, exprimez l'idée d'invitation.*

> EXEMPLE:
> Voulez-vous aller au cinéma?
> **Si nous allions** au cinéma?

1. Voulez-vous aller au cinéma?
   Si nous allions au cinéma?
2. Désirez-vous sortir ce soir?
   Si nous sortions ce soir?
3. Voulez-vous rester à la maison pour une fois?
   Si nous restions à la maison pour une fois?
4. Écouterons-nous la radio?
   Si nous écoutions la radio?
5. Voulez-vous lire de la poésie?
   Si nous lisions de la poésie?
6. Voulez-vous jouer un disque?
   Si nous jouions un disque?

2. PRATIQUE: CONSTRUCTIONS AVEC LOCUTIONS DE TEMPS

I. A. *Répondez en employant* **depuis,** *et si possible,* **il y a/ voilà/ cela fait** *dans cet ordre.*

EXEMPLE:
Depuis combien de temps Jeanne Moreau fait-elle du cinéma?
(à peu près vingt ans)
Jeanne Moreau fait du cinéma **depuis** à peu près vingt ans.
Il y a à peu près vingt ans que Jeanne Moreau fait du cinéma.
Voilà à peu près vingt ans que Jeanne Moreau fait du cinéma.
Cela fait à peu près vingt ans que Jeanne Moreau fait du cinéma.

1. Depuis combien de temps Jeanne Moreau fait-elle du cinéma?
(à peu près vingt ans)
Jeanne Moreau fait du cinéma **depuis** à peu près vingt ans.
Il y a à peu près vingt ans que Jeanne Moreau fait du cinéma.
Voilà à peu près vingt ans que Jeanne Moreau fait du cinéma.
Cela fait à peu près vingt ans que Jeanne Moreau fait du cinéma.
2. Depuis combien de temps représente-t-on les pièces d'Ionesco?
(plus de dix ans)
On représente les pièces d'Ionesco **depuis** plus de dix ans.
Il y a plus de dix ans qu'on représente les pièces d'Ionesco.
Voilà plus de dix ans qu'on représente les pièces d'Ionesco.
Cela fait plus de dix ans qu'on représente les pièces d'Ionesco.
3. Depuis combien de temps montre-t-on des films parlants?
(environ quarante ans)
On montre des films parlants **depuis** environ quarante ans.
Il y a environ quarante ans qu'on montre des films parlants.
Voilà environ quarante ans qu'on montre des films parlants.
Cela fait environ quarante ans qu'on montre des films parlants.
4. Depuis combien de temps la musique yé-yé est-elle populaire?
(trop longtemps)
La musique yé-yé est populaire **depuis** trop longtemps.
Il y a trop longtemps que la musique yé-yé est populaire.
Voilà trop longtemps que la musique yé-yé est populaire.
5. Depuis combien de temps savez-vous employer «depuis»?
(deux minutes)
Je sais employer «depuis» **depuis** deux minutes.
Voilà deux minutes que je sais employer «depuis».
Cela fait deux minutes que je sais employer «depuis».

6. Depuis quand l'Orchestre de Paris existe-t-il? (1966)
L'Orchestre de Paris existe **depuis** 1966.
7. Depuis quand ce violoniste appartient-il à l'orchestre? (1968)
Ce violoniste appartient à l'orchestre **depuis** 1968.

B. *Dites que quelque chose ne se fait pas depuis un certain temps.*

EXEMPLE :
Le pianiste ne joue pas. (plusieurs mois)
Le pianiste **n'a pas joué depuis** plusieurs mois.
Il y a plusieurs mois que le pianiste **n'a pas joué**.
Voilà plusieurs mois que le pianiste **n'a pas joué**.
Cela fait plusieurs mois que le pianiste **n'a pas joué**.

1. Le pianiste ne joue pas. (plusieurs mois)
Le pianiste **n'a pas joué depuis** plusieurs mois.
Il y a plusieurs mois que le pianiste **n'a pas joué**.
Voilà plusieurs mois que le pianiste **n'a pas joué**.
Cela fait plusieurs mois que le pianiste **n'a pas joué**.
2. Elle ne donne pas de récital. (trois ans)
Elle n'a pas donné de récital **depuis** trois ans.
Il y a trois ans qu'elle **n'a pas donné** de récital.
Voilà trois ans qu'elle **n'a pas donné** de récital.
Cela fait trois ans qu'elle **n'a pas donné** de récital.
3. Je ne parcours pas les salles de ce musée. (longtemps)
Je n'ai pas parcouru les salles de ce musée **depuis** longtemps.
Il y a longtemps que **je n'ai pas parcouru** les salles de ce musée.
Voilà longtemps que **je n'ai pas parcouru** les salles de ce musée.
Cela fait longtemps que **je n'ai pas parcouru** les salles de ce musée.
4. Il ne dirige pas l'orchestre. (des années)
Il n'a pas dirigé l'orchestre **depuis** des années.
Il y a des années qu'**il n'a pas dirigé** l'orchestre.
Voilà des années qu'**il n'a pas dirigé** l'orchestre.
Cela fait des années qu'**il n'a pas dirigé** l'orchestre.
5. On ne l'interrompt pas. (le commencement du concert)
On ne l'a pas interrompu depuis le commencement du concert.
6. Il ne fait pas de tableaux. (l'année dernière)
Il n'a pas fait de tableaux **depuis** l'année dernière.

II. *Répondez aux questions en suivant l'indication donnée. Si plusieurs réponses sont possibles, commencez toujours par celle avec* **depuis**.

EXEMPLE :
  Depuis combien de temps peignait-il des natures mortes? (trois ans)
  Il peignait des natures mortes **depuis** trois ans.
  Il y avait trois ans **qu'il peignait** des natures mortes.
  Cela faisait trois ans **qu'il peignait** des natures mortes.

1. Depuis combien de temps peignait-il des natures mortes? (trois ans)
   Il peignait des natures mortes **depuis** trois ans.
   Il y avait trois ans **qu'il peignait** des natures mortes.
   Cela faisait trois ans **qu'il peignait** des natures mortes.
2. Depuis combien de temps est-ce que vous jouiez de l'accordéon? (six ou sept ans)
   Je jouais de l'accordéon **depuis** six ou sept ans.
   Il y avait six ou sept ans **que je jouais** de l'accordéon.
   Cela faisait six ou sept ans **que je jouais** de l'accordéon.
3. Depuis quand lisait-elle la correspondance de George Sand? (1859)
   Elle **lisait** la correspondance de George Sand **depuis** 1859.
4. Depuis quand désiriez-vous être auteur? (l'âge de vingt et un ans)
   Je désirais être auteur **depuis** l'âge de vingt et un ans.
5. Depuis combien de temps le tableau était-il en vente? (quatre jours)
   Le tableau **était** en vente **depuis** quatre jours.
   Il y avait quatre jours que le tableau **était** en vente.
   Cela faisait quatre jours que le tableau **était** en vente.
6. Depuis quand le peintre préparait-il ce portrait? (le début de l'année)
   Le peintre **préparait** ce portrait **depuis** le début de l'année.
7. Depuis quand étudiait-il la musique? (1967)
   Il étudiait la musique **depuis** 1967.

III. A. *Répondez aux questions.*

  EXEMPLE :
    Pendant combien de temps l'opéra a-t-il duré? (trois heures)
    L'opéra **a duré (pendant)** trois heures.

1. Pendant combien de temps l'opéra a-t-il duré? (trois heures)
   L'opéra **a duré (pendant)** trois heures.
2. Pendant combien de temps as-tu joué du piano? (cinq minutes)
   J'ai joué du piano **pendant** cinq minutes.

3. Pendant combien de temps Sidney Bechet a-t-il vécu à Paris? (plusieurs années)
   Sidney Bechet **a vécu** à Paris **pendant** plusieurs années.
   Sidney Bechet **a vécu plusieurs années** à Paris.
4. Pendant combien de temps a-t-on répété le concerto? (au moins une semaine)
   On a répété le concerto **pendant** au moins une semaine.
5. Pendant combien de temps a-t-il joué sous la direction d'André Cluytens? (quatre ou cinq ans)
   Il a joué sous la direction d'André Cluytens **pendant** quatre ou cinq ans.
6. Pendant combien de temps votre fille a-t-elle été ballerine? (huit ans)
   Ma fille **a été** ballerine **pendant** huit ans.

B. *Dites que quelque chose se passera dans un certain temps.*

   EXEMPLE :
   La saison de l'opéra s'ouvre. (quinze jours)
   La saison de l'opéra **s'ouvrira dans quinze jours.**

1. La saison de l'opéra s'ouvre. (quinze jours)
   La saison de l'opéra **s'ouvrira dans quinze jours.**
2. La cantatrice interprète une mélodie de Debussy. (quelques minutes)
   La cantatrice **interprétera** une mélodie de Debussy **dans quelques minutes.**
3. Les petits chanteurs de Versailles viennent aux États-Unis. (un mois)
   Les petits chanteurs de Versailles **viendront** aux États-Unis **dans un mois.**
4. La troupe présente un nouveau ballet. (trois semaines)
   La troupe **présentera** un nouveau ballet **dans trois semaines.**
5. Les juges se prononcent. (quelques instants)
   Les juges **se prononceront dans quelques instants.**
6. Vous obtenez le Prix Goncourt. (quelques années)
   Vous obtiendrez le Prix Goncourt **dans quelques années.**

C. *Maintenant dites que quelque chose se fait dans les limites de temps indiquées.*

   EXEMPLE :
   Alexandre Dumas finissait ses romans. (un temps record)
   Alexandre Dumas **finissait** ses romans **en un temps record.**

1. Alexandre Dumas finissait ses romans. (un temps record)
   Alexandre Dumas **finissait** ses romans **en un temps record**.
2. Elle a appris son rôle. (une nuit)
   Elle a appris son rôle **en une nuit**.
3. On a construit le Palais de la Radio. (peu de temps)
   On a construit le Palais de la Radio **en peu de temps**.
4. Il a joué la valse minute de Chopin. (trente secondes)
   Il a joué la valse minute de Chopin **en trente secondes**.
5. On a mis les décors en place. (quatre ou cinq heures)
   On a mis les décors en place **en quatre ou cinq heures**.
6. Apprenez à jouer de la guitare! (trois semaines)
   Apprenez à jouer de la guitare **en trois semaines**!

EXPLICATIONS

1. L'IMPARFAIT DE L'INDICATIF

GÉNÉRALITÉS

Comme le passé composé, le passé simple et le plus-que-parfait, l'imparfait est employé pour exprimer une action dans le passé. Son emploi est plus spécialisé, plus nuancé que celui du passé composé.

D'une façon générale, l'imparfait communique:

1. la notion d'état à un moment du passé

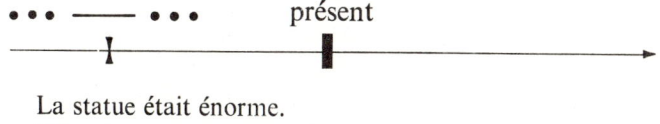

La statue était énorme.
(*The statue was enormous.*)

2. l'idée d'une action qui continue à un moment du passé

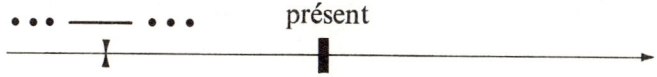

Le concert n'en finissait plus.
(*There was no end in sight to the concert.*)

I. Formation de l'imparfait

On ajoute les terminaisons: **-ais, -ais, -ait, -ions, -iez, -aient** au radical (1ère personne du pluriel du présent de l'indicatif moins **-ons**) du verbe.

EXEMPLES:

chanter→ nous chant-ons→ je chant-ais
tu chant-ais
il chant-ait
nous chant-ions
vous chant-iez
ils chant-aient

finir→ nous finiss-ons→ je finiss-ais . . .
entendre→ nous entend-ons→ nous entend-ions . . .

II. Emplois de l'imparfait

A. Pour une description dans le passé

Le tableau **paraissait** gigantesque dans cette petite salle. Il **mesurait** un mètre sur trois. L'artiste **était** ravi car tous les visiteurs **remarquaient** son œuvre.
(*This painting seemed gigantic in this small room. It measured one meter by three. The artist was delighted because all the visitors were noticing his work.*)

B. Pour communiquer qu'une action est en train de se faire au moment où une autre action se produit

Quelques spectateurs **dormaient** quand la pièce **s'est terminée**.
(*A few spectators were asleep when the play ended.*)
Quand l'actrice **est arrivée, on lisait** déjà le scénario.
(*When the actress arrived, they were already reading the scenario.*)

Ici, l'emploi de l'imparfait correspond souvent à la forme progressive

WAS + VERBE-ING
WERE + VERBE-ING

Il **récitait**.
(*He was reciting.*)

Au premier rang, deux hommes **dormaient**.
(*In the first row two men were sleeping.*)

C. Pour exprimer <u>une habitude</u> dans le passé

L'actrice **était toujours** en retard; cela **irritait** le metteur en scène.
(*The actress was always late; that irritated the director.*)
Chaque soir, le critique **allait** voir une autre pièce.
(*Every night the critic would go to see another play.*)

Dans ce cas, l'imparfait correspond à la forme:

WOULD + INFINITIF
USED TO + INFINITIF

Il se reposait jusqu'à 7 heures du soir puis **il sortait.**
(*He would rest until 7 p.m. and then go out.*)
Il écrivait sa critique juste après avoir vu la pièce.
(*He used to write his critical review right after seeing the play.*)

D. Avec **si**, pour exprimer une condition qui existe au moment où l'on parle

Si l'actrice **jouait** un peu mieux, le public **resterait** (conditionnel présent) dans la salle.
(*If the actress performed a little better, the audience would remain in the theater.*)
Bien sûr que je **lirais** ses critiques **s'il était** moins bête.
(*It is certain that I would read his critical reviews if he were less stupid.*)

E. Avec **si**, pour communiquer un <u>souhait</u>, une <u>invitation</u>, une <u>suggestion</u>, un <u>ordre nuancé</u>

Ah, **s'il écrivait** mieux . . .
(*Ah, if only he wrote better . . .*)
Si nous allions au concert?
(*How about going to the concert?*)

123

F. Pour exprimer une action ou un état qui durait depuis un certain temps

Il peignait le même sujet depuis vingt-cinq ans.
(*He had been painting the same subject for twenty-five years.*)
Le roman était sur mon bureau depuis trois mois lorsque . . .
(*The novel had been on my desk for three months when . . .*)

2. CONSTRUCTIONS AVEC LOCUTIONS DE TEMPS

I. Depuis
   Voilà
   Il y a   } . . . que
   Cela fait

A. Avec une action qui continue au moment où l'on parle, on emploie le présent de l'indicatif.

QUESTION : Depuis combien de temps **travaille-t-il** à cette œuvre?
(*For how long has he been working on this creation?*)
RÉPONSES : Il y **travaille** depuis vingt ans.
Voilà vingt ans qu'il y **travaille**.
Cela fait vingt ans qu'il y **travaille**.
(*He has been working on it for twenty years.*)
QUESTION : Depuis quand **travaille-t-il** à cette œuvre?
(*Since when has he been working on this creation?*)
RÉPONSE : Il y **travaille** depuis 1951.
(*He has been working on it since 1951.*)

B. Avec une action terminée depuis un certain temps au moment où l'on parle, on emploie le passé composé.

QUESTION : Depuis combien de temps **a-t-il fini** son œuvre?
(*How long has it been since he finished his work?*)
RÉPONSES : **Il a fini** son œuvre depuis vingt ans.
Il y a vingt ans **qu'il a fini** son œuvre.
Voilà vingt ans **qu'il a fini** son œuvre.
Cela fait vingt ans **qu'il a fini** son œuvre.
Il a fini son œuvre il y a vingt ans.
(*He finished his work twenty years ago.*)

QUESTION : Depuis quand **a-t-il terminé** cette sonate?
(*Since when has he finished this sonata?*)
RÉPONSE : **Il a terminé** cette sonate depuis la semaine dernière.
(*He has finished this sonata since last week.*)

<u>avec une date</u>

Il a fini cette sonate depuis 1951.
(*He has finished this sonata since 1951.*)

II. Depuis
Cela faisait ⎫
Il y avait ⎬ ... que:

Pour décrire une action <u>en train de se faire au moment où une autre action se produisait,</u> on emploie l'<u>imparfait de l'indicatif.</u>

QUESTION : Depuis combien de temps **étiez-vous** dans la salle quand la pièce **a commencé**?
(*How long had you been in the theater when the play began?*)
RÉPONSES : Nous **étions** dans la salle depuis cinq minutes lorsque le rideau **s'est levé**.
Cela **faisait** cinq minutes que nous **étions** dans la salle lorsque le rideau **s'est levé**.
Il y **avait** cinq minutes que nous **étions** dans la salle lorsque le rideau **s'est levé**.
(*We had been in the theater for five minutes when the curtain went up.*)
QUESTION : Depuis quand **étiez-vous** à l'École des Beaux-Arts quand vous **avez reçu** le Prix de Rome?
(*How long had you been at the École des Beaux-Arts when you received the Prix de Rome?*)
RÉPONSE : J'y **étais** depuis 1902.
(*I had been there since 1902.*)

III. Constructions avec **pendant/durant, dans, en**
Distinguez bien les emplois suivants:

A. Pendant/durant

QUESTION: Pendant combien de temps l'Orchestre de Paris **a-t-il joué** a Boston?
(*How long did the Paris Orchestra perform in Boston?*)
RÉPONSE: Il y **a joué** pendant⎱ trois semaines.
durant ⎰
(*It performed there for three weeks.*)

B. Dans

QUESTION: Quand le pianiste **jouera-t-il** ce morceau?
ou
Dans combien de temps le pianiste **jouera-t-il** . . .?
(*When will the pianist play this piece?*)
RÉPONSE: Il le **jouera dans** deux ou trois semaines.
(*He will play it in two or three weeks.*)

C. En

QUESTION: **Combien de temps faut-il** à l'orchestre **pour jouer** cette symphonie?
ou
En combien de temps l'orchestre **joue-t-il** cette symphonie?
(*How long does it take the orchestra to play this symphony?*)
RÉPONSE: L'orchestre **joue** cette symphonie **en** 35 minutes.
(*The orchestra plays this symphony in 35 minutes./It takes the orchestra 35 minutes to play this symphony.*)

INVENTION

Écrivez des phrases à l'aide des éléments donnés.

1. (*Dans le passé*) La musique de l'opérette/être prêt/depuis/6 mois/lorsque/les décors/arriver.

EXEMPLE:
La musique de l'opérette **était prête** depuis 6 mois lorsque les décors **sont arrivés**.

2. On dit que/la fresque/être terminé/dans/quelques jours.
3. (*Description dans le passé*) Voilà ce que j'ai vu: —«le chef d'orchestre/diriger/ses musiciens avec un grand talent/Les violonistes/jouer/merveilleusement. Le public/sembler être étonné de/succès de/le jeune soliste.»
4. Flaubert (*1821-1880*)/écrire/Madame Bovary/en/cinq ans.
5. (*Fait général dans le passé*) Il/répéter/le passage/pendant/plus de/une heure.
6. (*Dans le passé*) Darcy/commencer/toujours/ses bronzes/en préparer/une ébauche de plâtre.
7. (*Action continue au moment où l'on parle*) Cela/faire/dix ans/que/le poète/employer/les mêmes images.
8. (*Condition dans le présent*) Si/elle/admirer/les tapisseries anciennes/elle/pouvoir aller à/le Musée de Cluny.
9. (*Action terminée*) Je vous avoue que je/découvrir/le thème central de/le roman/il y a/longtemps.

EXERCICE DE CONTRÔLE

Composez une phrase basée sur l'idée donnée, 1° au passé composé, *en ajoutant une indication de temps convenable;* 2° à l'imparfait, *en ajoutant une autre indication convenable.*

EXEMPLE:
Je vais au cinéma avec ma petite amie.
1° Il y a deux jours, **je suis allé** au cinéma avec ma petite amie.
2° **J'allais** au cinéma avec ma petite amie le samedi.

1. Ils discuteront pendant l'entracte.
2. Nous changerions de fauteuils.
3. La ballerine apprend la danse moderne.
4. Jacques et toi, vous connaissez Miró.
5. Juliette ira voir le «Penseur» de Rodin.
6. Je prends une photographie de la Chapelle de Matisse à Vence.

7. Elles visiteraient le Mont-Saint-Michel.
8. Tu assistes à une représentation de la Comédie-Française.

THÈME D'APPLICATION

1. The usher was showing us our seats when the overture began.
2. Formerly he sang at the Opéra-Comique; now he gives recitals.
3. Two years ago he was only an amateur actor.
4. She has been studying music since the age of five.
5. In three months his new opera will be presented.
6. She has not danced since her accident.
7. How about (our) going to the Museum of Modern Art?
8. Ah, if I painted like Picasso!
9. I would like to buy this still life if I had the money.
10. It was raining so we decided to go see the impressionist paintings in the Jeu de Paume. (Un musée parisien situé près du Louvre)

Notes sur le verbe **aller**

(Voir Tableau du verbe «aller», p. 306)

Il est important de remarquer que les équivalents français des expressions anglaises avec **go**, ne sont pas nécessairement formés avec aller.

Notez les plus usuelles

    to go the wrong way....... **prendre la mauvaise route**
                                                prendre le mauvais chemin
                                                se tromper de chemin
                                                se tromper de route

    to go astray.............. **s'égarer, se perdre**
    to go on................. **continuer**
    to go down.............. **descendre, baisser** (par exemple: les prix, la Bourse, le niveau d'une rivière.)
    to go up................. **monter, augmenter** (les prix)
    to go in................. **entrer, pénétrer**

to go out................	sortir
to go along with..........	partager les idées de quelqu'un
	suivre (quelqu'un)
	être d'accord (avec quelqu'un)
to go after...............	poursuivre
to go over (to review)......	revoir, repasser, réviser
to go over (pass over)......	passer par-dessus, passer sur (un pont, par exemple)
to go by.................	passer (le temps passe; une personne passe)
	passer à côté de (une personne passe à côté d'une autre personne, par exemple)
to go without ⎫ to do without ⎭	se passer de

MAIS

to go away...............	s'en aller

EXEMPLES:
Je m'en vais.
(*I am going/I am going away.*)
Va-t'en.
Allez-vous-en.
(*Go/go away.*)
S'en va-t-il bientôt?
Est-ce qu'il s'en va bientôt?
(*Is he going soon?*)

EMPLOI PRATIQUE DU VERBE <u>ALLER</u>

(Voir Tableau du verbe «aller», p. 306)

A. *Dans les phrases suivantes, donnez la forme du verbe indiquée entre parenthèses.*

   1. Quand j'étais à Paris, j'....... (*imparfait de l'indicatif*) regarder les estampes chez les bouquinistes.

2. Il faut absolument que tu .... (*présent du subjonctif*) voir l'exposition au Petit Palais.
3. Si j'avais assez de temps, j'....... (*présent du conditionnel*) au Musée du Louvre.
4. Nous .... (*passé composé*) la chercher avant le concert.
5. ....-il (*présent de l'indicatif*) faire un portrait de cette belle femme?
6. Je voulais parler à la cantatrice, mais elle .... (*s'en aller, plus-que-parfait*).
7. Quand ils auront suffisamment d'argent, ils .... (*futur*) au festival musical d'Aix-en-Provence.
8. Si j'avais su que Pierre Boulez dirigeait l'orchestre, je .... (*conditionnel passé*) au festival Stravinski.
9. Si nous .... (*imparfait de l'indicatif*) voir la troupe de Maurice Béjart?
10. On ne savait pas à ce moment-là qui .... (*imparfait de l'indicatif*) être nommé chef de l'Orchestre de Paris.

B. *Même exercice.*

1. Tu m'as dit que tu .... (*présent du conditionnel*) parcourir les galeries avec elle.
2. .... (*s'en aller, impératif*), monsieur, avant de trop nous fatiguer.
3. Ils .... (*imparfait de l'indicatif*) visiter une église gothique quand je leur ai parlé.
4. Les membres de l'orchestre .... (*présent de l'indicatif*) exécuter ce morceau de musique.
5. Pendant leur jeunesse, ils .... souvent (*imparfait de l'indicatif*) se promener à Montmartre.
6. Il a dit que nous .... (*présent du conditionnel*) ensemble au récital.
7. Si on .... (*imparfait de l'indicatif*) danser?
8. Qu'il .... (*présent du subjonctif*) se coucher, s'il veut aller au musée demain.
9. S'il n'avait pas plu, je .... (*conditionnel passé*) faire la queue.
10. Vous .... (*futur*) faire une esquisse de la cathédrale de Chartres.

LEÇON 8

DANS UNE LIBRAIRIE

PRATIQUE: LES PRONOMS PERSONNELS ATONES

I. *Remplacez les noms propres et les noms communs par des pronoms.*

EXEMPLE:
Julien admire la librairie.
Il l'admire.

1. Julien admire la librairie.
   Il l'admire.
2. Josette regardait la vitrine.
   Elle **la** regardait.
3. Nous comptons notre argent.
   Nous **le** comptons.
4. Voyez-vous les livres en solde?
   Les voyez-vous?
5. Non, mais René a aperçu les livres de poche.
   Non, mais il **les** a aperçus.
6. J'aimerais le livre relié.
   Je l'aimerais.
7. Attends plutôt le Prix Goncourt!
   Attends-**le** plutôt!
8. Maintenant, Josette cherche les machines à écrire.
   Maintenant, elle **les** cherche.
9. J'ai demandé ce livre à la vendeuse.
   Je **le lui** ai demandé.
10. J'ai même rencontré Raymond et Pierre.
    Je **les** ai même rencontrés.
11. J'ai donc parlé à Pierre et à Raymond.
    Je **leur** ai donc parlé.
12. Nous allons au rayon des textes de classe.
    Nous **y** allons.

13. Tu parles des livres de langue.
    Tu en parles.

II. A. *Répondez en remplaçant le nom par un pronom.*

EXEMPLE :
    Cherchez-vous le papier à lettres? (oui)
    Oui, je le cherche.

1. Cherchez-vous le papier à lettres? (oui)
   Oui, je le cherche.
2. Feuilletez-vous les guides touristiques? (non)
   Non, je ne les feuillette pas.
3. Alors vous regardez le dictionnaire Larousse? (oui)
   Oui, je le regarde.
4. Cherche-t-il la caisse? (non)
   Non, il ne la cherche pas.
5. Est-ce que j'examine les stylos à bille? (oui, vous)
   Oui, vous les examinez.
6. Demande-t-il son paquet à la vendeuse? (oui)
   Oui, il le lui demande.

B. *Remplacez par un pronom le nom modifié par l'expression de quantité.*

EXEMPLE :
    Je voudrais acheter une douzaine de crayons.
    Je voudrais en acheter une douzaine.

1. Je voudrais acheter une douzaine de crayons.
   Je voudrais en acheter une douzaine.
2. Elle a assez de stylos Bic.
   Elle en a assez.
3. Ils ont beaucoup de cartes d'anniversaire.
   Ils en ont beaucoup.
4. Ce livre est plein d'erreurs.
   Ce livre en est plein.
5. Celui-là a autant d'erreurs que l'autre.
   Celui-là en a autant que l'autre.
6. Tu demanderas quelques feuilles de papier.
   Tu en demanderas quelques-unes.
7. Moi, je chercherai quelques cahiers.
   Moi, j'en chercherai quelques-uns.
8. Il y a au moins deux cents livres sur ce rayon.
   Il y en a au moins deux cents sur ce rayon.

9. Il y avait une cinquantaine de personnes dans le magasin.
   Il y **en** avait une cinquantaine dans le magasin.

C. *Répondez en employant le pronom objet indirect.*

EXEMPLE:
   A-t-il donné l'argent à la caissière? (oui)
   Oui, il **lui** a donné l'argent.

1. A-t-il donné l'argent à la caissière? (oui)
   Oui, il **lui** a donné l'argent.
2. Est-ce que vous écrivez une carte à votre petite amie? (non)
   Non, je ne **lui** écris pas de carte.
3. Alors, vous téléphonerez à Marie? (non)
   Non, je ne **lui** téléphonerai pas.
4. Allez-vous raconter tout cela à Marie? (non)
   Non, je ne vais pas **lui** raconter tout cela.
5. En attendant, est-ce vous allez donner cette commande à la vendeuse? (oui)
   Oui, en attendant je vais **lui** donner cette commande.
6. Et demain est-ce que vous présenterez ce dictionnaire à Nicole? (oui)
   Oui, demain je **lui** présenterai ce dictionnaire.

D. *Répétez les phrases en employant des pronoms.*

EXEMPLE:
   Paul fait couvrir ses livres par la jeune vendeuse.
   Il **les lui** fait couvrir.

1. Paul fait couvrir ses livres par la jeune vendeuse.
   Il **les lui** fait couvrir.
2. Nous avons commandé des livres de poche au patron.
   Nous **lui en** avons commandé.
3. Il y a trois livres de poésie.
   Il y **en** a trois.
4. Jeannette posera la question au libraire.
   Elle **la lui** posera.
5. Tu as trouvé le texte en question sur le plus haut rayon.
   Tu **l'y** as trouvé.
6. Mon cousin a recommandé quelques romans policiers à mes amis.
   Il **leur en** a recommandé quelques-uns.

7. Le vendeur me trouve bien difficilement des livres en anglais.
   Il **m'en** trouve bien difficilement.
8. Mais il te conduira sans hésiter à la section des études historiques.
   Mais il **t'y** conduira sans hésiter.
9. Je vous en prie, donnez-moi des livres dont les pages sont coupées!
   Je vous en prie, donnez-m'**en** dont les pages sont coupées!
10. C'est cela, passez-moi le petit.
    C'est cela, passez-**le**-moi.
11. Non, n'achetez pas de cartes postales à Christiane.
    Non, ne **lui en** achetez pas.
12. Achetez des cartes postales à Marie.
    Achetez-**lui-en.**

EXPLICATIONS

LES PRONOMS PERSONNELS ATONES

GÉNÉRALITÉS

Le pronom personnel sert à représenter une personne, un animal, une chose ou une idée:

Pierre sélectionne quelques bons romans.
Il sélectionne quelques bons romans.
(*He selects some good novels.*)
On n'admet pas les chiens dans la boutique.
On ne **les** admet pas dans la boutique.
(*One does not let them enter the shop.*)
Zut! j'ai encore perdu mon stylo à bille!
Zut! je l'ai encore perdu!
("*Zut!*" *I have lost it again.*)
Il parle toujours de sa découverte d'une vieille édition de Montaigne dans une petite librairie du Quartier Latin.
Il **en** parle toujours.
(*He always talks about it.*)

Le pronom personnel peut être sujet, objet direct ou objet indirect

>**Sujet :** Je choisis une revue.
>(*I choose a magazine.*)
>**Objet Direct :** Je l'achète.
>(*I buy it.*)
>**Objet indirect :** Je te la donne.
>(*I give it to you.*)

Le pronom personnel reflète le genre (masculin ou féminin) et le nombre (singulier ou pluriel) de la personne ou de la chose qu'il représente

>Je la prends. (la : **la revue**, f. sing.)
>Je te les donne. (les : **les livres,** m.pl.)

Lorsque le pronom personnel remplace une idée, il est masculin singulier

>Pouvez-vous **me donner un conseil sur le choix d'un livre?**
>(*Can you give me some advice about choosing a book?*)
>Oui, je **le** peux.
>(*Yes, I can—do it—.*)

Il y a deux types de pronoms personnels

1. les pronoms personnels atones ou inaccentués, qui restent en liaison directe avec le verbe

   >Je te **le** donne . . .

2. les pronoms personnels toniques ou accentués, qui sont le plus souvent séparés du verbe ou du groupe verbal

   >Qui connaît Gibert Jeune?
   >**Moi.**
   >(*Who knows Gibert Jeune—Bookstore in Paris—I do.*)

   >Certains pronoms personnels sont les mêmes qu'ils soient atones ou toniques. **Nous** et **vous,** par exemple.

ATONES

Nous parlons. (sujet)
Il **nous** voit. (objet direct)
Il **nous** parle. (objet indirect)

TONIQUES

Qui parle?
Nous. (sujet)
Qui voit-il?
Nous. (objet direct)
À qui parle-t-il?
À **nous.** (objet indirect)

I. Formes du pronom personnel atone

SINGULIER

Fonction grammaticale	1re	2e	3e	
sujet	JE	TU	IL	ELLE
obj. dir.	ME	TE	LE, SE / L'	LA, SE / L'
obj. ind.	ME	TE	LUI, SE	LUI, SE

PLURIEL

Fonction grammaticale	1re	2e	3e	
sujet	NOUS	VOUS	ILS	ELLES
obj. dir.	NOUS	VOUS	LES, SE	LES, SE
obj. ind.	NOUS	VOUS	LEUR, SE	LEUR, SE

Pour les choses et les idées: complément construit avec **de**: EN
compl. construit avec à ou **dans**: Y

Sujet: ELLES achètent des livres.
(*They are buying books.*)

TU règles tes achats avec un chèque.
(*You take care of your purchases with a check.*)

Objet Direct: Le libraire M'observe du coin de l'œil.
(*The bookstore owner watches me from the corner of his eye.*)
Elle est en train de SE regarder dans la vitrine.
(*She is looking at herself in the store window.*)

Objet Indirect: La vendeuse ME donne le paquet en souriant.
(Compl. Circonstanciel)
(*The salesgirl gives me the package while smiling.*)
Je LUI donne alors l'argent.
(*Then I give her the money.*)
La caissière parle à deux jeunes clients.
La caissière LEUR parle.
(*The cashier speaks to them.*)
Georges parle de ses dépenses.
Georges EN parle.
(*George speaks about them.*)
Pierre se rend à la Librairie Gibert Jeune.
Pierre s'Y rend.
(*Pierre goes there.*)

Note: Lorsque le lieu n'est pas cité, "*there*" est rendu par l'adverbe **là**.

Qui est **là**?
(*Who's there?*)

ON se place parmi les pronoms personnels.
C'est un <u>pronom indéfini</u>.

ON en a parlé longtemps.
("*People*" *spoke about it for a long time.*)

Devant une voyelle ou un h muet, les pronoms personnels suivants changent:

je → j'
me → m'
te → t'   } + voyelle ou h muet
le → l'
la → l'
se → s'

Dans les constructions suivantes, le pronom personnel est objet direct:

Me voilà.
(*There I am.*)

Te voilà.
Le voilà.
La voilà.
Nous voilà.
Vous voilà.
Les voilà.

II. Emploi et position dans la phrase

Quatre choses doivent être notées par l'étudiant de langue anglaise.

A. Comme il a été remarqué plus haut, le pronom personnel varie en fonction du genre et du nombre de l'antécédent.

I see the book.
I see it.
Je **le** vois. (*le livre*)

I see the eraser.
I see it.
Je **la** vois. (*la gomme*)

B. En remplace le nom modifié par une expression de quantité.

J'ai assez **de livres** à la maison.
(*I have enough books at home.*)
J'**en** ai assez à la maison.

Notez qu'on garde le mot qui indique le degré de quantité.

Larousse publie **beaucoup de livres.**
(*Larousse publishes many books.*)
Larousse **en** publie **beaucoup.**

La même construction s'impose avec:

assez de (enough)
autant de (as much as/as many as)
beaucoup de (much/many/a lot of)
davantage de (more)
guère de (not much/not many)
moins de (less)
peu de (little)
plus de (more)
tant de (so much/so many)
tellement de (so much/so many)
trop de (too much/too many)
un peu de (a little)

EXEMPLES:
Il n'a pas assez d'argent pour acheter des livres reliés.
(*He does not have enough money to buy bound books.*)
Il n'**en a pas assez** pour acheter des livres reliés.
Mais il a plus de livres de poche que n'importe qui.
(*But he has more paperbacks than anyone.*)
Mais il **en a plus** que n'importe qui.

Quelques devient:
quelques-uns (m.pl.)
quelques-unes (f.pl.)

Nous désirons **quelques cahiers.** (le cahier)
(*We would like a few notebooks.*)
Nous **en** désirons **quelques-uns.**

Vous avez acheté **quelques revues.** (la revue)
(*You bought a few magazines.*)
Vous **en** avez acheté **quelques-unes.**

Remarquez que le participe passé ne change pas dans les constructions avec **en.**

Comparez

J'ai vu Jeanne et Pierrette.
Je **les ai vues.**

à

J'ai vu quelques jeunes filles.
J'**en ai vu** quelques-unes.

Avec les <u>adjectifs numéraux,</u> on a la même construction qu'avec **assez de, autant de,** etc. . . .

Tu désires trois stylos.
(*You would like three pens.*)
Tu **en** désires **trois.**

Je suis sûr qu'ils vendent plus de mille livres par jour.
(*I am sure that they sell more than 1000 books a day.*)
Je suis sûr qu'ils **en** vendent **plus de mille** par jour.

C. Il est important de noter la forme des constructions avec les verbes suivants :

donner quelque chose **à** quelqu'un
écrire quelque chose **à** quelqu'un
parler de quelque chose **à** quelqu'un
acheter quelque chose **à** quelqu'un
rendre quelque chose **à** quelqu'un

La caissière donne les paquets **aux** étudiants.
(*The cashier gives the packages to the students.*)
La caissière **les leur** donne.

les paquets: objet direct: **les**
aux étudiants: objet indirect: **leur**

Le patron parlait toujours **de** sa famille **à** ses clients.
(*The store-owner always spoke of his family to his customers.*)
Le patron **leur en** parlait toujours.

de sa famille: objet indirect: **en** (notez le verbe avec **de**)
à ses clients: objet indirect: **leur**

D. La position du pronom personnel dans la phrase.

1. Le pronom sujet est placé comme en anglais
   J'achète, **tu** achètes, **il** achète, **nous** achetons . . .

2. Le pronom personnel objet se place directement devant le verbe—*sauf à l'impératif affirmatif—*

   Je l'achète.
   (*I buy it.*)
   Elle **lui** parle.
   (*She speaks to him.*)
   Nous **leur en** donnons.
   We give them some.)

3. Si plusieurs pronoms personnels objets sont employés, voici leurs positions relatives:

me				
te	le			
		lui		
se	la		y	en
		leur		
nous	les			
vous				

donc

SUJET + PRONOMS PERSONNELS OBJETS + VERBE

ou

SUJET + NE + PRONOMS PERSONNELS OBJETS + VERBE + PAS

IL ME LE donne.
IL ne ME LE donne pas.
NOUS LE LUI donnons.
NOUS ne LE LUI donnons pas.
ELLE LUI EN donne.
ELLE ne LUI EN donne pas.
VOUS LES LEUR donnez.
VOUS ne LES LEUR donnez pas.

À l'impératif affirmatif, on aura l'ordre suivant:

verbe	-le -la -les	-moi (m' devant en) -toi (t' devant en) -nous -vous -lui -leur	-en

Passez-**moi les livres.**
(*Hand me the books.*)
Passez-**les-moi.**
Passez-**moi des livres.**
(*Hand me some books.*)
Passez-**m'en.**
Donne **ce billet** de 10 Frs. **à la caissière.**
(*Give this 10 Fr. bill to the cashier.*)
Donne-**le-lui.**

Au négatif, nous retrouvons l'ordre habituel.

Passe-**les-moi.**
Ne **me les** passe pas.
Passez-**m'en.**
Ne **m'en** passez pas.
Donne-**le-lui.**
Ne **le lui** donne pas.

Remarquez l'emploi du trait d'union (*hyphen*) entre

le verbe et le pronom personnel, et entre les pronoms personnels à l'impératif affirmatif.

>Donne-le-lui.
>Passe-les-moi.

Cet emploi est obligatoire.

INVENTION

1° Écrivez des phrases complètes en vous servant des matériaux donnés. 2° Recopiez ensuite ces phrases en remplaçant autant que possible les noms par des pronoms.

1. Les étudiants/acheter (*présent de l'indicatif*)/leurs/le livre de classe/ dans/une librairie/situé/en face de/leur/l'école.

    EXEMPLE:
    1° Les étudiants achètent **leurs** livres de classe dans une librairie située en face de leur école.
    2° Ils **les** y achètent.
2. Pauline/offrir (*plus-que-parfait*)/plusieurs/le poème/relié/à/ma sœur.
3. Le professeur/parler de (*passé composé*)/le roman/nouveau/à/sa classe.
4. Une caissière/bon/toujours/rendre (*conditionnel présent*) la monnaie/exact/à/les clients.
5. Tout de suite/remettre (*impératif, deuxième personne du pluriel*)/ce/ la liste/à/le vendeur.
6. Si/Pierre/feuilleter (*plus-que-parfait*)/quelque/les revues/récent/il/ apprendre (*conditionnel passé*)/l'événement.
7. Ne pas/écrire (*impératif, forme familière*)/ce/les nouvelles/mauvais/à/ta mère.

EXERCICE DE CONTRÔLE

Répondez en employant autant que possible des pronoms dans votre réponse.

1. Voudriez-vous recommander quelques bons livres à vos collègues? (oui, je)
2. Jean se servira-t-il d'une gomme pour effacer les fautes écrites à l'encre? (non)
3. Est-ce que votre sœur permet à ses enfants de toucher à sa machine à écrire? (non)
4. Ont-ils acheté tous les six volumes du dictionnaire Robert et profitent-ils de ce dictionnaire? (oui)
5. Avez-vous une édition complète de Montaigne? (oui, nous)
6. Si nous avions besoin de papier à lettres, d'enveloppes et d'encre, pourrions-nous trouver ce papier à lettres, ces enveloppes et cette encre dans une librairie? (oui, vous)
7. Avais-tu demandé au propriétaire de t'indiquer le rayon des livres en solde? (oui)

THÈME D'APPLICATION

1. Give him a dozen envelopes, an eraser, and some writing paper.
2. He asked me to return his books, but I had already returned them to him.
3. They introduced her to me in the bookstore.
4. I met her there once again today.
5. She only has two sheets of paper left (*rester à quelqu'un*). Do you have any?
6. Here is the typewriter that they bought. They no longer need it.
7. These new ballpoint pens are really beautiful. I want a blue one (of them).
8. The salesgirl told my brother that she could only sell him a bottle of black ink.

9. She showed (*faire voir*) it to him.
10. Here are the magazines. I bought four of them.
11. He bought himself a rare book. I only wish I could discover (construction infinitive, voir Leçon 11, 3) a few of them.
12. Look at the old dictionaries up there (*là-haut*). Hand them to me.

DISTINCTIONS ENTRE LES VERBES
SAVOIR ET CONNAÎTRE

(Voir Tableaux des verbes «savoir» et «connaître», p. 308 et p. 310)

A. Savoir

1. Le verbe **savoir** exprime l'idée d'une connaissance précise et détaillée, une connaissance des faits individuels.

   Je **sais** où se trouve ce livre.
   (*I know where that book can be found.*)
   Savez-vous l'adresse de la librairie Hachette?
   (*Do you know the address of the Hachette bookstore?*)
   Nous ne **savions** pas que cette édition était épuisée.
   (*We did not know that this edition was out of print.*)
   Sais-tu que Beckett a écrit une nouvelle pièce?
   (*Do you know that Beckett wrote a new play?*)

2. **Savoir** indique aussi l'idée de capacité physique ou mentale (**savoir** est alors plus ou moins synonyme de **pouvoir**).

   Sait-il se servir du catalogue?
   (*Does he know how to use the catalog?*)
   Sais-tu taper à la machine?
   (*Do you know how to type?*)

B. Connaître

Le verbe **connaître** communique l'idée d'une connaissance générale, la notion d'une connaissance d'ensemble, ou purement et simplement la conscience de l'existence d'un être ou d'une chose.

Elle **connaît** le bibliothécaire en chef de la Bibliothèque Nationale.
(*She knows the head librarian of the B.N.*)
Oui, je **connais** cette œuvre, j'en ai entendu parler il y a quelques mois.
(*Yes, I know this work, I heard about it a few months ago.*)
On m'a dit que vous **connaissiez** très bien la Chine.
(*I was told that you knew China very well.*)

Comparez

Je connais *Roméo et Juliette*. (*I know R + J/I have heard of R + J.*)	MAIS	**Je ne sais pas** *Roméo et Juliette* **par cœur.** (*I do not know R + J by heart.*)
Il ne connaît pas J.-P. Sartre personnellement. (*He does not know J.-P. S. personally.*)	MAIS	**Il sait qu**'il habite sur la Rive Gauche. (*He knows that he lives on the Left Bank.*)
Je ne connais pas l'Angleterre. (*I do not know England/I have not been to England.*)	MAIS	**Je sais parler** anglais. (*I can speak English.*)

EMPLOI PRATIQUE DES VERBES SAVOIR ET CONNAÎTRE

(Voir Tableaux des verbes «savoir» et «connaître», p. 308 et p. 310)

A. *Dans les phrases suivantes, employez la forme du verbe indiquée entre parenthèses.*

1. Si j'....... (*savoir—plus-que-parfait*) qu'il allait à la librairie, j'y serais allé aussi.
2. Il y avait longtemps qu'il me .... (*connaître—imparfait de l'indicatif*).

3. Donc, il .... (*savoir—imparfait de l'indicatif*) que mes goûts en ce qui concerne les livres sont bizarres.
4. J'ai acheté ce guide Michelin parce que je ne .... pas (*connaître—présent de l'indicatif*) l'Alsace.
5. Nous .... (*savoir—passé composé*) les faits beaucoup plus tard.
6. Ils regrettent que tu ne les .... plus (*connaître—présent du subjonctif*) suffisamment bien.
7. Elle cherche quelqu'un qui .... (*savoir—présent du subjonctif*) traduire cette lettre.
8. Ils .... (*savoir—imparfait de l'indicatif*) que je les rencontrerais chez Gibert Jeune.
9. Après deux mois à l'école de secrétariat, elle .... (*savoir—futur*) très bien taper à la machine.
10. ....-vous (*connaître—présent de l'indicatif*) la dame qui vend du papier à lettres?

B. *Choisissez le verbe qui convient, et donnez la forme indiquée entre parenthèses.*

1. Il n'est pas encore arrivé, autant que je .... (*présent du subjonctif*).
2. Ils la .... (*présent de l'indicatif*) depuis son enfance.
3. Comment? Tu ne .... (*présent de l'indicatif*) que faire?
4. En .... (*participe présent*) mieux cette femme, il s'est aperçu de ses défauts.
5. Il faut que vous .... (*présent du subjonctif*) la vérité!
6. Est-ce qu'elles .... (*présent de l'indicatif*) une bonne librairie?
7. .... (*participe présent*) les faits, il est allé le confronter.
8. La vendeuse .... (*imparfait de l'indicatif*) parler français, espagnol, allemand, anglais, russe et chinois.
9. Si nous .... (*plus-que-parfait*) ce pays, nous nous serions sentis plus à l'aise.
10. Quand ....-t-on (*futur*) les nouvelles?

LEÇON 9

UNE RENCONTRE

PRATIQUE: *LES PRONOMS PERSONNELS TONIQUES*

I. *Remplacez les noms par des pronoms.*

EXEMPLE :
Je m'adresse à l'agent de police.
Je m'adresse **à lui.**

1. Je m'adresse à l'agent de police.
   Je m'adresse **à lui.**
2. Je me souviendrai toujours de Suzanne.
   Je me souviendrai toujours **d'elle.**
3. Elle a parlé avec Pierre et Maurice.
   Elle a parlé **avec eux.**
4. Maurice nous a présentés à Suzanne et à sa sœur.
   Il nous a présentés **à elles.**
5. Sa sœur se plaint de son fiancé.
   Elle se plaint **de lui.**
6. Il est probable qu'elle se plaindra à Pierre et à moi.
   Il est probable qu'elle se plaindra **à nous.**
7. Car son fiancé a peur de Pierre et de moi.
   Car il a peur **de nous.**
8. Gaëtan et Rodolphe seuls peuvent raisonner avec Adélaïde.
   Eux seuls peuvent raisonner **avec elle.**
9. J'aimerais, moi aussi, avoir un rendez-vous avec la sœur de Guy.
   J'aimerais, moi aussi, avoir un rendez-vous **avec elle.**

II. A. *Ajoutez le sujet indiqué et faites les changements nécessaires.*

EXEMPLE :
Il part. (moi)
Lui et moi, nous partons.

1. Il part. (moi)
   Lui et moi, nous partons.
2. Il se promène le long de la Seine. (elle)
   Lui et elle se promènent le long de la Seine.
3. Tu regardes les bateaux-mouches. (moi)
   Toi et moi, nous regardons les bateaux-mouches.
4. Tu dînes à bord. (lui)
   Toi et lui, vous dînez à bord.
5. Vous passerez sous les ponts. (lui)
   Vous et lui, vous passerez sous les ponts.
6. Elle admirera les fontaines de la Place de la Concorde. (nous)
   Elle et nous, nous admirerons les fontaines de la Place de la Concorde.

B. *Ajoutez le complément indiqué et faites le changement qui s'impose.*

Exemple :
   Il me regarde fixement. (elle)
   Il **nous** regarde fixement **elle et moi**.

1. Il me regarde fixement. (elle)
   Il **nous** regarde fixement **elle et moi**.
2. Jacques me parle. (Pierre)
   Jacques **nous** parle **à Pierre et à moi**.
3. Nous te donnons des fleurs. (Jeannette)
   Nous **vous** donnons des fleurs **à Jeannette et à toi**.
4. Je la conduirai. (lui)
   Je **les** conduirai **lui et elle**.
5. Vous le quitterez vers onze heures. (moi)
   Vous **nous** quitterez vers onze heures **lui et moi**.

C. *Écoutez la question, puis la réponse, et remplacez la réponse par un pronom.*

Exemple :
   Qui est là? **Je** suis là.
   Qui est là?
   Moi.

1. Qui est là? **Je** suis là.
   Qui est là?
   Moi.

2. Qui traverse la rue? **André** traverse la rue.
   Qui traverse la rue?
   Lui.
3. Qui ne dit jamais bonjour? **Tu** ne dis jamais bonjour.
   Qui ne dit jamais bonjour?
   Toi.
4. Qui a perdu son chemin? **Nous** avons perdu notre chemin.
   Qui a perdu son chemin?
   Nous.
5. Qui l'a attendue pendant deux heures? **Vous** l'avez attendue pendant deux heures.
   Qui l'a attendue pendant deux heures?
   Vous.
6. Qui s'est arrêté pour prendre une boisson? **Gaëtan, Rodolphe et Adélaïde** ont pris une boisson.
   Qui s'est arrêté pour prendre une boisson?
   Eux.
7. Qui se fait facilement des amis? **Henri** se fait facilement des amis.
   Qui se fait facilement des amis?
   Lui.

D. *Répétez la phrase en insistant sur le sujet.*

EXEMPLE:
   Tu serres toujours la main.
   Toi, tu serres toujours la main.

1. Tu serres toujours la main.
   Toi, tu serres toujours la main.
2. J'ai eu le bonheur de faire la connaissance d'Adélaïde.
   Moi, j'ai eu le bonheur de faire la connaissance d'Adélaïde.
3. Ils ne me plaisent pas du tout.
   Eux, ils ne me plaisent pas du tout.
4. Il fait semblant de la rencontrer par accident.
   Lui, il fait semblant de la rencontrer par accident.
5. Nous nous voyons tous les deux mois, et vous?
   Nous, nous nous voyons tous les deux mois, et vous?
6. Elle s'est bien amusée; ce n'est pas comme vous.
   Elle, elle s'est bien amusée; ce n'est pas comme vous.
7. Mais elles se sont ennuyées à mourir.
   Mais **elles, elles** se sont ennuyées à mourir.

E. *Répondez en suivant les indications données.*

EXEMPLE:
Qui est arrivé? **Il est arrivé.**
Qui est arrivé?
C'est lui.

1. Qui est arrivé? **Il est arrivé.**
   Qui est arrivé?
   C'est lui.
2. Qui est allé se promener? **Georges et moi.**
   Qui est allé se promener?
   C'est nous.
3. Qui est-ce qui lui fait toujours des compliments?
   Pierre et André.
   Qui est-ce qui lui fait toujours des compliments?
   Ce sont eux.
4. Qui est-ce qui plaît à tout le monde? **Sarah et Madeleine.**
   Qui est-ce qui plaît à tout le monde?
   Ce sont elles.
5. Qui avait totalement oublié leur rendez-vous? **Pierre.**
   Qui avait totalement oublié leur rendez-vous?
   C'est lui.
6. Qui est-ce qui a peu d'amis intimes? **Elle et moi.**
   Qui est-ce qui a peu d'amis intimes?
   C'est nous.

F. *Répétez la phrase en insérant entre le pronom sujet et le verbe le mot ou l'expression donnés.*

EXEMPLE:
Il a fait sa connaissance à cette partie. (aussi)
Lui aussi a fait sa connaissance à cette partie.

1. Il a fait sa connaissance à cette partie. (aussi)
   Lui aussi a fait sa connaissance à cette partie.
2. Ils n'ont pas la patience d'attendre. (non plus)
   Eux non plus n'ont pas la patience d'attendre.
3. J'apportais des fleurs. (fidèlement)
   Moi, fidèlement, j'apportais des fleurs.
4. Tu arrives toujours en retard. (cruellement)
   Toi, cruellement, tu arrives toujours en retard.
5. Il affirme qu'elle n'a pas dit un mot. (qui était présent)
   Lui, qui était présent, il affirme qu'elle n'a pas dit un mot.

6. Ils ont raconté la triste histoire. (malheureux)
   Eux, malheureux, ont raconté la triste histoire.
7. Nous n'avons pas écouté. (incrédules)
   Nous, incrédules, nous n'avons pas écouté.

III. A. *Répondez aux questions en suivant le modèle.*

   EXEMPLE :
   Marie est-elle plus belle que Jeanne? (non)
   Non, Marie n'est pas plus belle qu'**elle.**

1. Marie est-elle plus belle que Jeanne? (non)
   Non, Marie n'est pas plus belle qu'**elle.**
2. Est-ce que vous y allez aussi souvent que Jacques et moi? (non)
   Non, je n'y vais pas aussi souvent que **vous.**
3. Lui téléphonez-vous aussi régulièrement que Georges? (oui)
   Oui, je lui téléphone aussi régulièrement que **lui.**
4. Est-il possible de parler plus vite que Chantal? (non)
   Non, il n'est pas possible de parler plus vite qu'**elle.**
5. N'est-elle pas vraiment plus grande que toi? (non)
   Non, elle n'est pas vraiment plus grande que **moi.**
6. Mais est-elle plus âgée que moi? (oui)
   Oui, elle est plus âgée que **toi.**

B. *Répondez aux questions en suivant le modèle.*

   EXEMPLE :
   N'est-il venu que pour Christiane? (oui)
   Oui, il n'est venu que pour **elle.**

1. N'est-il venu que pour Christiane? (oui)
   Oui, il n'est venu que pour **elle.**
2. Est-ce qu'elle a vraiment couru après Henri dans la rue? (non)
   Non, elle n'a pas vraiment couru après **lui** dans la rue.
3. Avez-vous évité de lui parler à cause de vos amis? (non)
   Non, je n'ai pas évité de lui parler à cause **d'eux.**
4. Alors, est-ce à cause de votre mère? (oui)
   Oui, c'est à cause **d'elle.**
5. Ira-t-elle chez Guy? (oui)
   Oui, elle ira chez **lui.**
6. Oserez-vous lui adresser la parole devant ses sœurs? (non)
   Non, je n'oserai pas lui adresser la parole devant **elles.**
7. Seriez-vous plus à l'aise près de moi? (oui)
   Oui, je serais plus à l'aise près de **vous.**

8. Est-elle d'accord avec vous? (non, pas du tout)
   Non, elle n'est pas du tout d'accord avec **moi**.

C. *Remplacez les noms par les pronoms qui conviennent.*

EXEMPLE:
   Il s'est moqué de Georges.
   Il s'est moqué de **lui**.

1. Il s'est moqué de Georges.
   Il s'est moqué de **lui**.
2. Je me plains d'Hélène.
   Je me plains d'**elle**.
3. Tu t'es adressé à Jean-Paul et à Claude.
   Tu t'es adressé à **eux**.
4. Mon copain s'occupera de sa sœur.
   Mon copain s'occupera d'**elle**.
5. Il nous recommande à ses camarades.
   Il nous recommande à **eux**.
6. Elles vous présentent à leur famille.
   Elles vous présentent à **elle**.

D. *Remplacez les noms par les pronoms qui conviennent.*

EXEMPLE:
   Elles vous présentent leur famille.
   Elles vous **la** présentent.

1. Elles vous présentent leur famille.
   Elles vous **la** présentent.
2. Nous vous recommandons le Café de Flore.
   Nous vous **le** recommandons.
3. Janine me rend les fleurs.
   Elle me **les** rend.
4. Le garçon t'indiquera le coin le plus tranquille.
   Il te **l'**indiquera.
5. Elle ne nous avait pas dit la vérité.
   Elle ne nous **l'**avait pas dite.
6. Il est vrai qu'elle se cache les faits à elle-même.
   Il est vrai qu'elle se **les** cache à elle-même.

E. *Donnez le contraire des phrases suivantes.*

EXEMPLE:
   Ne te dépêche pas trop.
   Dépêche-toi.

1. Ne te dépêche pas trop.
   Dépêche-toi.
2. S'il est en colère, serre-lui la main.
   S'il est en colère, **ne lui serre pas** la main.
3. Allez-vous-en.
   Ne vous en allez pas.
4. Ne me parlez plus.
   Parlez-moi.
5. Confie-la-moi.
   Ne me la confie pas.
6. Écris-moi, mon chou.
   Ne m'écris pas, mon chou.
7. Présentez-nous, s'il vous plaît.
   Ne nous présentez pas, s'il vous plaît.
8. Faisons-lui un compliment.
   Ne lui faisons pas de compliment.
9. Parlez-lui-en.
   Ne lui en parlez pas.
10. Disputez-moi, si vous le voulez.
    Ne me disputez pas, si vous le voulez.

IV. A. *Répondez aux questions suivant les modèles.*

    Exemple:
        Est-ce que vous parlez de leurs affaires? (oui)
        Oui, nous **en** parlons.
    Exemple:
        Parles-tu de Pierre et d'Auguste? (non)
        Non, je ne parle pas **d'eux.**

1. Est-ce que vous parlez de leurs affaires? (oui)
   Oui, nous **en** parlons.
2. Parles-tu de Pierre et d'Auguste? (non)
   Non, je ne parle pas **d'eux.**
3. A-t-il besoin de conseils? (pas du tout)
   Il n'**en** a pas du tout besoin.
4. Mais il a besoin de ses amis? (de temps en temps)
   Il a besoin **d'eux** de temps en temps.
5. Vous souvenez-vous de votre premier bal? (vaguement)
   Je m'**en** souviens vaguement.
6. Pourtant vous vous souvenez de votre cavalière? (pas trop)
   Je ne me souviens pas trop **d'elle.**

7. Est-ce que tu t'occupes suffisamment de ta santé? (non, à vrai dire)
Non, à vrai dire, je ne m'**en** occupe pas suffisamment.
8. Tu t'occupes trop de tes amis, n'est-ce pas? (pas du tout)
Je ne m'occupe pas du tout **d'eux.**
9. Est-ce vous vous moquez de votre camarade? (souvent)
Je me moque souvent **de lui.**
10. Est-ce que je me moque de son chapeau? (vous n'osez pas)
Vous n'osez pas vous **en** moquer.

B. *Répondez aux questions suivant les modèles.*

EXEMPLE:
Est-ce que je pense à mon week-end? (toute la semaine)
Oui, vous y pensez toute la semaine.

EXEMPLE:
Est-ce que je pense à ma cavalière? (toute la semaine)
Oui, vous pensez **à elle** toute la semaine.

1. Est-ce que je pense à mon week-end? (toute la semaine)
Oui, vous y pensez toute la semaine.
2. Est-ce que je pense à ma cavalière? (toute la semaine)
Oui, vous pensez **à elle** toute la semaine.
3. Est-ce qu'elle tient beaucoup à ce bal? (pas trop)
Elle n'y tient pas trop.
4. Alors, elle ne tient pas à Henri? (si, au contraire)
Si, au contraire, elle tient **à lui.**
5. Est-ce que je peux me fier à vos promesses? (absolument)
Vous pouvez vous **y** fier absolument.
6. Pourrai-je donc me fier à vous? (oui, éternellement)
Oui, vous pourrez vous fier **à moi** éternellement.
7. Vous habituerez-vous à serrer la main de votre ami trois ou quatre fois par jour? (probablement)
Je m'**y** habituerai probablement.
8. Vous habituez-vous à ses parents? (depuis le premier jour)
Je m'habitue **à eux** depuis le premier jour.

C. *Remplacez le nom objet indirect par le pronom approprié.*

EXEMPLE:
Elle plaît beaucoup à Jean.
Elle **lui** plaît beaucoup.

1. Elle plaît beaucoup à Jean.
Elle **lui** plaît beaucoup.

2. Hier soir il a téléphoné à son frère.
   Hier soir il **lui** a téléphoné.
3. Nous n'avons pas pu parler à nos amis.
   Nous n'avons pas pu **leur** parler.
4. Il n'a jamais obéi à son père.
   Il ne **lui** a jamais obéi.
5. Vous écrirez à votre fiancée.
   Vous **lui** écrirez.
6. Nous apprenons notre départ à Christiane.
   Nous **lui** apprenons notre départ.
7. Tu dis toujours des bêtises à André.
   Tu **lui** dis toujours des bêtises.
8. Je cède rarement la parole à mes amis.
   Je **leur** cède rarement la parole.
9. Répondra-t-il à Martine si elle lui parle?
   Lui répondra-t-il si elle lui parle?
10. Elle demandera sûrement à Pierre qu'il lui pardonne.
    Elle **lui** demandera sûrement qu'il lui pardonne.

EXPLICATIONS

LES PRONOMS PERSONNELS TONIQUES

Généralités

Les pronoms personnels toniques (ou accentués) s'emploient lorsque le pronom est <u>séparé</u> du verbe ou du groupe verbal.

QUESTION: Qui veut venir avec moi?
 (*Who wants to come with me?*)
RÉPONSE: **Moi.**
 (*I –do–*)

Est-ce que quelqu'un pourrait m'aider? **Toi**, Pierre, ou **toi**, Henri, hein?
(*Could somebody give me a hand? You, Pierre, or you, Henri, how about it?*)

Les pronoms personnels s'emploient aussi pour marquer une accentuation (rendue le plus souvent en anglais par l'accent tonique—*stress*—).

> Elle, **elle** n'est jamais prête à temps. Mais c'est toujours **moi** qu'on accuse d'être en retard!
> (*She* (*stressed*) *is never ready on time. But I* (*stressed*) *am always accused of being late!*)

I. Formes du pronom personnel tonique

Fonction grammaticale	1re	2e	3e		RÉF.
			MASC.	FÉM.	

SINGULIER

Fonction grammaticale	1re	2e	3e MASC.	3e FÉM.	RÉF.
sujet	MOI	TOI	LUI	ELLE	
obj. dir.	MOI	TOI	LUI	ELLE	
obj. ind.	MOI	TOI	LUI	ELLE	SOI

PLURIEL

Fonction grammaticale	1re	2e	3e MASC.	3e FÉM.
sujet	NOUS	VOUS	EUX	ELLES
obj. dir.	NOUS	VOUS	EUX	ELLES
obj. ind.	NOUS	VOUS	EUX	ELLES

> **Sujet:** EUX deux sont malades.
> (*The two of them are sick.*)
> Qui a fait cela?
> LUI
> (*Who did that?*
> *He did.*)
> Qui a laissé les verres sur la table?
> NOUS.
> (*Who left the glasses on the table?*
> *We did.*)

157

Objet Direct : Qui emmènerez-vous?
ELLES.
(*Whom will you take along?*
Them.)
Qui a-t-il conduit à la gare?
LUI et MOI.
(*Whom did he drive to the station?*
Him and me.)

Objet Indirect : Gaston m'a présenté à Maurice et à Gérard.
Gaston m'a présenté à EUX.
(*Gaston introduced me to them.*)
Vous occupez-vous encore de Janine?
Vous occupez-vous encore d'ELLE?
(*Do you still pay attention to her?*)

II. Emploi du pronom personnel tonique

A. Pour les sujets et les compléments composés

Josette et **moi**, nous allons au cinéma le samedi.
(*Josette and I go to the movies on Saturday.*)
Je ne crois pas que **lui** et Marie s'entendent très bien.
(*I do not think that he and Marie get along very well.*)
Je vous assure, on les a vus ensemble **lui** et **elle**.
(*I assure you, he and she were seen together.*)
Mais ce n'est pas demain qu'on vous rencontrera ensemble, **elle** et **toi**, n'est-ce pas, Henri?
(*But the day will not come when she and you get together, isn't that true, Henri?*)

Remarquez, dans les deux derniers exemples, <u>la présence du pronom personnel atone</u> (**les, vous**) dans la phrase:

... on **les** a vus ensemble, lui et elle.
... on **vous** rencontrera ensemble, elle et toi ...

B. Lorsque le pronom personnel est <u>seul</u>

Qui frappe?
Moi.
(*Who's knocking?*
I am.)

Qui a fait cela?
Lui.
(*Who did that?*
He did.)

C. Pour <u>insister</u> sur une idée

Toi, tu es riche.
(*You are rich.*)
Eux sont malheureux.
(*They are unhappy.*)

Avec **lui** et **eux** on ne répète généralement pas le pronom personnel atone. ✱

Moi, je suis . . .
Toi, tu es . . .
Nous, nous sommes . . .
Vous, vous êtes . . .
      MAIS
lui est . . .
eux sont . . .

D. Les pronoms personnels toniques s'emploient après CE + ÊTRE

C'EST MOI. . . . . *It's I.* (*me*)
C'EST TOI. . . . . *It's you.*
C'EST LUI. . . . . *It's he.* (*him*)
C'EST ELLE. . . . . *It's she.* (*her*)
C'EST NOUS. . . . . *It's us.* (*we*)
C'EST VOUS. . . . . *It's you.*
C'EST EUX. . . . . *It's they.* (*them*) ⎫
C'EST ELLES. . . . . *It's they.* (*them*) ⎬

E. Lorsque le pronom personnel est <u>séparé du verbe</u> par un adverbe, un adjectif, une préposition

Lui seul peut réussir à calmer l'enfant.
(*He alone can calm the child down.*)
Suzanne ne voit **que lui.**
(*Suzanne sees him only.*)

Il est bien plus petit **qu'elle**.
(*He is quite smaller than she—is.*)

Mes amis ne sortent jamais **sans moi**.
(*My friends never go out without me.*)

J'ai couru **après eux** en leur disant de m'attendre.
(*I ran after them while telling them to wait for me.*)

Si elle prend un taxi, elle arrivera **avant toi**.
(*If she takes a cab, she'll get there before you.*)

F. <u>Attention</u>: si l'objet direct est **me, te, se, nous, vous,** un pronom personnel objet indirect ne pourra être <u>qu'un pronom tonique introduit par à</u>.

Lucien m'a présenté **à eux**. (**m'** = **me**: objet direct)
(*Lucien introduced me to them.*)

Elle s'est présenté **à moi**. (**s'** = **se**: objet direct)
(*She introduced herself to me.*)

Georges te présente **à elles**. (**te**: objet direct)
(*George introduces you to them.*)

Comparez

Lucien m'a présenté Pierre et Paul.
Lucien **me les** a présentés. (**me**: objet indirect)
(*Lucien introduced them to me.*)

Georges te présente Suzanne et Renée.
Georges **te les** présente. (**te**: objet indirect)
(*George introduces them to you.*)

Ainsi, lorsque **me, te, se, nous, vous** sont objets *indirects*, le pronom personnel objet direct sera <u>atone</u>. Comparez encore:

On **nous** recommande à eux. (**nous**: objet direct)
(*We are recommended to them.*)

MAIS

On **nous** les recommande. (**nous**: objet indirect)
(*They are recommended to us.*)

G. A l'impératif affirmatif, **me** et **te** (atones) sont remplacés par les pronoms toniques **moi** et **toi** afin de faciliter la prononciation.

Comparez

IMPÉRATIF AFFIRMATIF	IMPÉRATIF NÉGATIF
Donne-**moi** le verre.	Ne **me** donne pas le verre.
(*Give me the glass.*)	(*Don't give me the glass.*)
Assieds-**toi**.	Ne **t'**assieds pas.
(*Sit down.*)	(*Don't sit down.*)

Vous avez déjà remarqué qu'à l'impératif affirmatif **me** + **en** = **m'en**
te + **en** = **t'en** :

Donne-**m'en**.
(*Give me some.*)
Va-**t'en**.
(*Go away.*)

H. Notez les usages suivants :

1. VERBE + DE + NOM DE PERSONNE → VERBE + DE + PRONOM TONIQUE

Que pensez-vous de Paulette Drouot?
Que pensez-vous **d'elle**?
(*What do you think of her?*)
Qu'a-t-il dit de Richard?
Qu'a-t-il dit **de lui**?
(*What did he say about him?*)

MAIS

VERBE + DE + {NOM DE CHOSE / IDÉE} → EN + VERBE

Que pensez-vous de cette surprise-partie?
Qu'**en** pensez-vous?
(*What do you think of it?*)
Que dit-il de cette suggestion de nous réunir chez André?
Qu'**en** dit-il?
(*What does he say about that?*)

«cette suggestion de nous réunir chez André» pourrait aussi se remplacer par **cela**.
Que dit-il de **cela**?

2. Avec un certain nombre de verbes, en particulier :

penser à....................(to think of/about)
tenir à......................(to be fond of)
se fier à....................(to trust)
s'habituer à.................(to get used to)
s'intéresser à...............(to be interested in)
faire attention à............(to pay attention to)
prendre garde à.............(to watch out for)

VERBE + À + NOM DE PERSONNE → VERBE + À + PRONOM TONIQUE

Il pense à Josette.
Il pense **à elle**.
(*He thinks about her.*)
Mais Josette ne s'intéresse pas à André.
Mais Josette ne s'intéresse pas **à lui**.
(*But, Josette is not interested in him.*)

MAIS

VERBE + À + {NOM DE CHOSE / IDÉE} → Y + VERBE

Il pense à ses affaires.
(*He thinks about his things.*)
Il **y** pense.
(*He thinks about them.*)
Il ne s'habitue pas à ne sortir qu'une fois par mois.
(*He does not get used to going out only once a month.*)
Il ne s'**y** habitue pas.
(*He does not get used to it.*)

Il faut souligner que tous les verbes suivis de **à** ne s'emploient pas avec des pronoms personnels toniques.

PAR EXEMPLE:

plaire à.....................(to please)
rappeler à...................(to remind)
demander à..................(to ask)
permettre à..................(to allow)
promettre à..................(to promise)
écrire à......................(to write to)
parler à.....................(to speak to)
répondre à...................(to answer)
obéir à......................(to obey)
ressembler à.................(to look like)
apprendre à..................(to teach)

s'emploient avec des pronoms personnels atones:

    J'écris à Michèle.
    Je **lui** écris.
    (*I write to her.*)
    Elle ressemble à sa mère.
    Elle **lui** ressemble.
    (*She looks like her.*)
    Il ne répond jamais à ses professeurs.
    Il ne **leur** répond jamais.
    (*He never answers them.*)

Rappelez-vous qu'**être à** dénote la possession et s'emploie avec le pronom personnel tonique. (voir Leçon 3)

EXERCICES DE CONTRÔLE

A. Recopiez les phrases suivantes en accentuant le rôle du sujet. Ajoutez d'autre part un élément de votre choix (*une simple expression ou une proposition*) qui souligne cette accentuation.

EXEMPLE:
    Il arrive.
    Lui, il arrive toujours à l'heure.

1. J'apportais des fleurs à ma fiancée.
2. Ils se rencontrent à une terrasse de café.
3. Nous parlions tranquillement.
4. Tu l'attendras pendant des heures.
5. Elle s'est moquée de lui.
6. Vous l'accompagnez jusqu'à la station de métro.
7. Il meurt de froid sur son banc.
8. Je l'avais présentée à mes parents.
9. Ils ont refusé de la revoir.
10. Elles iront ensemble à la surprise-partie.

B. *Recopiez ce qui suit en remplaçant les éléments soulignés par des pronoms.*

1. Pierre n'avait pas pu se fier au sourire de Marguerite.
2. Marguerite ne ressemblait pas du tout à sa sœur.
3. C'est Jean qui s'intéressait à cette femme.
4. Mon cousin n'a pas osé demander à ses parents ce qu'ils pensaient d'un tel rendez-vous.
5. Pierre et Marguerite? Oui, j'ai rencontré Pierre et Marguerite par hasard.
6. Pierre aussi pense que son amie est ridicule de toujours parler de leurs disputes.
7. Serre la main à cette personne, mais ne réponds pas à ses questions indiscrètes.
8. Ce sont Pierre et Jean qui avaient recommandé à tous mes copains de venir à cette soirée.
9. Je ne m'habituerai jamais à cette manière de vivre.
10. Mon amie ne faisait attention qu'à son fiancé et ne pensait pas à la musique.

THÈME D'APPLICATION

1. Her parents did not like him but André and Marie had dates in spite of (*malgré*) them.
2. Who had the idea of meeting in the Bois de Boulogne in the dead of winter (*en plein hiver*)? —They did.
3. *You* are late, as usual! (*forme familière, et vous insistez*)
4. If you don't introduce her to me, I shall introduce myself to her.
5. It is not I who would be interested in a person like him.
6. We waited for you (*forme familière*) and her a long time.
7. He, and he alone can get used to her fits of anger (*les colères*); and she alone will ever be able to stand him.
8. Look at yourself in the mirror before leaving. (*forme familière*)
9. Pay attention to your tie; you never pay attention to it.
10. A car is not indispensable in Paris; one can go without it.
11. Above all, watch out for him; he will probably make fun of you (*forme familière*).
12. Ernest is not the only man in the world; you can do without him.
13. He and I do not exchange a word with them any longer (*adresser la parole à quelqu'un*).
14. Give me your address, but do not call me this evening.

EMPLOI PRATIQUE DES VERBES DU TYPE <u>VENIR</u>

(Voir Tableau du verbe «venir», p. 312)

A. *Dans les phrases suivantes, employez la forme du verbe* **venir** *ou de son composé indiquée entre parentheses.*

1. Il .... (*venir—imparfait de l'indicatif*) chez moi chaque dimanche.
2. Nous .... (*devenir—passé composé*) de bons amis.
3. Cette belle blonde me .... (*convenir—présent du conditionnel*) tout à fait.

4. Elle avait dit qu'elle .... (*revenir—présent du conditionnel*) me voir.
5. Je me demande s'ils .... (*venir—futur*) à l'heure.
6. C'était de ta faute; en ....-tu? (*convenir—présent de l'indicatif*)
7. En .... (*revenir—participe présent*), ils feront le tour du parc.
8. Quand vous .... (*venir—futur*), nous causerons un moment.
9. Tu .... (*revenir—conditionnel passé*) avec elle, si elle n'était pas tombée malade.

B. *Employez la forme du verbe* **tenir** *ou de son composé indiquée entre parenthèses.*

1. Est-ce que vous le .... (*tenir—présent de l'indicatif*) pour un homme honnête?
2. Il faut que tu .... (*se tenir—présent du subjonctif*) droit.
3. Elle me .... (*retenir—futur*) si je parle de partir.
4. Maintenant, je .... (*tenir—présent de l'indicatif*) beaucoup à lui.
5. Ils ne l'....... jamais .... (*retenir—futur antérieur*).
6. Mais nous ne .... (*tenir—imparfait de l'indicatif*) plus à sa visite.
7. Il voudrait bien que cette enveloppe .... (*contenir—présent du subjonctif*) un billet doux.
8. Si vous y .... (*tenir—plus-que-parfait*), nous serions partis plus tôt.
9. Si nous ne .... pas (*se contenir—présent de l'indicatif*), cela conduira à un désastre.

LEÇON 10

AU MAGASIN

PRATIQUE: LE PRONOM RELATIF

I. A. *Reprenez l'idée de la phrase en plaçant* **voici** *ou* **voilà** *devant votre réponse.*

   EXEMPLE:
   La vendeuse est aimable. (voici)
   Voici la vendeuse **qui** est aimable.

   1. La vendeuse est aimable. (voici)
      Voici la vendeuse **qui** est aimable.
   2. La robe bleue me plaît. (voilà)
      Voilà la robe bleue **qui** me plaît.
   3. Les soldes m'intéressent. (voici)
      Voici les soldes **qui** m'intéressent.
   4. Le chef de rayon est assez désagréable. (voilà)
      Voilà le chef de rayon **qui** est assez désagréable.
   5. Le parapluie est chic. (voici)
      Voici le parapluie **qui** est chic.

B. *Répétez de même les phrases en plaçant* **voici** *ou* **voilà** *devant votre réponse.*

   EXEMPLE:
   J'ai reçu la facture. (voici)
   Voici la facture **que** j'ai reçue.

   1. J'ai reçu la facture. (voici)
      Voici la facture **que** j'ai reçue.
   2. On m'a donné les paquets. (voilà)
      Voilà les paquets **qu'**on m'a donnés.
   3. Je cherche le rayon depuis vingt minutes. (voici)
      Voici le rayon **que** je cherche depuis vingt minutes.
   4. Les clientes préfèrent ces produits de beauté. (voilà)
      Voilà les produits de beauté **que** les clientes préfèrent.

5. Il a vu le mannequin chez Lanvin. (voici)
   Voici le mannequin **qu'**il a vu chez Lanvin.

C. *Réunissez les deux phrases données à l'aide du pronom relatif* **dont.**

   EXEMPLE:
   J'aime les magasins. Les vitrines des magasins sont bien arrangées.
   J'aime les magasins **dont** les vitrines sont bien arrangées.

1. J'aime les magasins. Les vitrines des magasins sont bien arrangées.
   J'aime les magasins **dont** les vitrines sont bien arrangées.
2. Elle fréquente les maisons de couture. Les créations des maisons de couture sont à la mode.
   Elle fréquente les maisons de couture **dont** les créations sont à la mode.
3. Charles préfère le tailleur bleu. La jupe du tailleur bleu n'est pas trop courte.
   Charles préfère le tailleur bleu **dont** la jupe n'est pas trop courte.
4. Voici justement la chemiserie. Je vous ai parlé de cette chemiserie.
   Voici justement la chemiserie **dont** je vous ai parlé.
5. Voici la caissière. Le client s'était plaint de cette caissière.
   Voici la caissière **dont** le client s'était plaint.

D. *Maintenant, vous qualifiez le nom donné à l'aide d'une proposition relative.*

   EXEMPLE:
   une charcuterie . . . Le pâté est toujours bon dans cette charcuterie.
   C'est une charcuterie **où** le pâté est toujours bon.

1. une charcuterie . . . Le pâté est toujours bon dans cette charcuterie.
   C'est une charcuterie **où** le pâté est toujours bon.
2. une boulangerie . . . Le pain est délicieux dans cette boulangerie.
   C'est une boulangerie **où** le pain est délicieux.
3. un supermarché . . . On trouve des fromages de quatorze pays dans ce supermarché.
   C'est un supermarché **où** l'on trouve des fromages de quatorze pays.

4. une pâtisserie . . . Les gâteaux sont trop chers dans cette pâtisserie.
C'est une pâtisserie **où** les gâteaux sont trop chers.
5. un bureau de tabac . . . On trouve aussi des timbres dans ce bureau de tabac.
C'est un bureau de tabac **où** l'on trouve aussi des timbres.

II. A. *Réunissez les éléments donnés en commençant par* **voilà** *et en employant un pronom relatif.*

EXEMPLE:
le poste . . . J'ai versé un acompte sur l'achat de ce poste.
Voilà le poste **sur** l'achat **duquel** j'ai versé un acompte.
1. le poste . . . J'ai versé un acompte sur l'achat de ce poste.
Voilà le poste **sur** l'achat **duquel** j'ai versé un acompte.
2. les meubles . . . Nous n'aurons pas assez d'argent pour ces meubles.
Voilà les meubles **pour lesquels** nous n'aurons pas assez d'argent.
3. le nouveau magasin . . . Il y a un escalier roulant dans ce magasin.
Voilà le nouveau magasin **dans lequel** il y a un escalier roulant.
4. la carte de crédit . . . On peut tout acheter avec cette carte.
Voilà la carte de crédit **avec laquelle** on peut tout acheter.
5. le manteau de fourrure . . . Marie pense toujours à ce manteau de fourrure.
Voilà le manteau de fourrure **auquel** Marie pense toujours.

B. *Remplacez la seconde partie de la phrase par le pronom relatif indéfini* **ce qui, ce que, ce dont,** *ou* **ce à quoi.** *Commencez votre phrase par* **voilà.**

EXEMPLE:
Elle nous a dit qu'elle allait faire des achats en ville.
Voilà ce qu'elle nous a dit.
1. Elle nous a dit qu'elle allait faire des achats en ville.
Voilà ce qu'elle nous a dit.
2. Les soldes les intéressaient.
Voilà ce qui les intéressait.
3. Vous aurez besoin de ces articles de toilette.
Voilà ce dont vous aurez besoin.
4. Elle pense aux reproches que lui fera son mari.
Voilà ce à quoi elle pense.

5. Nous devrions ouvrir un compte aux Grandes Galeries.
   Voilà ce que nous devrions faire.

III. A. *Combinez les deux phrases données en employant un pronom relatif.*

   EXEMPLE:
   J'ai reçu une facture. La facture m'a surpris.
   J'ai reçu une facture **qui** m'a surpris.

1. J'ai reçu une facture. La facture m'a surpris.
   J'ai reçu une facture **qui** m'a surpris.
2. Elle connaît un dessinateur de mode. Le dessinateur de mode a beaucoup d'imagination.
   Elle connaît un dessinateur de mode **qui** a beaucoup d'imagination.
3. Voici l'homme avare. Je travaille pour cet homme.
   Voici l'homme avare **pour qui** je travaille.
4. Voilà le paquet. Le livreur est venu pour ce paquet.
   Voilà le paquet **pour lequel** le livreur est venu.
5. Voici le pharmacien. On peut compter sur ce pharmacien.
   Voici le pharmacien **sur lequel** on peut compter.
6. Voilà la marque de savon. Elle est fidèle à cette marque.
   Voilà la marque de savon **à laquelle** elle est fidèle.

B. *Combinez les deux phrases données en employant un pronom relatif.*

   EXEMPLE:
   J'ai acheté un costume. On a repassé le costume.
   On a repassé le costume **que** j'ai acheté.

1. J'ai acheté un costume. On a repassé le costume.
   On a repassé le costume **que** j'ai acheté.
2. Elle a vu une robe dans la vitrine. Elle essaie cette robe.
   Elle essaie la robe **qu'**elle a vue dans la vitrine.
3. Elle a laissé le sac à main dans la boutique. Voilà le sac à main.
   Voilà le sac à main **qu'**elle a laissé dans la boutique.
4. Je préfère ce pâtissier. Voici le pâtissier.
   Voici le pâtissier **que** je préfère.
5. Nous admirons beaucoup ce mannequin. Voici le mannequin.
   Voici le mannequin **que** nous admirons beaucoup.

C. [Il a été jugé inutile de donner un exercice pour l'explication III. C.]

D. *Combinez les phrases données en employant un pronom relatif.*

EXEMPLE:
Voici les articles. Il est question de ces articles.
Voici les articles **dont** il est question.

1. Voici les articles. Il est question de ces articles.
Voici les articles **dont** il est question.
2. Voici les robes. Elle a envie de ces robes.
Voici les robes **dont** elle a envie.
3. Voici l'argent. Tu as besoin de cet argent.
Voici l'argent **dont** tu as besoin.
4. Voici les problèmes. Il s'agit de ces problèmes.
Voici les problèmes **dont** il s'agit.
5. Voici le jouet. Les enfants parlent souvent de ce jouet.
Voici le jouet **dont** les enfants parlent souvent.
6. Voici le costume. Je prends grand soin de ce costume.
Voici le costume **dont** je prends grand soin.
7. Voici les objets de luxe. On se passe facilement de ces objets de luxe.
Voici les objets de luxe **dont** on se passe facilement.

E. *Combinez les phrases données à l'aide d'un pronom relatif.*

EXEMPLE:
La cliente est polie. Sa politesse fait toujours plaisir.
C'est la cliente **dont** la politesse fait toujours plaisir.

1. La cliente est polie. Sa politesse fait toujours plaisir.
C'est la cliente **dont** la politesse fait toujours plaisir.
2. Les ascenseurs sont lents. La lenteur de ces ascenseurs est désespérante.
Ce sont les ascenseurs **dont** la lenteur est désespérante.
3. Le patron est indifférent. L'indifférence du patron est choquante.
C'est le patron **dont** l'indifférence est choquante.
4. Le livreur est bête. La bêtise du livreur nous irrite.
C'est le livreur **dont** la bêtise nous irrite.
5. Les marchandises étaient variées. La variété de ces marchandises attirait les acheteurs.
C'étaient les marchandises **dont** la variété attirait les acheteurs.

F. *Réunissez les deux phrases données à l'aide d'un pronom relatif.* (Notez ici que dont ne peut pas être employé.)

EXEMPLE :
Voici un ami. J'ai travaillé pour le père de cet ami.
Voici un ami pour le père **de qui** j'ai travaillé.
ou
Voici un ami pour le père **duquel** j'ai travaillé.

1. Voici un ami. J'ai travaillé pour le père de cet ami.
Voici un ami pour le père **de qui** j'ai travaillé.
2. Voici un libre service. On passera du temps sur l'organisation de ce libre-service.
Voici un libre-service sur l'organisation **duquel** on passera du temps.
3. Voici un achat. Vous payez dix pour cent sur le montant de cet achat.
Voici un achat sur le montant **duquel** vous payez dix pour cent.
4. Voilà un pâtissier. Tu donnerais une fortune pour les recettes de ce pâtissier.
Voilà un pâtissier pour les recettes $\begin{cases}\text{\textbf{duquel}}\\\text{\textbf{de qui}}\end{cases}$ tu donnerais une fortune.
5. Voici la vendeuse. J'ai parlé avec le chef de cette vendeuse.
Voici la vendeuse avec le chef $\begin{cases}\text{\textbf{de qui} j'ai parlé.}\\\text{\textbf{de laquelle}}\end{cases}$
6. Voici le magasin. Elle s'arrête souvent devant la vitrine de ce magasin.
Voici le magasin devant la vitrine **duquel** elle s'arrête souvent.

G. *Maintenant, vous allez qualifier le nom donné à l'aide d'une proposition relative.*

EXEMPLE :
le rayon . . . Il y a une grande variété de jeux de société.
Le rayon **où** il y a une grande variété de jeux de société.

1. le rayon . . . Il y a une grande variété de jeux de société.
Le rayon **où** il y a une grande variété de jeux de société.
2. le magasin . . . Les femmes chic achètent leurs robes dans ce magasin.
Le magasin **où** les femmes chic achètent leurs robes.
3. l'heure . . . Les magasins ouvrent leurs portes à cette heure.
L'heure **où** les magasins ouvrent leurs portes.

4. le jour de la semaine . . . Tout est fermé ce jour-là.
   Le jour de la semaine **où** tout est fermé.
5. le marché aux puces . . . Tout augmente comme ailleurs au marché aux puces.
   Le marché aux puces **où** tout augmente comme ailleurs.
6. la pâtisserie . . . Je vais chaque jeudi à cette pâtisserie.
   La pâtisserie **où** je vais chaque jeudi.
7. la saison . . . Les affaires ne marchent pas bien en été.
   La saison **où** les affaires ne marchent pas bien.

H. *Refaites la phrase en commençant par* **C'est** *et en employant selon le cas* **ce qui, ce que, ce dont** *ou* **ce à quoi.**

EXEMPLE:
Vous voyez de la réclame à la télévision maintenant.
C'est ce que vous voyez à la télévision maintenant.

1. Vous voyez de la réclame à la télévision maintenant.
   C'est ce que vous voyez à la télévision maintenant.
2. J'ai vraiment peur que les prix augmentent.
   C'est ce dont j'ai vraiment peur.
3. Un cadeau de cent francs lui ferait le plus plaisir.
   C'est ce qui lui ferait le plus plaisir.
4. Nous tenons à pouvoir nous servir de notre Carte Bleue.
   C'est ce à quoi nous tenons.
5. Ainsi, tu préfères faire tes achats en ville.
   Ainsi, **c'est ce que** tu préfères.
6. On n'aime jamais penser au moment où il faut payer la note.
   C'est ce à quoi on n'aime jamais penser.
7. Des soldes spectaculaires impressionnent toujours les acheteuses.
   C'est ce qui impressionne toujours les acheteuses.

EXPLICATIONS

LE PRONOM RELATIF

GÉNÉRALITÉS

Le pronom relatif introduit une proposition (dite relative) qui complète le sens d'un nom ou d'un pronom.

La cliente achète une robe **qui** vaut plus de 300 Frs.
(The customer buys a dress that costs more than 300 Frs.)
La vendeuse en bleu est celle **dont** je vous ai parlé.
(The salesgirl in blue is the one about whom I spoke to you.)

Le mot auquel le pronom relatif renvoie et que la proposition relative complète s'appelle l'antécédent.

La cliente achète une **robe qui** vaut plus de 300 Frs.
La vendeuse en bleu est **celle dont** je vous ai parlé.

Il faut distinguer les

PRONOMS RELATIFS SIMPLES : **qui, que, quoi, dont, où.**

PRONOMS RELATIFS COMPOSÉS : **lequel, laquelle, lesquels,** etc.

PRONOMS RELATIFS INDÉFINIS : **qui que ce soit, quiconque,** etc.

La forme du pronom relatif composé dépend du genre (masculin ou féminin) et du nombre (singulier ou pluriel) de son antécédent.

. . . les **robes** auxquelles tu penses.

féminin pluriel

I. Formes du pronom relatif

A. Pronoms relatifs simples

QUI

Voilà au moins une vendeuse QUI est aimable.
(*Here is at least one salesgirl who is pleasant.*)
C'est elle qui m'a vendu la robe QUI vous plaît tant.
(*She is the one who sold me the dress which pleases you so much.*)

QUE

C'est elle QUE je vous recommande: elle est si serviable.
(*She is the one that I recommend to you: she is so helpful.*)
Voici justement le genre de tissu QUE je cherchais.
(*This is exactly the type of material (that) I was looking for.*)

QUOI

Voulez-vous savoir de QUOI nous parlions?
(*Do you want to know what we were talking about?*)

DONT

Voici le magasin DONT je vous parlais hier.
(*Here is the store I was talking to you about yesterday.*)
Leroy est un tailleur DONT la plupart des clients sont riches.
(*Leroy is a tailor most of whose clients are rich.*)

OÙ

La station de métro OÙ nous devons descendre s'appelle «Madeleine.»
(*The subway station where we have to get off is called "Madeleine."*)
De l'endroit OÙ vous êtes, vous pouvez apercevoir le rayon des jouets.
(*From the spot where you are, you can see the toy department.*)

B. Pronoms relatifs composés

	SINGULIER		PLURIEL
MASCULIN		LEQUEL	LESQUELS
	(avec **de**)	DUQUEL	DESQUELS
	(avec **à**)	AUQUEL	AUXQUELS
FÉMININ		LAQUELLE	LESQUELLES
	(avec **de**)	DE LAQUELLE	DESQUELLES
	(avec **à**)	À LAQUELLE	AUXQUELLES

EXEMPLES :
Voilà des suggestions pour des cadeaux **auxquels** vous n'auriez jamais pensé.
(*Here are suggestions for some gifts you never would have thought of.*)
Le magasin pour **lequel** Simone travaille n'est pas ouvert le lundi.
(*The store for which Simone works is not open Mondays.*)
La raison pour **laquelle** j'aime cet endroit, c'est qu'on y est tranquille.
(*The reason why—for which—I like this place is that it is quiet.*)

C. Pronoms relatifs indéfinis (les plus courants)

Lorsque l'antécédent est vague ou indéfini, lorsqu'il s'agit d'une idée, on emploie les formes suivantes :

ce qui (sujet)

Voilà exactement **ce qui** vous plaira.
(*Here is exactly what—that which—will please you.*)

ce que (objet direct)

Regardez : c'est précisément **ce que** vous cherchiez.
(*Look: here is precisely what—that which—you were looking for.*)

ce dont
ce à quoi   (objet indirect, c'est-à-dire objet d'une
ce pour quoi, etc.   préposition)

Voilà **ce dont** nous aurions besoin pour notre maison de campagne.
(*There is what we would need for our country house.*) (cf. avoir besoin de . . .)

qui que
quoi que } sont suivis du subjonctif.

Ecoutez-moi, **qui que vous soyez.**
(*Listen to me, whoever you are.*)
Quoi que vous fassiez, vous ne retrouverez pas un tel manteau.
(*Whatever you do, you will not find another coat like that.*)

II. Emploi des pronoms relatifs

A. qui

PERSONNES	CHOSES
SUJET	
J'admire le mannequin **qui** est en bleu. (*I admire the model who is in blue.*)	Voilà une robe **qui** me plaît vraiment. (*There is a dress that I really like.*)
OBJET D'UNE PRÉPOSITION	
Elle a enfin découvert une vendeuse **à qui** s'adresser. (*She finally found a salesgirl to address herself to.*) Voici la personne **pour qui** je travaille depuis 10 ans. (*Here is the person for whom I have been working for ten years.*)	

le pronom relatif composé est aussi acceptable.

Elle a enfin découvert un vendeur **auquel** elle peut s'adresser en anglais. (*She finally found a salesman to whom she can speak in English.*)	Je cherche un fauteuil **dans lequel** me reposer. (*I am looking for an armchair in which to rest.*)

Est-ce vraiment la personne **pour laquelle** vous travaillez depuis 10 ans?
(*Is he really the person for whom you have been working for ten years?*)

Voilà précisément le genre de manteau **auquel** je pensais!
(*There is precisely the type of coat I was thinking of.*)

B. Que

PERSONNES

OBJET DIRECT

Le chef de rayon **que** vous avez consulté ne sait rien.
(*The floor manager that you consulted does not know anything.*)

Le garçon d'ascenseur **que** tu as interrogé travaille ici depuis deux jours.
(*The elevator boy that you questioned has been working here for two days.*)

CHOSES

La monnaie **que** la caissière me tend suffira pour acheter un ticket de métro.
(*The change that the cashier hands me will be enough to buy a subway ticket.*)

Voilà deux costumes: dites-moi celui **que** vous préférez.
(*There are two suits: tell me the one you like better.*)

C. Quoi

PERSONNES

OBJET INDIRECT

CHOSES

Ah, je comprends maintenant de **quoi** vous me parliez hier.
(*Ah, now I understand what you were talking to me about yesterday.*)

Voilà donc ce à **quoi** vous pensiez.
(*So, this is what you had in mind.*)

Quoi ne s'emploie <u>que pour les choses</u>.

Quoi suit une préposition; <u>son antécédent est souvent toute une idée</u>.

D. Dont

PERSONNES	CHOSES

Employé avec les verbes qui prennent **de**.

La cliente **dont** elle se plaint ne sait pas un mot de français. (*The customer about whom she is complaining does not know one word of French.*)	C'est une affaire **dont** elle se souviendra toute sa vie. (*It is a bargain that she will remember all her life.*)

De qui est acceptable mais <u>rare</u>.

La cliente **de qui** elle se plaint...

Duquel(etc.) est acceptable mais <u>assez rare</u>.

La cliente **de laquelle** elle se plaint...	C'est une affaire **de laquelle** elle se souviendra...

Employé comme complément de nom

La vendeuse **dont** j'admire la politesse parle cinq langues. (*The salesgirl whose politeness I admire speaks five languages.*) (cf. la politesse **de** la vendeuse)	Les soldes **dont** il étudie les prix... (*The clearance sale the prices of which he is studying...*) (cf. les prix **des** soldes)

Employé comme complément de pronom ou d'adjectif

Les tailleurs, **dont** deux ou trois venaient d'arriver de Rome, étaient tous Italiens. (*The tailors, among whom 2 or 3 had just arrived from Rome, were all Italians.*) (cf. deux ou trois **des** tailleurs)	Tous les costumes, **dont** certains étaient d'une qualité exceptionnelle se vendaient à des prix raisonnables. (*All the suits, some of which were of rare quality, were priced reasonably.*) (cf. certains **des** costumes)

<u>Remarquez l'ordre des mots</u> dans la proposition relative.

La vendeuse **dont** j'admire la politesse.

PR. RELATIF + SUJET + VERBE + COMPLÉMENT

Les costumes, **dont** certains étaient d'une qualité exceptionnelle . . .

Comparez

La vendeuse **dont** j'admire la politesse.

La vendeuse avec le chef de {**qui** / **laquelle**} j'ai parlé . . .
(*The salesgirl with whose boss I spoke . . .*)

Si le complément (le chef) de l'antécédent (la vendeuse) <u>est introduit par une préposition</u> (avec . . .), <u>on ne doit pas employer **dont**.</u>

Les costumes contre le prix **desquels** nous avons réclamé.
(*The suits about the prices of which we complained.*)

Avec les verbes <u>de déplacement</u>, on emploie **d'où** et non pas **dont** quand il s'agit de lieux.

Le magasin **d'où** il sort s'appelle la Belle Jardinière.
(*The store out of which he is coming is called la B. J.*)

E. Où

PERSONNES	CHOSES
	S'emploie pour <u>les lieux</u>.
	Le sous-sol, **où** vous trouverez les vêtements de sport (*The basement, where you will find the sportswear* . . .)
	S'emploie pour <u>le temps</u>.
	. . . à l'heure **où** s'ouvrent les portes . . . (*at the time when the doors open* . . .)

où s'emploiera le plus souvent à la place de

PRÉPOSITION + LEQUEL . . .

s'il est question de lieux ou de temps.

> L'étage **auquel** vous trouverez . . .
> L'étage **où** vous trouverez . . .
> (*The floor where you will find* . . .)
> L'heure **à laquelle** s'ouvrent les portes.
> L'heure **où** s'ouvrent les portes.
> (*The time when the doors open.*)

F. Ce qui, ce que, ce dont, ce à quoi: L'antécédent est indéfini.

PERSONNES   CHOSES/ACTIVITÉS/IDÉES

SUJET:
> Voilà **ce qui** m'intéresse.
> (*That's what interests me.*)

OBJET DIRECT:
> Vous avez entendu? C'est exactement **ce que** je vous disais.
> (*Did you hear? That's exactly what I was telling you.*)

OBJET DE **de**:
> Partons. **Ce dont** il parle n'a aucun intérêt.
> (*Let's go. What he is talking about has no interest.*)

OBJET DES PRÉPOSITIONS AUTRES QUE **de**:
> Voilà donc **ce à quoi** vous passez votre temps?
> (*So this is the way you spend your time?*)
> (cf. passer son temps **à** faire quelque chose)

EXERCICES DE CONTRÔLE

A. *Complétez les phrases suivantes en utilisant le vocabulaire et en ajoutant le pronom relatif nécessaire.*

1. Il est préférable de ne pas acheter la première chose .... (*vous/voir*).
2. Adressez-vous à la vendeuse .... (*s'occuper/de/le rayon*).
3. Afin de lui choisir un cadeau qui lui soit agréable, il faudrait savoir .... (*Henri/s'intéresser à*).
4. Dites-moi .... (*plaire à—conditionnel présent*) votre mère pour son anniversaire.
5. Le troisième est l'étage .... (*on/trouver*) les jouets.
6. Cette maison de haute couture .... (*nous/s'approcher de*) est bien connue.
7. Voici des habits fort chers parmi .... (*nous/découvrir—passé composé*) des articles de mauvaise qualité.
8. Les soldes rendent les clientes féroces; voilà .... (*une vendeuse/ne pas devoir/s'étonner de*).
9. Elles étaient déjà là au moment .... (*l'on/ouvrir*) les portes.

B. *Même exercice.*

1. L'ambiance de ce petit marché est admirable; c'est la raison pour .... (*elle/y/faire*) ses achats.
2. Voilà une belle robe .... (*mon mari/accepter–futur*) de payer.
3. C'est une marque de parfum .... (*mon épouse/être fidèle à*) depuis plusieurs années.
4. Lécher les vitrines, voilà .... (*elle/s'habituer à—plus-que-parfait*).
5. La caissière s'écria: «Je n'accepte pas votre chèque, ... (*vous/être—présent du subjonctif*).»

6. Elle pleurait, et le vendeur voulait savoir .... (*il/s'agir de*—*imparfait de l'indicatif*).
7. Ces prix sont imbattables, voilà .... (*elle/être sûr de*).
8. Vous n'échapperez pas aux cartes de crédit, ... (*vous/faire*—*présent du subjonctif*).
9. C'est une déclaration .... (*me/sembler*) absurde.

THÈME D'APPLICATION

1. I am looking for the salesgirl who sold me this dress.
2. Here is the little shop which she recommended to me.
3. There is the blue hat that he laughed at.
4. We went to the Grandes Galeries the day it rained.
5. The lady to whom I was speaking is the owner of this fashion house. (*la maison de haute couture*)
6. Look at this coat. It's exactly what I was looking for.
7. There's the store where I left my gloves. That's why I came back.
8. She was admiring the little girl whose dress was so pretty. That's why she finally invited her.
9. The cashier with whose colleague I often spoke was not helpful (*serviable*).
10. I never find what I need.
11. What do you expect? These are the objects which I value most highly. (*tenir à*)

EMPLOI PRATIQUE DU VERBE <u>POUVOIR</u>

(Voir Tableau du verbe «pouvoir», p. 314)

A. *Dans les phrases suivantes, employez la forme du verbe indiquée entre parenthèses.*

1. Où .... -on (*présent de l'indicatif*) trouver des vêtements à bon marché?

2. Il se .... (*présent du conditionnel*) bien que nous y restions toute la journée.
3. Après huit heures de travail, les vendeuses n'en .... (*imparfait de l'indicatif*) plus.
4. Croyez-vous que cet imperméable .... (*présent du subjonctif*) me protéger de la pluie?
5. Un chapeau .... (*présent de l'indicatif*) être élégant ou ridicule.
6. Elle cherche des chaussures qui .... (*présent du subjonctif*) aller avec sa nouvelle robe.
7. Si elles faisaient un effort, elles .... (*présent du conditionnel*) être vraiment mieux habillées.
8. Si j'....... (*plus-que-parfait*) l'acheter, je l'aurais fait teindre.
9. Il se .... (*présent de l'indicatif*) qu'il trouve un maillot de bain qui ne soit pas trop cher.
10. Ne .... pas (*participe présent*) sortir, elle a fait des économies.

B. *Mettez les phrases suivantes au négatif et employez la forme indiquée.*

1. Les minijupes ....-elles (*présent de l'indicatif*) devenir plus courtes?
2. Si elle avait beaucoup d'argent, elle .... (*présent du conditionnel*) suivre la mode.
3. ....-je (*présent du conditionnel*) vous accompagner jusqu'à la porte?
4. Si je .... (*imparfait de l'indicatif*) porter un bikini comme celui-là, j'irais tous les jours à la plage.
5. ....-vous (*présent du conditionnel*) faire repasser ce pantalon tout de suite?
6. Si le tailleur avait pris tes mesures, il .... (*conditionnel passé*) te faire un complet.
7. Etes-vous sûr qu'on .... (*présent du subjonctif*) laver cette chemise à la machine?
8. Quoi? Tu .... (*passé composé*) faire la distinction entre le nylon et la soie?
9. Coco Chanel .... (*futur*) vous créer un tailleur très chic.
10. Nous .... (*passé composé*) trouver des soldes.

LEÇON 11

À L'UNIVERSITÉ

PRATIQUE: *LE SUBJONCTIF DANS LA PROPOSITION SUBORDONNÉE—I*

I. A. *Mettez* Il faut que *puis* Il ne faut pas que *devant chaque phrase.*

 EXEMPLE:
 Nous arrivons de bonne heure.
 Il faut que nous **arrivions** de bonne heure.
 Il ne faut pas que nous **arrivions** de bonne heure.
 1. Nous arrivons de bonne heure.
 Il faut que nous **arrivions** de bonne heure.
 Il ne faut pas que nous **arrivions** de bonne heure.
 2. Je prends le métro.
 Il faut que je **prenne** le métro.
 Il ne faut pas que je **prenne** le métro.
 3. Vous attendez jusqu'à la dernière minute.
 Il faut que vous **attendiez** jusqu'à la dernière minute.
 Il ne faut pas que vous **attendiez** jusqu'à la dernière minute.
 4. Tu trouves une place dans l'amphithéâtre.
 Il faut que tu **trouves** une place dans l'amphithéâtre.
 Il ne faut pas que tu **trouves** une place dans l'amphithéâtre.
 5. Il oublie ses notes.
 Il faut qu'il oublie ses notes.
 Il ne faut pas qu'il oublie ses notes.

B. *Mettez* Il veut que *ou* Il ne veut pas que *devant chaque phrase.*

 EXEMPLE:
 Elle se met à son travail.
 Il veut qu'elle se **mette** à son travail.
 1. Elle se met à son travail.
 Il veut qu'elle **se mette** à son travail.

2. Ils font du bruit.
   Il ne veut pas qu'ils **fassent** du bruit.
3. Vous allez à vos cours.
   Il veut que vous **alliez** à vos cours.
4. Nous écoutons toutes ses conférences.
   Il veut que nous **écoutions** toutes ses conférences.
5. Je pars à neuf heures moins vingt.
   Il ne veut pas que je **parte** à neuf heures moins vingt.

C. *Réunissez les deux phrases qui vous sont données.*

EXEMPLE :
Vous êtes à l'heure. (il vaut mieux que . . .)
Il vaut mieux que vous **soyez** à l'heure.

1. Vous êtes à l'heure. (il vaut mieux que . . .)
   Il vaut mieux que vous **soyez** à l'heure.
2. Tu as une place près de la porte. (il est juste . . .)
   Il est juste que tu **aies** une place près de la porte.
3. Elle n'entend pas très bien. (il est possible que . . .)
   Il est possible qu'elle n'**entende** pas très bien.
4. Nous allons à la bibliothèque. (il est nécessaire que . . .)
   Il est nécessaire que nous **allions** à la bibliothèque.
5. Tu viens en autobus. (je préfère que . . .)
   Je préfère que tu **viennes** en autobus.
6. Je sais ce poème par cœur. (tu désires que . . .)
   Tu désires que je **sache** ce poème par cœur.
7. Nous pouvons réussir. (il doute que . . .)
   Il doute que nous **puissions** réussir.
8. Vous étudiez sérieusement. (elle est heureuse que . . .)
   Elle est heureuse que vous **étudiiez** sérieusement.
9. Tu ne finis pas ta dissertation. (nous avons peur que . . .)
   Nous avons peur que tu ne **finisses** pas ta dissertation.
10. Ils doivent lire autant. (elle regrette que . . .)
    Elle regrette qu'ils **doivent** lire autant.

II. *Mettez les phrases suivantes à l'interrogatif puis au négatif.*

EXEMPLE :
Ils sont certains que la salle de conférence est pleine.
Sont-ils certains que la salle de conférence **soit** pleine ?
Ils ne sont pas certains que la salle de conférence **soit** pleine.

1. Ils sont certains que la salle de conférence est pleine.
   Sont-ils certains que la salle de conférence **soit** pleine?
   Ils ne sont pas certains que la salle de conférence **soit** pleine.
2. Il croit que nous pouvons comprendre la chimie.
   Croit-il que nous **puissions** comprendre la chimie?
   Il ne croit pas que nous **puissions** comprendre la chimie.
3. Vous pensez que Jean suivra ce cours.
   Pensez-vous que Jean **suive** ce cours?
   Vous ne pensez pas que Jean **suive** ce cours.
4. Tu trouves que nous savons assez pour passer cet examen.
   Trouves-tu que nous **sachions** assez pour passer cet examen?
   Tu ne trouves pas que nous **sachions** assez pour passer cet examen.
5. Elle est sûre que tu as réussi à ce concours.
   Est-elle sûre que tu **aies** réussi à ce concours?
   Elle n'est pas sûre que tu **aies** réussi à ce concours.

III. A. *Réunissez les deux phrases en vous servant de la construction infinitive.*

> EXEMPLE :
> Je déjeune au restaurant universitaire. (je désire . . .)
> **Je désire déjeuner** au restaurant universitaire.

1. Je déjeune au restaurant universitaire. (je désire . . .)
   Je désire déjeuner au restaurant universitaire.
2. Il prend un café au boulevard Saint-Michel. (il veut . . .)
   Il veut prendre un café au boulevard Saint-Michel.
3. Nous faisons la queue pour acheter des billets. (nous devons . . .)
   Nous devons faire la queue pour acheter des billets.
4. Tu as un quart de vin. (tu peux . . .)
   Tu peux avoir un quart de vin.
5. Vous n'avez pas de monnaie. (vous avez peur de . . .)
   Vous avez peur de ne pas avoir de monnaie.
6. Elles s'asseyent près de nous. (elles sont heureuses de . . .)
   Elles sont heureuses de s'asseoir près de nous.

B. *Réunissez les deux phrases qui sont données, d'abord avec une construction infinitive puis avec* **on** *et le subjonctif.*

EXEMPLE :
On peut obtenir une bourse. (il est possible de/que . . .)
Il est possible **d'obtenir** une bourse.
Il est possible **qu'on obtienne** une bourse.

1. On peut obtenir une bourse. (il est possible de/que . . .)
 Il est possible **d'obtenir** une bourse.
 Il est possible **qu'on obtienne** une bourse.
2. On paie ses droits d'inscription. (il faut/il faut que . . .)
 Il faut **payer** ses droits d'inscription.
 Il faut **qu'on paie** ses droits d'inscription.
3. On écoute la conférence. (il est temps de/que . . .)
 Il est temps **d'écouter** la conférence.
 Il est temps **qu'on écoute** la conférence.
4. On s'inscrit à la faculté des lettres. (il vaut mieux/il vaut mieux que . . .)
 Il vaut mieux **s'inscrire** à la faculté des lettres.
 Il vaut mieux **qu'on s'inscrive** à la faculté des lettres.
5. On se présente à l'agrégation. (il est inutile de/que . . .)
 Il est inutile **de se présenter** à l'agrégation.
 Il est inutile **qu'on se présente** à l'agrégation.

C. *Le professeur ordonne ou permet de faire quelque chose; remarquez l'emploi du pronom personnel objet indirect.*

EXEMPLE :
Il sort tout de suite. (le professeur demande . . .)
Le professeur **lui** demande **de sortir** tout de suite.

1. Il sort tout de suite. (le professeur demande . . .)
 Le professeur **lui** demande **de sortir** tout de suite.
2. Nous assistons à toutes les conférences. (il permet . . .)
 Il **nous** permet **d'assister** à toutes les conférences.
3. Ils étudient plus sérieusement. (il commande . . .)
 Il **leur** commande **d'étudier** plus sérieusement.
4. Vous passez cet examen de sciences politiques. (il défend . . .)
 Il **vous** défend **de passer** cet examen de sciences politiques.
5. Elle l'attend à la sortie. (il demande . . .)
 Il **lui** demande **de l'attendre** à la sortie.

6. Je me sers de ce livre. (il défend . . .)
   Il **me** défend **de me servir** de ce livre.
7. Tu cesses de bâiller. (il dit . . .)
   Il **te** dit **de cesser** de bâiller.

EXPLICATIONS

LE SUBJONCTIF DANS LA PROPOSITION SUBORDONNÉE—I

Généralités

Comme son nom l'indique, le subjonctif présente une action ou un état comme dépendant d'une autre action ou d'un autre état (dans la proposition principale).

Pour bien comprendre son emploi, il faut noter que le subjonctif dépend de l'idée exprimée par le verbe de la principale.

Nous avons le schéma suivant:

proposition principale
↓
SUJET + VERBE + COMPLÉMENT
S_I V_I C_I

que

proposition subordonnée
↓
SUJET + VERBE + COMPLÉMENT
S_{II} V_{II} C_{II}

Et nous nous demandons quelle sorte de verbe V_I obligera V_{II} à être au subjonctif.

I. Les verbes qui expriment les idées suivantes font que le verbe de la subordonnée est au subjonctif.

Obligation ou nécessité

Il **faut que** vous **arriviez** à l'heure.
(*You must arrive on time.*)

Possibilité

Est-il **possible que** nous **réussissions?**
(*Is it possible for us to succeed?*)

Doute

Nous **doutons qu'**il **sache** de quoi il parle.
(*We doubt that he knows what he is talking about.*)

Ordre, Désir

Je **veux que** vous me **rendiez** votre travail régulièrement.
(*I want you to turn in your work to me regularly.*)

Émotion

Il **est vraiment dommage qu'**elle ne **vienne** pas.
(*It is really too bad that she is not coming.*)
A la vitesse des autobus, **j'ai peur que** vous ne **soyez** en retard.
(*Given the speed of the buses, I am afraid that you'll be late.*)
En fait, **nous sommes heureux qu'**il ne **soit** pas là.
(*In fact, we are happy that he is not here.*)

II. Être certain/sûr

Croire	: au négatif et à l'interrogatif, ces verbes sont
Penser	suivis du subjonctif toutes les fois que celui
Trouver	qui parle <u>tient à souligner une idée de doute ou de possibilité</u>.

Être certain/sûr

Je **ne suis pas certain que** le professeur lui-même **ait bien compris** cette œuvre.
(*I am not sure that the teacher himself understood this work well.*)
Êtes-vous sûr/certain que tous ces livres **soient** encore au programme?
(*Are you sure/certain that all these books are still in the syllabus?*)

Croire

Mon camarade **ne croit pas qu'**un tel conférencier **aille** dans un lycée.
(*My friend doesn't believe that such a lecturer would go to a high school.*)
Crois-tu qu'elle **ait osé** se plaindre à une personne aussi sévère?
(*Do you believe that she dared complain to such a severe person?*)

Penser

Non, **je ne pense pas qu'**il **ait réussi** à résoudre ce problème.
(*No, I don't think that he succeeded in solving this problem.*)
Pensez-vous, alors, **que** ce **soit** un problème insoluble?
(*Do you think, then, that it is an insoluble problem?*)

Trouver

Si vous voulez mon avis, **je ne trouve pas qu'**il **ait parlé** avec sa conviction habituelle.
(*If you want my opinion, I do not think that he spoke with his usual conviction.*)
Trouvez-vous qu'il **ait mal fait** son travail?
(*Do you think/find that he did his job poorly?*)

Après ces verbes, l'emploi du subjonctif n'est obligatoire que si l'opinion de celui qui parle reste incertaine.

L'indicatif n'est pas impossible.

Penses-tu qu'il arrivera à l'heure?
(*Do you think that he will arrive on time?*)
Trouvez-vous qu'il fait bien son travail?
(*Do you find that he does his work well?*)
Est-ce que vous croyez qu'elle est malade?
(*Do you think she is sick?*)

III. La construction infinitive

A. Il n'est pas rare que les verbes V_I et V_{II} aient le même sujet.

Nous avons peur de manquer la première réunion du cours.
(*We are afraid to miss the first meeting of the course/ We are afraid that we will miss the first meeting of the course.*)
Il est terriblement fier d'avoir réussi à son examen.
(*He is extremely proud to have passed his examination/ He is extremely proud that he passed . . .*)

On remarque que l'anglais a deux façons d'exprimer la même idée, mais <u>en français, la construction infinitive est obligatoire si le sujet est le même.</u>

Comparez

Je veux **partir** cinq minutes avant la fin.	Je veux **qu'il parte** cinq minutes avant la fin.
Il préfère **se taire.**	Il préfère **qu'elle se taise.**
Nous ne sommes **pas sûrs d'avoir raison.**	Nous ne sommes **pas sûrs qu'ils aient raison.**
Vous souhaiteriez choisir vos cours.	Ainsi, **vous souhaiteriez que je choisisse** mes cours.

B. Avec les verbes <u>impersonnels</u>, la construction infinitive prend le sens de <u>loi générale</u> ou d'<u>observation impersonnelle.</u>

Il faut **travailler.**
(*One must work.*)
Il est possible **de trouver** une place assise.
(*One can find a seat.*)

Assez souvent, elle peut simplement se rapporter <u>à nous</u> ou <u>à vous.</u>

Il faut **travailler.**
Il faut **que nous travaillions.**
Il faut **que vous travailliez.**
Il serait temps **d'écouter.**
Il serait temps **que vous écoutiez.**
Il serait temps **que nous écoutions.**

Il est inutile **de prendre** des notes.
Il est inutile **que vous preniez** des notes.
Il est inutile **que nous prenions** des notes.

Dans la conversation, on emploie souvent une construction avec **on** au lieu de **nous**.

Il faut que nous travaillions.
Il faut travailler.
Il faut **qu'on travaille**.
Il serait temps que nous écoutions.
Il serait temps d'écouter.
Il serait temps **qu'on écoute**.
Il est inutile que nous prenions des notes.
Il est inutile de prendre des notes.
Il est inutile **qu'on prenne** des notes.

C. Avec quelques verbes, la construction infinitive peut s'employer même avec un changement de sujet ($S_{II} \neq S_I$).

demander (à quelqu'un de faire quelque chose) . . . (*to ask someone to do something*)

permettre (à quelqu'un de faire quelque chose) . . . (*to allow someone to do something*)

commander (à quelqu'un de faire quelque chose) . . . (*to order someone to do something*)

défendre (à quelqu'un de faire quelque chose) . . . (*to forbid someone to do something*)

dire (à quelqu'un de faire quelque chose) . . . (*to tell someone to do something*)

Dans ce cas, le pronom personnel objet indirect indique le sujet S_{II}.

Elle **me** demande **de sortir**.
(*She asks me to leave.*)
Il **nous** a permis **de faire** une analyse de texte.
(*He allowed us to do a textual analysis.*)
L'institutrice **leur** avait commandé **de bien se tenir**.
(*The school teacher had ordered them to behave.*)
Il **lui** défend **de fumer** en classe.
(*He forbids him to smoke in class.*)

Son professeur **lui** dit **de sortir.**
(*His teacher tells him to leave.*)

Après ces verbes **(demander, permettre, commander, défendre, dire)** la construction habituelle avec que et le subjonctif est possible

Il demande **que je sorte** sans bruit.
Elle a défendu **que j'entre.**

et prend le sens d'un ordre, d'une permission ou d'une interdiction.

INVENTION

Écrivez des phrases en vous servant des éléments donnés.

1. (*Question*) Vous pensez/nous pouvons/se passer de/le dictionnaire.

EXEMPLE :
   Pensez-vous **que nous puissions** nous passer du dictionnaire?

2. (*Affirmation*) Il doute/elle veut/rentrer chez soi/avant midi.
3. (*Affirmation*) Il permet/tu te présentes à/le bac. (le bac: le baccalauréat)
4. (*Affirmation*) Je trouve/il s'agit de/bon/une explication de texte.
5. (*Question*) Vous voulez/nous nous mettons à/la tâche/maintenant.
6. (*Question*) Elle est certaine/la librairie/avoir/*Quinze Leçons de français.*
7. (*Affirmation*) Tu avais peur de/tu te moques de/le professeur.
8. (*Affirmation*) Nous sommes heureux/vraiment/nous avons été reçus à/le concours d'entrée.
9. (*Question*) Le recteur/souhaite/nous cessons/nos démonstrations.

EXERCICE DE CONTRÔLE

Recopiez les phrases suivantes en donnant la forme convenable du verbe. Justifiez en quelques mots le mode et le temps que vous employez.

1. Êtes-vous sûr qu'il (*ne pas être*) permis de prendre des notes?
2. Pourquoi faut-il que nous (*finir*) aujourd'hui? Nous (*ne pas faire*) toutes les recherches.
3. Je sais qu'elle (*venir*), mais il se peut qu'elle (*aller*) d'abord à la bibliothèque.
4. Il est troublant que les deux compositions (*avoir*) les mêmes fautes.
5. Si vous le voulez, je (*rester*) avec vous, mais il est nécessaire que je (*partir*) avant quatre heures.
6. Nous ne croyons pas qu'il (*faire*) sa conférence en anglais.
7. Tu es très fier de (*recevoir*) des encouragements du jury la semaine dernière.
8. Le professeur veut que nous (*répondre*) avec précision.
9. Demain il (*se pouvoir*) que l'amphithéâtre (*être*) libre.
10. (*Croire*)-moi, il vaut mieux qu'il (*réussir*) maintenant.
11. D'après les résultats, il n'est pas certain qu'il (*se préparer*) bien.
12. Je préférerais qu'elle (*lire*) au lieu de (*sortir*).

THÈME D'APPLICATION

1. One has to arrive early because the lecture halls are always crowded.
2. I am afraid that she will not catch the subway on time.
3. We have to take a lot of notes.
4. Do you really believe that it is worth the trouble (*en valoir la peine*)?
5. They do not think that it is necessary.

6. I personally believe that it is indispensable.
7. I am glad that you bought some tickets for the university restaurant.
8. Is it possible that we will find our friend in the crowd?
9. After lunch, we must stroll (*flâner*) on the Boul'Mich'.
10. His professor told him to turn in his dissertation next week.
11. André would prefer to have more time.
12. Mr. Dupont, however, wants André to finish quickly.

EMPLOI PRATIQUE DES VERBES <u>VOULOIR</u> ET <u>FALLOIR</u>

(Voir Tableaux des verbes «vouloir» et «falloir», p. 316 et p. 318)

A. *Dans les phrases suivantes, mettez la forme du verbe* **vouloir** *indiquée entre parenthèses.*

1. J'....... (*conditionnel passé*) assister à ce cours mais l'amphithéâtre était plein.
2. .... (*impératif, deuxième personne pluriel*) entrer.
3. ....-vous (*conditionnel présent*) lire ce livre?
4. Il m'a répondu qu'il .... (*imparfait de l'indicatif*) bien à condition de pouvoir le garder au moins 8 jours.
5. Tu .... (*présent de l'indicatif*) réussir aux examens?
6. Penses-tu que je .... (*présent du subjonctif*) être collé?
7. Si nous .... (*plus-que-parfait de l'indicatif*) mieux nous préparer, nous aurions pu passer les examens au mois de juin.
8. Elle .... (*conditionnel passé*) entendre les conférences de Jean-Paul Sartre à la Sorbonne.
9. Êtes-vous sûr qu'il .... (*présent du subjonctif*) faire publier ce livre?
10. Est-ce que vous lui .... (*en vouloir—présent de l'indicatif*)?
11. ....-tu (*présent de l'indicatif*) m'attendre dans le laboratoire?
12. .... (*participe passé*) réussir à tout prix, il n'a même pas hésité à copier.

13. En fait, il s'est fait attraper et je .... (*ne pas—conditionnel passé*) être à sa place.
14. Quand ils verront le professeur, ils .... (*futur de l'indicatif*) tous changer de cours.

B. *Mettez la forme du verbe* **falloir** *indiquée entre parenthèses.*

1. Il .... (*présent de l'indicatif*) que vous fassiez bien attention à tout ce qu'il dit.
2. Il .... (*futur de l'indicatif*) nous dépêcher pour arriver à l'heure.
3. À peu près tous les professeurs m'ont dit qu'il .... (*conditionnel présent*) étudier douze heures par jour.
4. Mais il .... (*conditionnel passé*) qu'elle arrive très tôt.
5. Avant de recevoir son doctorat, il lui .... (*passé composé*) soutenir sa thèse.
6. Il .... (*conditionnel passé*) avoir relu votre travail avant de remettre vos feuilles.

LEÇON 12

LA VIE POLITIQUE

1. PRATIQUE: LE SUBJONCTIF DANS LA PROPOSITION SUBORDONNÉE—II

I. A. Faites précéder par la phrase indiquée chacune des déclarations données. <u>Notez le changement du verbe</u> dans ce qui devient la subordonnée.

EXEMPLE:
Il fait un discours. (nous avons invité le ministre pour que)
Nous avons invité le ministre **pour qu'il fasse** un discours.

1. Il fait un discours. (nous avons invité le ministre pour que)
Nous avons invité le ministre **pour qu'il fasse** un discours.
2. Nous nous abstenons. (le candidat insiste sur l'importance des élections de peur que)
Le candidat insiste sur l'importance des élections **de peur que nous ne nous abstenions**.
3. Il tient ses promesses. (nous lui écrirons jusqu'à ce que)
Nous lui écrirons **jusqu'à ce qu'il tienne** ses promesses.
4. Il choisit son nouveau cabinet. (donnez des conseils au premier ministre avant que)
Donnez des conseils au premier ministre **avant qu'il choisisse** son nouveau cabinet.
5. Nous votons. (rien ne changera sans que)
Rien ne changera **sans que nous votions**.
6. Tu es très intelligent. (tu ne feras jamais un bon politicien bien que)
Tu ne feras jamais un bon politicien **bien que tu sois** très intelligent.
7. Le pays se ressaisit. (nous courons au désastre à moins que)
Nous courons au désastre **à moins que** le pays **ne se ressaisisse**.

8. Vous êtes au pouvoir. (ils voteront avec le Parti Socialiste Unifié en attendant que)
Ils voteront avec le Parti Socialiste Unifié **en attendant que vous soyez** au pouvoir.

B. *Faites précéder par la phrase indiquée chacune des déclarations données.*

EXEMPLES:
Le gouvernement évite le chômage. (le gouvernement intervient pour)
Le gouvernement intervient **pour éviter** le chômage.

1. Le gouvernment évite le chômage. (le gouvernement intervient pour)
Le gouvernement intervient **pour éviter** le chômage.
2. Il a posé sa candidature. (il a consulté le chef du parti avant de)
Il a consulté le chef du parti **avant de poser** sa candidature.
3. Il démissionnera. (il sera premier ministre pendant deux ans à moins de)
Il sera premier ministre pendant deux ans **à moins de démissionner.**
4. Il n'a pas fait un seul discours. (il a été élu sans)
Il a été élu **sans avoir fait** un seul discours.
5. Je parlerai à mes administrés. (je ne me prononcerai pas en attendant de)
Je ne me prononcerai pas **en attendant de parler** à mes administrés.
6. Vous avez provoqué une crise. (vous n'avez pas avancé d'objection de crainte de)
Vous n'avez pas avancé d'objection **de crainte de provoquer** une crise.

II. A. *Posez la question qui correspond aux déclarations suivantes. Notez que la forme interrogative introduit une hypothèse qui se traduit par un subjonctif.*

EXEMPLE:
Il y a un pays où chaque citoyen peut s'exprimer librement.
Y a-t-il un pays où chaque citoyen **puisse** s'exprimer librement?

1. Il y a un pays où chaque citoyen peut s'exprimer librement.
Y a-t-il un pays où chaque citoyen **puisse** s'exprimer librement?
2. Il existe un candidat dont les discours ne sont pas des slogans.
Existe-t-il un candidat dont les discours ne **soient** pas des slogans?

3. Il reste des départements qui veulent une plus grande autonomie.
   Reste-t-il des départements qui **veuillent** une plus grande autonomie?
4. On trouve des ministres qui sont satisfaits d'un gouvernement de coalition.
   Trouve-t-on des ministres qui **soient** satisfaits d'un gouvernement de coalition?
5. Il y a un régime dictatorial qui a abouti à la démocratie.
   Y a-t-il un régime dictatorial qui **ait abouti** à la démocratie?
6. Il existe un homme d'État qui tient le pouvoir bien en main.
   Existe-t-il un homme d'État qui **tienne** le pouvoir bien en main?

B. *Répétez les phrases données en plaçant* **Nous cherchons** *devant chacune de vos réponses et en supprimant* **C'est** *ou* **Ce sont.**

   EXEMPLE:
   C'est un candidat qui connaît bien la politique étrangère.
   Nous cherchons un candidat **qui connaisse** bien la politique étrangère.

1. C'est un candidat qui connaît bien la politique étrangère.
   Nous cherchons un candidat **qui connaisse** bien la politique étrangère.
2. C'est un homme qui peut représenter la majorité.
   Nous cherchons un homme **qui puisse** représenter la majorité.
3. Ce sont des députés qui font le maximum d'efforts.
   Nous cherchons des députés **qui fassent** le maximum d'efforts.
4. C'est un programme qui répond aux aspirations des masses.
   Nous cherchons un programme **qui réponde** aux aspirations des masses.
5. C'est un système électoral qui est équitable.
   Nous cherchons un système électoral **qui soit** équitable.

C. *Combinez, suivant l'exemple, les éléments donnés.*

   EXEMPLE:
   nous connaissons . . . (c'est le ministère le plus populaire que)
   C'est le ministère **le plus populaire que nous connaissions.**

1. Nous connaissons . . . (c'est le ministère le plus populaire que)
   C'est le ministère **le plus populaire que nous connaissions.**
2. Il plaît à tout le monde . . . (c'est le seul juge qui)
   C'est **le seul** juge **qui plaise** à tout le monde.

3. Il a donné sa démission . . . (c'est l'unique dictateur qui)
   C'est **l'unique** dictateur **qui ait donné** sa démission.
4. Il est au courant des problèmes de son département . . . (c'est le premier préfet qui)
   C'est **le premier** préfet **qui soit** au courant des problèmes de son département.
5. Nous avons eu . . . (c'est le ministre de l'Intérieur le moins capable que)
   C'est le ministre de l'Intérieur **le moins capable que nous ayons eu.**

III. A. *Répétez les phrases données suivant l'exemple. Notez le subjonctif présent de la subordonnée dans laquelle l'action est <u>simultanée ou antérieure à l'action principale</u>.*

   EXEMPLE:
   Le candidat fait un discours aujourd'hui. (je doute que)
   Je doute que le candidat **fasse** un discours aujourd'hui.

1. Le candidat fait un discours aujourd'hui. (je doute que)
   Je doute que le candidat **fasse** un discours aujourd'hui.
2. Le parti des automobilistes a pu gagner aux dernières élections. (tu ne penses pas que)
   Tu ne penses pas que le parti des automobilistes **ait pu gagner** aux dernières élections.
3. Le préfet de police a compris les étudiants. (vous doutez que)
   Vous doutez que le préfet de police **comprenne** les étudiants.
4. Le parti socialiste se ressaisit. (je ne crois pas que)
   Je ne crois pas que le parti socialiste **se ressaisisse.**
5. Le pays atteindra bientôt au plein emploi. (vous doutez que)
   Vous doutez que le pays **atteigne** bientôt au plein emploi.
6. La planification finit par résoudre leurs ennuis. (il n'est pas certain que)
   Il n'est pas certain que la planification **finisse** par résoudre leurs ennuis.

B. *Répétez les phrases données suivant l'exemple. Notez le subjonctif passé de la subordonnée dans laquelle <u>l'action est antérieure à l'action principale</u>.*

   EXEMPLE:
   Le candidat a fait un discours hier soir. (je doute que)
   Je doute que le candidat **ait fait** un discours hier soir.

1. Le candidat a fait un discours hier soir. (je doute que)
   Je doute que le candidat **ait fait** un discours hier soir.
2. Le parti des automobilistes a pu gagner aux dernières élections. (tu ne penses pas que)
   Tu ne penses pas que le parti des automobilistes **ait pu gagner** aux dernières élections.
3. Le préfet de police a compris les étudiants. (vous doutez que)
   Vous doutez que le préfet de police **ait compris** les étudiants.
4. Le parti socialiste s'est ressaisi l'année dernière. (je ne crois pas que)
   Je ne crois pas que le parti socialiste **se soit ressaisi** l'année dernière.
5. Le pays a atteint le plein emploi au début du siècle. (vous doutez que)
   Vous doutez que le pays **ait atteint** le plein emploi au début du siècle.
6. La planification de l'époque stalinienne a fini par résoudre leurs ennuis. (il n'est pas certain que)
   Il n'est pas certain que la planification de l'époque stalinienne **ait fini** par résoudre leurs ennuis.

C. *Répétez les phrases données suivant l'exemple. Notez la concordance des temps* (sequence of tenses): *l'action de la subordonnée est <u>simultanée ou postérieure à l'action principale</u>.*

   EXEMPLE :
   Il met fin à la crise. (étais-tu content que)
   Étais-tu content **qu'il mette** fin à la crise?

1. Il met fin à la crise. (étais-tu content que)
   Étais-tu content **qu'il mette** fin à la crise?
2. Le chef du gouvernement prend sa retraite. (souhaitiez-vous que)
   Souhaitiez-vous que le chef du gouvernement **prenne** sa retraite?
3. La séance ne finit pas à l'heure. (aviez-vous peur que)
   Aviez-vous peur que la séance **ne finisse pas** à l'heure?
4. La gauche s'entend pour renverser le gouvernement. (désirait-il vraiment que)
   Désirait-il vraiment que la gauche **s'entende** pour renverser le gouvernement?
5. Son programme plaît à la minorité. (vous attendiez-vous à ce que)
   Vous attendiez-vous à ce que son programme **plaise** à la minorité?

D. *Répétez les phrases données suivant la structure de l'exemple. Notez la concordance des temps; l'action de la subordonnée est antérieure à l'action principale.*

EXEMPLE:
   Il a mis fin à la crise. (étais-tu content que)
   Étais-tu content qu'il ait mis fin à la crise?

1. Il a mis fin à la crise. (étais-tu content que)
   Étais-tu content qu'il ait mis fin à la crise?
2. Le chef du gouvernement a pris sa retraite. (souhaitiez-vous que)
   Souhaitiez-vous que le chef du gouvernement **ait pris** sa retraite?
3. La séance n'a pas fini à l'heure. (aviez-vous peur que)
   Aviez-vous peur que la séance **n'ait pas fini** à l'heure?
4. La gauche s'est entendue pour renverser le gouvernement. (désirait-il vraiment que)
   Désirait-il vraiment que la gauche **se soit entendue** pour renverser le gouvernement?
5. Son programme a plu à la minorité. (vous attendiez-vous à ce que)
   Vous attendiez-vous à ce que son programme **ait plu** à la minorité?

2. PRATIQUE: LE SUBJONCTIF DANS LA PROPOSITION INDÉPENDANTE ET DANS LA PROPOSITION PRINCIPALE

I. *Faites donner les ordres suivants par un tiers* (a third party).

EXEMPLE:
   Finissez votre discours.
   Qu'il finisse son discours.

1. Finissez votre discours.
   Qu'il finisse son discours.
2. Votons et puis c'est tout.
   Qu'on vote et **que ce soit** tout.
3. Réponds clairement.
   Qu'il réponde clairement.

4. Durand et Dupont, parlez franchement.
   Qu'ils parlent franchement.
5. Marie, choisissez.
   Qu'elle choisisse.
6. Hélène et Estelle, allez-vous-en.
   Qu'elles s'en aillent.
7. Attendons les résultats.
   Qu'on attende les résultats.

EXPLICATIONS

1. LE SUBJONCTIF DANS LA PROPOSITION SUBORDONNÉE—II

GÉNÉRALITÉS

Dans la Leçon 11, nous avons vu que l'emploi du subjonctif dans certaines subordonnées dépendait du verbe de la proposition principale.

Dans ce qui suit, nous allons observer que le subjonctif s'emploie aussi

1. après certaines locutions conjonctives

   Il gesticule POUR QUE la foule puisse mieux le voir.

   (*He gesticulates so that the crowd can see him better.*)
   Il crie DE PEUR QUE le public ne fasse pas attention.

   (*He shouts for fear that the public might not pay attention.*)

2. dans certaines propositions relatives:

   Le candidat CHERCHE UN SUJET QUI plaise à chacun.

   (*The candidate is looking for a subject that pleases everyone.*)

C'est vraiment la bataille électorale LA PLUS SÉRIEUSE QU'on ait jamais vue.
(*It is truly the most serious election battle that has ever been seen.*)

A. Les locutions conjonctives suivantes sont accompagnées du subjonctif :

Pour que
Afin que

>Ils feront des promesses **pour que nous votions** pour eux.
>(*They'll make promises so that we'll vote for them.*)

De peur que
De crainte que

>Il termina vite son discours **de peur que** la foule **ne s'impatiente**.
>(*He finished his speech quickly for fear that the crowd would become impatient.*)

En attendant que

>Moi, j'ai parlé avec mon voisin **en attendant que** le candidat **ait fini** son discours.
>(*I talked with my neighbor while waiting for the candidate to finish his speech.*)

Avant que

>Le candidat partit **avant qu'on n'ait pu** poser une seule question.
>(*The candiate left before anyone could ask a single question.*)

Jusqu'à ce que

>Nous resterons ici **jusqu'à ce qu'il ait répondu**.
>(*We'll stay here until he has answered.*)

Sans que

>Nous enregistrerons son discours **sans qu'il le sache**.
>(*We will record his speech without his knowing it.*)

Pourvu que

>Ils voteront pour lui **pourvu qu'il promette** de s'occuper de la région.
>(*They will vote for him provided that he promises to take care of the region.*)

À moins que

Leur parti gagnera **à moins que** les électeurs **ne changent** d'opinion au dernier moment.
(*Their party will win unless the voters change their minds at the last moment.*)

Quoique
Bien que

Bien qu'ils aient présenté un excellent programme, leur groupe politique a été battu aux élections.
(*Although they had presented an excellent program, their political group was beaten in the election.*)

Vous avez noté l'emploi de **ne** après **de peur que, avant que, à moins que,** même dans des phrases affirmatives.

Le candidat partit **avant qu'on n'ait pu** poser une seule question.

Il termina vite son discours **de peur que** la foule **ne s'impatiente**.

Il s'agit du **ne explétif** qui n'a pas de valeur négative ; l'usage seul dicte son emploi. Le **ne explétif** est souvent omis dans la langue parlée.

B. Si le sujet de la principale et de la subordonnée est le même, nous avons une construction infinitive.

Notez l'emploi, dans plusieurs des locutions conjonctives, de la préposition **de** à la place de **que**.

Pour que → pour
Afin que → afin de

Ils font des promesses **pour gagner**.
Ils font des promesses **afin de gagner**.
(*They make promises in order to win.*)

De peur que → de peur de
De crainte que → de crainte de

Il finit vite son discours **de peur d'impatienter** la foule.
(*He finished his speech quickly for fear that the crowd would become impatient.*)

Avant que → avant de

Il est parti **avant d'avoir posé** des questions.
(*He left before having asked any questions.*)

En attendant que → en attendant de

Il s'est attaqué aux promesses de son adversaire **en attendant d'en faire** lui-même.
(*He attacked the promises of his opponent while waiting to make some himself.*)

Sans que → sans

Nous ne voterons pas **sans faire** l'effort de comprendre le candidat.
(*We will not vote without making an effort to understand the candidate.*)

À moins que → à moins de

Nous ne voterons pas **à moins de comprendre** le candidat.
(*We will not vote unless we understand the candidate.*)

II. A. Le subjonctif est employé dans une proposition relative lorsque la proposition principale exprime une <u>hypothèse</u> ou une <u>incertitude</u>.

Comparez

Il y a un député **qui plaît** à tout le monde. (*There is a representative who pleases everybody.*)	Y a-t-il un homme politique **qui plaise** à tout le monde? (*Is there a politician who pleases everyone?*)
Quelque part, dit-on, il y a un candidat **qui est** honnête. (*Somewhere, they say, there is an honest candidate.*)	Les électeurs **désirent** un candidat **qui soit** d'abord honnête. (*The voters want a candidate who is first of all honest.*)

| Le Ministre des Affaires Étrangères **a trouvé** un jeune diplômé **qui comprend** bien les problèmes européens. (*The Minister of Foreign Affairs has found a young graduate who understands European problems well.*) | Le Ministre **cherche** un Secrétaire de Cabinet **qui comprenne** bien les problèmes européens. (*The Minister is looking for an Assistant who would understand European problems well.*) |

L'hypothèse suggérée par les constructions

Qui que
Quel que
Quoi que
Où que

et

SI + ADJECTIF + QUE

explique l'emploi du subjonctif.

Quoi qu'il fasse, son groupe sera battu aux élections.
(*Whatever he may do, his group will be beaten in the election.*)
Si riches qu'ils soient, leur influence est négligeable.
(*However rich they may be, their influence is negligible.*)

B. Lorsqu'on emploie, dans la proposition principale, des expressions qui marquent l'unicité ou expriment un superlatif, le verbe de la subordonnée est généralement au subjonctif.

Le seul

C'est le seul Ministre **qui ait gardé** son poste plus de six mois.
(*He is the only Minister who has kept his position for more than six months.*)

L'unique

> Il est aussi l'unique membre du Conseil des Ministres **qui ait** moins de 40 ans.
> (*He is also the only Cabinet Member who is less than 40 years old.*)

Le dernier
Le premier
Le plus
Le moins

> Vous savez, c'est l'homme politique **le plus** brillant qu'on **puisse trouver** de nos jours.
> (*You know, he is the most brilliant politician that can be found today.*)

III. Concordance des temps

Il est important de veiller à la correspondance des temps entre le verbe de la principale et le verbe de la subordonnée.

PRINCIPALE	SUBORDONNÉE
le verbe est au **présent** ou au **futur de l'indicatif**	→ **présent du subjonctif**, si l'action de la subordonnée est <u>simultanée</u> ou <u>postérieure</u> à l'action de la principale.

Il **organise** sa tournée électorale **de façon que** toutes les grandes villes **soient** sur son parcours.
(*He organizes his campaign circuit so that all the large cities are on his tour.*)

→ passé du subjonctif, si l'action de la subordonnée est <u>antérieure</u> à l'action de la principale.

L'Assemblée Nationale **se prononcera sans que** l'opposition **ait** vraiment **eu** le temps de participer aux débats.
(*The National Assembly will decide without the opposition's having really had the time to participate in the debates.*)

    le verbe est au **passé de l'in-
dicatif** ou **au conditionnel** → **présent du subjonctif,** si l'action de la subordonnée est simultanée ou postérieure à l'action de la principale.

Le député **a interrompu** son discours **afin que** ses adversaires **aient** le temps de poser quelques questions.
(*The representative interrupted his speech so that his opponents could have time to ask some questions.*)

                     → **passé du subjonctif,** si l'action de la subordonnée est antérieure à l'action de la principale.

Son élection **était assurée avant même que** la totalité des scrutins **n'ait été comptée.**
(*His election was assured even before all the ballots were counted.*)

2. LE SUBJONCTIF DANS LA PROPOSITION INDÉPENDANTE ET DANS LA PROPOSITION PRINCIPALE

Dans une proposition indépendante ou principale, le subjonctif peut exprimer

    L'ordre, la défense ou **le conseil** :

Qu'il sorte immédiatement.
(*Have him leave immediately!*)
Qu'on ne fasse plus de choses pareilles.
(*Let things like that no longer be done!*)
Qu'on se range à ses côtés.
(*May they join his ranks!*)

Ainsi employé, le subjonctif est vraiment **un impératif nuancé.**

Qu'on ne fasse plus de choses pareilles = Ne faisons plus de choses pareilles/ne faites plus de choses pareilles.

Qu'on se range à ses côtés = rangez-vous à ses côtés/rangeons-nous à ses côtés.

Le désir, le regret, le souhait :

Vive le Président!
(*Long live the President!*)
Que Dieu vous **garde.**
(*May God protect you.*)

INVENTION

Composez des phrases complètes à l'aide des éléments donnés.

1. (*Il—passé composé*) s'inscrire à/l'U.N.R./afin de/pouvoir/assister à/les réunions/de/le parti.

    EXEMPLE :
    Il s'est inscrit à l'U.N.R. **afin de pouvoir** assister aux réunions du parti.

2. Bien que/(*il—présent*) ne pas pouvoir/exprimer/ses idées/avoir/une grande valeur.
3. (*Nous—passé composé*) partir/pour la campagne/sans attendre/les résultats.
4. (*Vous—présent*) être/le seul candidat/que/le peuple/devoir/élire.
5. Le Ministre des Affaires Étrangères/(*présent*) chercher/un ambassadeur/qui/savoir/les langues orientales.
6. (*Exprimez une supposition dans le présent à l'aide du subjonctif*) que/il/sortir/à/le premier tour de scrutin/et une nouvelle page d'histoire/(*futur*) être/écrite.
7. Mon/le candidat/(*futur*) être élu/à moins que/y avoir/une crise/économique.
8. Moi/(*Je—conditionnel présent*) promettre/quelque chose/à/chacun/pour/tout le monde/être/content.

EXERCICE DE CONTRÔLE

Combinez les phrases données en insérant la conjonction, la locution conjonctive ou le pronom relatif qui s'impose. Justifiez ensuite le mode et le temps du verbe de la seconde proposition.

1. Peut-on trouver une philosophie politique? Cette philosophie est au goût de chacun.
2. Je suivrai mon héros. Il ira n'importe où.
3. Réfléchissez. Répondez.
4. Les députés ne s'occupent pas de leurs électeurs. Ceux-ci avaient envoyé beaucoup de lettres.
5. Le Ministre a longuement expliqué son programme. On ne comprenait pas ce programme. (Indiquez la crainte.)
6. Leur famille est puissante. Le maire (*mayor*) n'a pas cédé. (Employez «si . . .»)
7. Ce candidat est unique. Ce candidat n'est pas ridicule.
8. Tu t'abstiens. Tu ne t'opposes pas au chef de la majorité.
9. Tout le monde ira voter. Il pleuvra. (Indiquez une idée de limitation.)
10. De Gaulle était resté à Colombey-les-Deux-Églises. La France fait appel à lui. (Indiquez l'attente.)

THÈME D'APPLICATION

1. General de Gaulle always ended his speeches with the words: «Long live France! Long live the Republic!»
2. Before voting, he studied the candidate's programs carefully.
3. They will accept his philosophy without his explaining the details.
4. Although he had preferred to retire, he continued as prime minister.
5. The leader of the party is looking for an assistant who could understand the intricacies (*complexités, f.*) of the political world.

6. In his opinion, you are the only man who could ever be faithful to him.
7. I was the first elector who has ever voted for the U.N.R. (*Union Nationale pour la République*) in my department.
8. We shall conduct (*mener*) a tough campaign until our candidate is elected.
9. The opponents of the amendment pretend that the new law was written in such a way that (*de façon à ce que*) no one could understand it.
10. The workers do not believe that the minister of the Interior understands their demands (*les revendications, n.f.pl.*).

EMPLOI PRATIQUE DE VERBE <u>VOIR</u>

(Voir Tableau du verbe «voir», p. 320)

A. *Dans les phrases suivantes, employez la forme du verbe indiquée entre parenthèses.*

1. Bien qu'il ne l'....... pas .... (*passé du subjonctif*), il ne voudrait pas visiter le Conseil de l'Europe.
2. Il insiste pour que vous .... (*présent du subjonctif*) le président de la République à la télévision.
3. Si j'avais assez de temps, je .... (*conditionnel*) mon député.
4. Nous .... (*présent de l'indicatif*) dans le journal que le parti communiste a perdu du terrain dans les dernières élections.
5. On n'....... jamais .... (*passé composé*) tant de nouveaux députés au Palais Bourbon.
6. Si je les .... (*plus-que-parfait*), je les aurais accompagnés au Palais de Justice.
7. Ils .... (*futur*) si quelqu'un peut être élu sans l'appui du peuple.
8. Nous .... (*conditionnel passé*) revenir les mêmes membres du cabinet, si le président n'avait pas changé d'avis.
9. Ce candidat ne .... (*présent de l'indicatif*) pas plus loin que le bout de son nez.
10. Le nouveau premier ministre est bien .... (*participe passé*) de tout le monde.

B. *Même exercice.*

1. .... (*impératif, première personne du pluriel*) si nous pouvons nous mettre d'accord sur cette question d'impôts.
2. L'ambassadeur ne .... (*imparfait*) plus personne depuis une semaine.
3. Cet homme est contre le suffrage universel. Cela se .... (*présent de l'indicatif*).
4. C'était un sénateur qui .... (*imparfait*) loin.
5. Nous .... (*passé composé*) le chef du parti socialiste à la télévision lorsqu'il a présenté ses idées sur l'économie.
6. Elle a espéré jusqu'à ce qu'elle .... (*passé du subjonctif*) les résultats de l'élection.
7. Elle n'y comprend rien, mais eux y .... (*présent de l'indicatif*) clair.
8. Quand il .... (*futur*) le président en personne, il changera d'opinion.
9. .... (*participe passé*) les candidats, les électeurs ont décidé de ne pas voter.
10. Nous .... (*passé composé*) que leurs intentions véritables étaient de renverser le nouveau gouvernement.

LEÇON 13

LES MÉTIERS ET LES PROFESSIONS

PRATIQUE: PRÉPOSITIONS

I. *Ajoutez* **bien faire son métier** *à chacun des commencements de phrase donnés.*

EXEMPLE :
  Il apprend . . .
  Il **apprend à** bien faire son métier.

1. Il apprend . . .
   Il **apprend à** bien faire son métier.
2. Il a commencé . . .
   Il a **commencé à** bien faire son métier.
3. Il continue . . .
   Il **continue à** bien faire son métier.
4. Il s'habituera . . .
   Il **s'habituera à** bien faire son métier.
5. Il renonce . . .
   Il **renonce à** bien faire son métier.
6. Il tenait . . .
   Il **tenait à** bien faire son métier.
7. Il s'était décidé . . .
   Il **s'était décidé à** bien faire son métier.
8. Il se plairait . . .
   Il **se plairait à** bien faire son métier.

II. *Répétez les commencements de phrase donnés en ajoutant* **chercher un poste.**

EXEMPLE :
  Nous avons envie . . .
  Nous avons envie de chercher un poste.

1. Nous avons envie . . .
   Nous avons envie de chercher un poste.

2. Ils ont arrêté . . .
   Ils ont arrêté de chercher un poste.
3. J'aurais peur . . .
   J'aurais peur de chercher un poste.
4. Vous vous dépêchez . . .
   Vous vous dépêchez de chercher un poste.
5. Nous avons essayé . . .
   Nous avons essayé de chercher un poste.
6. Tu parlais . . .
   Tu parlais de chercher un poste.
7. Elle avait refusé . . .
   Elle avait refusé de chercher un poste.
8. Il évitera . . .
   Il évitera de chercher un poste.
9. Nous venons . . .
   Nous venons de chercher un poste.
10. Vous vous efforcez . . .
    Vous vous efforcez de chercher un poste.

III. *Répondez négativement aux questions suivantes.*

EXEMPLE :
Attendez-vous une réponse à votre demande d'emploi?
Non, **je n'attends pas de réponse** à ma demande d'emploi.

1. Attendez-vous une réponse à votre demande d'emploi?
   Non, **je n'attends pas de réponse** à ma demande d'emploi.
2. Cherche-t-il du travail dans les petites annonces?
   Non, **il ne cherche pas de travail** dans les petites annonces.
3. Est-ce que vous avez écouté les informations avant de partir ce matin?
   Non, **je n'ai pas écouté les informations** avant de partir ce matin.
4. Demanderas-tu une augmentation de salaire?
   Non, **je ne demanderai pas d'augmentation** de salaire.
5. Est-ce mon tour de payer le déjeuner aujourd'hui?
   Non, **ce n'est pas votre tour** de payer le déjeuner aujourd'hui.
6. Ira-t-il regarder les travaux pour la nouvelle route?
   Non, **il n'ira pas regarder les travaux** pour la nouvelle route.

IV. A. *Répondez affirmativement en employant les expressions entre parenthèses.*

EXEMPLE:
Assisterez-vous à la réunion du comité? (bien sûr)
Oui, **j'assisterai bien sûr à** la réunion du comité.

1. Assisterez-vous à la réunion du comité? (bien sûr)
   Oui, **j'assisterai bien sûr à** la réunion du comité.
2. As-tu changé d'emploi avec plaisir? (oui)
   Oui, **j'ai changé d'**emploi avec plaisir.
3. Votre chef entre-t-il dans votre bureau sans prévenir? (évidemment)
   Oui, mon chef **entre évidemment dans** mon bureau sans prévenir.
4. Jouent-ils aux cartes pendant leur pause-café? (rarement)
   Ils jouent rarement aux cartes pendant leur pause-café.
5. As-tu répondu sèchement à ton patron? (hélas)
   Hélas, j'ai répondu sèchement à mon patron.
6. Est-ce qu'il s'en souvient encore? (bien sûr)
   Bien sûr, il s'en souvient encore.
7. Le service des relations extérieures se sert-il d'ordinateurs? (à mon grand désespoir)
   A mon grand désespoir, le service des relations extérieures **se sert d'**ordinateurs.
8. Sa secrétaire ressemble-t-elle à Catherine Deneuve? (selon moi, tout au moins)
   Sa secrétaire **ressemble à** Catherine Deneuve, **selon moi, tout au moins.**

B. *Répondez affirmativement en employant les expressions entre parenthèses.*

EXEMPLE:
Avez-vous manqué votre autobus ce matin? (encore une fois)
Oui, **j'ai encore une fois manqué** mon autobus ce matin.

1. Avez-vous manqué votre autobus ce matin? (encore une fois)
   Oui, **j'ai encore une fois manqué** mon autobus ce matin.
2. Est-ce que tu manques d'argent pour lancer ce produit? (pour l'instant)
   Oui, **pour l'instant, je manque d'**argent pour lancer ce produit.
3. Ta compagnie manque-t-elle aussi de représentants? (surtout de représentants qualifiés)
   Oui, ma compagnie **manque surtout de représentants qualifiés.**

4. Est-ce que son ancien emploi manque au retraité? (terriblement)
Oui, son ancien emploi **manque terriblement au** retraité.
5. Et lui, manque-t-il à ses vieux copains? (beaucoup)
Oui, **il manque beaucoup** à ses vieux copains.
6. As-tu manqué de perdre tout ton argent? (comme d'habitude)
Comme d'habitude j'ai manqué de perdre tout mon argent.
7. Avez-vous manqué de vous évanouir en voyant votre feuille d'impôts? (certainement)
Certainement, j'ai manqué de m'évanouir en voyant ma feuille d'impôts.

V. *Ajoutez* **techniques modernes** *à chacun des commencements de phrase donnés.*

EXEMPLE :
Notre directeur s'intéresse à ...
Notre directeur s'intéresse **aux** techniques modernes.

1. Notre directeur s'intéresse à ...
Notre directeur s'intéresse **aux** techniques modernes.
2. La concierge rit de ...
La concierge rit **des** techniques modernes.
3. L'ingénieur en chef de notre usine pense sans cesse à ...
L'ingénieur en chef de notre usine pense sans cesse **aux** techniques modernes.
4. Et vous, que pensez-vous de ...
Et vous, que pensez-vous **des** techniques modernes?
5. La marchande des quatre saisons se passe facilement de ...
La marchande des quatre saisons se passe facilement **des** techniques modernes.

VI. A. *Répondez en vous servant dans votre réponse des idées suggérées.*

EXEMPLE :
Où êtes-vous en train d'établir une succursale? (Londres)
Je suis en train d'établir une succursale **à Londres**.

1. Où êtes-vous en train d'établir une succursale? (Londres)
Je suis en train d'établir une succursale **à Londres**.
2. Ont-ils des représentants au Portugal? (Lisbonne)
Ils ont des représentants **à Lisbonne**.
3. Si vous vous blessez légèrement où allez-vous? (l'infirmerie)
Si je me blesse légèrement, je vais **à l'infirmerie**.

4. A qui appartient cette entreprise? (un de mes cousins)
   Cette entreprise appartient **à un de mes cousins.**
5. Quelle sorte de machine est-ce? (elle lave la vaisselle)
   C'est une machine **à laver la vaisselle.**
6. A quelle dactylo est-ce qu'il parle? (celle qui a les cheveux blonds)
   Il parle à la dactylo **aux cheveux blonds.**
7. Comment venez-vous au travail? (à pied ou à cheval)
   Je viens au travail **à pied.**
8. Quand votre chef veut-il que vous arriviez? (à l'heure ou en retard)
   Mon chef veut que j'arrive **à l'heure.**

B. *Répondez en vous servant de l'idée suggérée.*

EXEMPLE :
   D'où revient-il si bronzé? (l'Amérique du Sud)
   Il revient **de l'Amérique du Sud.**

1. D'où revient-il si bronzé? (l'Amérique du Sud)
   Il revient **de l'Amérique du Sud.**
2. Il est tout rouge, d'où sort-il? (il était au café.)
   Il sort **du café.**
3. Qui a disparu avec la voiture de la maison? (le chauffeur qui travaille pour le directeur)
   Le chauffeur du directeur a disparu avec la voiture de la maison.
4. Qui s'occupe de nos affaires? (l'avocat qui travaille pour mon père)
   L'avocat de mon père s'occupe de nos affaires.
5. Quel est son métier? (il conduit un autobus.)
   Il est **conducteur d'autobus.**
6. Quelle sorte de bureau est-ce? (il est utilisé par la poste)
   C'est un **bureau de poste.**
7. Que fera-t-il en apprenant que son chef est renvoyé? (il rira tellement qu'il en mourra presque)
   Il mourra presque de rire en apprenant que son chef est renvoyé.
8. Et le chef, quelle sera sa réaction? (sa colère sera si forte qu'il tremblera)
   Le chef **tremblera de colère.**
9. De quoi sont remplis ces tiroirs? (il y a un tas de dossiers dans ces tiroirs)
   Ces tiroirs sont **remplis de dossiers.**

10. Comment sont les rues à huit heures du matin et à six heures du soir? (encombrées d'automobiles ou vides?)
    Les rues sont **encombrées d'automobiles** à huit heures du matin et à six heures du soir.
11. Que porte la dactylo? (des bas de soie ou des chaussettes de laine)
    La dactylo porte **des bas de soie**.
12. Qu'est-ce que le chanteur a sur la tête? (un bonnet de coton ou un chapeau de paille)
    Le chanteur a un **chapeau de paille** sur la tête.
13. Dans une société de consommation, comment les gens dépensent-ils leur argent? (aussi lentement que possible ou de plus en plus vite)
    Dans une société de consommation les gens dépensent leur argent **de plus en plus vite**.
14. Lorsque j'ai voulu emprunter un million de dollars, comment le banquier m'a-t-il regardé? (d'un air amusé ou très sérieusement)
    Lorsque vous avez voulu emprunter un million de dollars le banquier vous a regardé **d'un air amusé**.
15. Si le chirurgien-dentiste vous arrache la mauvaise dent, serez-vous de bonne humeur ou de mauvaise humeur?
    Si le chirurgien-dentiste m'arrache la mauvaise dent, je serai **de mauvaise humeur**.
16. Si vous voulez une place dans le parc de stationnement devez-vous arriver très tard ou de bonne heure?
    Si je veux une place dans le parc de stationnement, je dois arriver **de bonne heure**.

C. *Répondez aux questions suivantes.*

   EXEMPLE:
      Où passerez-vous vos congés payés? (Alsace)
      Je passerai mes congés payés **en Alsace**.

1. Où passerez-vous vos congés payés? (Alsace)
   Je passerai mes congés payés **en Alsace**.
2. Le rythme de vie, où est-il plus calme? (à Paris ou en province)
   Le rythme de vie est plus calme **en province**.
3. En été, après leur travail, qu'est-ce que les gens préfèrent faire? (un tour en voiture ou couper l'herbe de leur jardin)
   En été, après leur travail, les gens préfèrent faire **un tour en voiture**.

4. Qu'est-ce qu'il fait tout en travaillant comme mécanicien? (il suit des cours du soir)
Il suit des cours du soir tout **en travaillant** comme mécanicien.
5. Comment obtient-on la journée continue? (on réduit d'une demi-heure la période du déjeuner)
On obtient la journée continue **en réduisant** d'une demi-heure la période du déjeuner.
6. En combien de temps peut-on aller de chez vous jusqu'à votre bureau? (un quart d'heure)
On peut aller de chez moi jusqu'à mon bureau **en un quart d'heure**.
7. En combien de temps rempliras-tu cette commande? (moins de cinq minutes)
Je remplirai cette commande **en moins de cinq minutes**.
8. Qu'est-ce qu'on peut faire en même temps? (terminer la fondation et le toit d'une maison ou installer le chauffage et la climatisation?)
On peut installer le chauffage et la climatisation **en même temps**.
9. Qu'est-ce que l'architecte est en train de faire? (l'architecte fait un plan du bâtiment.)
L'architecte est **en train de faire** un plan du bâtiment.

EXPLICATIONS

PRÉPOSITIONS—I

GÉNÉRALITÉS

La préposition est un <u>mot de liaison</u> à l'intérieur de la phrase.
La préposition peut établir une liaison

1. entre <u>un verbe et un autre verbe</u>

> Ils ont promis **de** travailler plus vite.
> *(They promised to work faster.)*

2. entre <u>un verbe et un nom</u>

> Je m'adresse **à** Henri.
> *(I am addressing Henry.)*

3. entre un nom et un autre nom

>Vichy est une ville d'eau.
>(*Vichy is a spa.*)

Plusieurs problèmes se posent à l'étudiant de langue anglaise.

1. Dans une construction infinitive verbe + (préposition) + infinitif

   l'équivalent français ne correspond pas toujours mot à mot à l'anglais.

   >Je viens voir mon ami.
   >(*I am coming to see my friend.*)
   >MAIS
   >J'essaie DE voir mon ami.
   >(*I am trying to see my friend.*)
   >MAIS
   >Je me suis décidé À voir mon ami.
   >(*I resolved to see my friend.*)

2. Certains verbes anglais sont suivis d'une préposition alors qu'en français l'équivalent ne prend pas de préposition.

   >J'attends mon ami.
   >(*I am waiting for my friend.*)

   et vice versa

   >Je réponds À mon ami.
   >(*I answer my friend.*)

   ou encore, une préposition particulière (en anglais) est rendue par une autre préposition en français.

   >Il rit DE mon ami.
   >(*He laughs at my friend.*)
   >Nous pensons À notre travail.
   >(*We think of our work.*)

3. L'emploi, en français, de certaines prépositions devant un nom ne correspond pas toujours à la construction anglaise équivalente.

   >Vous avez acheté des patins À glace.
   >(*You bought ice skates.*)

J'irai en ville À pied.
(*I will go to town on foot.*)
Tu portes la chemise DE ton père.
(*You are wearing your father's shirt.*)
Ainsi, tu vas toujours EN France AU printemps?
(*Then, you always go to France in the spring?*)

I. Dans une construction infinitive, les verbes suivants s'emploient avec **à**.

VERBE + À + INFINITIF

s'amuser à..............(to have fun doing something)
apprendre à*...........(to learn to)
avoir à.................(to have to)
commencer à/de.........(to begin to)
   (commencer par—cf. Leçon 14)
continuer à.............(to continue to)
se décider à............(to make up one's mind to/to resolve)
demander à.............(to ask permission to)
s'exercer à*............(to practice doing something)
s'habituer à*...........(to get used to)
inviter à*..............(to invite to)
se mettre à*...........(to begin to/to begin doing)
penser à*..............(to consider doing something)
se plaire à.............(to take pleasure in doing something)
se préparer à*..........(to prepare to)
renoncer à*............(to give up doing something)
servir à*...............(to serve/to be used to/for)
tenir à*................(to be anxious to/to insist upon doing something)
réussir à*..............(to succeed in doing something)

Les verbes marqués d'un astérisque (*) peuvent aussi être suivis d'un nom ou d'un pronom.

Nous apprenons **à** calculer.
(*We are learning to calculate.*)

Nous réussirons à devenir programmeurs.
(*We will succeed in becoming programers.*)
Il continue à diriger la compagnie.
(*He keeps on managing the company.*)
Ils renonceront à introduire de nouvelles méthodes.
(*They will give up introducing new methods.*)

II. Les verbes et expressions suivants sont employés avec **de**.

VERBE + DE + INFINITIF

s'arrêter de..............(to stop doing)
avoir besoin de*..........(to need to)
avoir envie de*...........(to feel like doing)
avoir honte de*...........(to be ashamed to/to be ashamed of doing something)
avoir peur de*............(to be afraid of/to fear doing)
choisir de...............(to choose to)
commander de...........(to order to)
commencer de/à.........(to begin to)
se contenter de*..........(to be satisfied with doing something)
décider de...............(to decide to)
défendre de..............(to forbid to)
se dépêcher de...........(to hurry to)
dire de*..................(to tell to)
s'efforcer de.............(to make an effort to)
empêcher de.............(to prevent from doing)
essayer de...............(to try to/to try doing)
éviter de.................(to avoid doing)
s'excuser de*............(to excuse oneself for doing)
finir de..................(to finish doing)
   (finir par—cf. Leçon 14)
offrir de.................(to offer to)
ordonner de.............(to order to)
oublier de...............(to forget to)
parler de*................(to talk about doing)
permettre de.............(to permit to/to allow to)
refuser de...............(to refuse to)
regretter de..............(to regret to)

se souvenir de*..........(to remember to/to remember doing)
tenter de................(to try to/to try doing)
venir de*................(to have just)

Les verbes et expressions marqués d'un astérisque (*) peuvent aussi être suivis d'un nom ou d'un pronom.

Le jeune homme n'a pas envie d'apprendre ce métier.
(*The young man does not feel like learning this trade.*)
Elle vient de finir une expérience.
(*She just finished an experiment.*)
Son père l'a empêché de choisir trop hâtivement cette carrière.
(*His father prevented him from choosing that career too hastily.*)
Vous parlez de vous retirer à la campagne.
(*You are talking about retiring in the country.*)

III. Notez l'absence de préposition dans les emplois suivants:

(to wait for)............attendre
(to look for)...........chercher
(to ask for)............demander
(to listen to)..........écouter
(to pay for)............payer
(to look at)............regarder

Il cherche toujours ses outils.
(*He is always looking for his tools.*)
Tu demandes 50 francs de plus.
(*You are asking for 50 francs more.*)

Il est important de remarquer que le complément d'objet indirect en anglais devient complément d'objet direct en français.

I listen to the speech.
(obj. ind.)
J'écoute le discours.
(obj. dir.)

IV. Au contraire, notez la présence de prépositions dans les emplois suivants:

(to approach)	s'approcher de
(to attend)	assister à
(to change)	changer de
(to enter)	entrer dans
(to escape)	échapper à
(cf. to escape from	échapper à/de)
(to play a game/a sport)	jouer à
(to play an instrument)	jouer de
(to lack)	manquer de
(to obey)	obéir à
(to please)	plaire à
(to answer)	répondre à
(to resemble)	ressembler à
(to use)	se servir de
(to remember)	se souvenir de

Le patron entrait toujours **dans** l'atelier sans prévenir.
(*The owner always used to enter the workshop without warning.*)

Ils ne manquent pas **de** matières premières.
(*They do not lack raw materials.*)

Ces appartements ressemblent **à** une usine.
(*These apartments look like a factory.*)

Il est important de noter que le complément d'objet direct en anglais devient complément d'objet indirect en français. Observez la forme des pronoms personnels.

I will obey the orders.
(obj. dir.)

J'obéirai **aux** ordres.
(obj. indir.)
J'y obéirai.

An entrepreneur rarely pleases all his employees.

Un chef d'entreprise plaît rarement à tous ses employés.

Un chef d'entreprise **leur** plaît rarement à tous.

Le verbe **manquer** présente plusieurs difficultés.

1. Manquer + nom :

Nous avons manqué notre train.
(*We missed our train.*)
Il manque souvent la cible.
(*He often misses the target.*)
Je devais le voir mais je l'ai manqué.
(*I was to see him but I missed him.*)

2. Manquer + de + nom :

Ils ne manquent pas de matières premières.
(*They do not lack raw materials.*)
Tu manques de volonté.
(*You lack will power.*)
Nous manquons seulement d'argent.
(*All we lack is money.*)

3. Manquer + à + nom :

Nicole manque à son ami.
(*Her friend misses Nicole.*)
Elle me manque. (Elle : Nicole)
(*I miss her.*)
(**Me** est complément d'objet indirect.)

Je lui manque. (Lui : Nicole)
(*She misses me.*)
(**Lui** est complément d'objet indirect.)

L'argent lui manque. (Lui : Nicole)
(*She lacks money.*)

4. Manquer + de + infinitif :

Nous avons manqué de nous faire renvoyer.
(*We were almost fired*—**se faire renvoyer :** to be fired.)

J'ai manqué de tomber.
(*I almost fell.*)

Tu as manqué de perdre ton carnet de chèques.
(*You almost lost your checkbook.*)

V. On rencontre des expressions anglaises suivies d'une certaine préposition alors que l'équivalent français exige une toute autre préposition.

(to be interested in)................**s'intéresser à**
(to thank someone for something)....**remercier quelqu'un de quelque chose**
(to laugh at something/someone).....**rire de quelque chose/ quelqu'un**
(to think of something/someone).....**penser à quelque chose/ quelqu'un**
(to think of/about something/someone)............................**penser de quelque chose/quelqu'un**
(to become acquainted with/to make the acquaintance of)...............**faire la connaissance de**
(to do without/to go without).......**se passer de**
(to be used as/to serve as).........**servir de**

Il s'intéresse **à** tous les métiers.
(*He is interested in all trades.*)

Que pensez-vous **de** ce nouvel apprenti?
(*What do you think of this new apprentice?/What is your opinion about this new apprentice?*)

Non, je n'ai pas encore fait la connaissance **du** directeur.
(*No, I have not yet become acquainted with the manager.*)

VI. Veillez aux emplois suivants:

A. À

1. Indique le lieu où l'on est

Il travaille À Lyon.
(*He works in Lyons.*)
Je demeure AU Mexique.
(*I live in Mexico.*)

Comme il a déjà été noté dans la Leçon 7, avec les pays masculins on emploie AU (*à + le*), AUX (*à + les*)

au Mexique, aux États-Unis, au Pérou, au Canada ...

MAIS

la France .... **en** France
la Belgique .... **en** Belgique
l'Allemagne .... **en** Allemagne

Étant malade, elle est à l'hôpital.
(*As she is sick, she is in the hospital.*)
La famille est à table.
(*The family is at the table*)
Il dépense tout son argent **au** café.
(*He spends all his money in cafés.*)
Ses parents travaillent à la campagne.
(*His parents work in the country.*)

2. Indique le lieu où l'on va

Nous allons à l'école.
(*We go to school.*)
Je vais à Marseille.
(*I am going to Marseilles.*)

Comme il a déjà été mentionné dans la Leçon 7, à s'ememploie pour les villes.

à Paris, à New York, à Berlin, à la Nouvelle Orléans, **au** Havre ...

à s'emploie pour les pays masculins
au Luxembourg, **aux** Pays-Bas, **au** Maroc, etc. . . .

Il se rend **au** Maroc.
(*He is going to Morocco.*)
MAIS
Il se rend **en** Suède. (la Suède)
(*He is going to Sweden.*)

3. Exprime la possession (après **être** et **appartenir**)

Cette usine appartient **à** son père.
(*This factory belongs to his father.*)
Cependant cette grosse voiture n'est pas **à** lui.
(*Yet this big car is not his.*)

4. Introduit un complément de nom. L'expression française correspond souvent à un mot composé en anglais.

Il a fait fortune en vendant des pièges **à** ours aux Esquimaux.
(*He made his fortune selling bear-traps to the Eskimos.*)
C'est un outil **à** bois.
(*It is a wood-tool.*)
Samuel Brown a développé un moteur **à** explosion.
(*S. Brown developed an internal combustion engine.*)
Prenez la rue **à** sens unique.
(*Take the one-way street.*)
Le représentant s'adresse toujours à la dactylo **aux** yeux bleus.
(*The salesman always addresses himself to the secretary with the blue eyes/the blue-eyed secretary.*)

5. Notez les expressions

à pied	(on foot)
à cheval	(on horseback)
à terre	(on the ground)
à haute voix	(out loud)
à voix basse	(in a low voice)
à l'heure	(on time)
au soleil	(in the sun)
à l'ombre	(in the shade)

à la mode..................(fashionable)
à la française................(in the French manner)
à l'anglaise..................(in the English manner)
à temps.....................(in time)

    Si tu te rends au travail **à pied,** tu n'arriveras pas **à l'heure.**
    (*If you go to work on foot, you won't get there on time.*)
    Il s'était blessé avec la machine **à** bois, mais le médecin était arrivé **à temps.**
    (*He had injured himself with the wood-tool, but the doctor had arrived in time.*)

B. DE

1. Indique l'origine

    Mon père rentre DE son travail à 7 heures.
    (*My father gets back from work at seven.*)
    Nous arrivons DE Bordeaux.
    (*We just arrived from Bordeaux.*)

2. Marque la possession

    Le salaire **de** ce manœuvre est ridicule.
    (*This laborer's salary is ridiculous.*)
    L'usine **de** mon patron est bien équipée.
    (*My boss' factory is well-equipped.*)

3. Est souvent employé pour introduire un complément de nom

    Il est représentant **de** commerce.
    (*He is a salesman.*)
    Les ouvriers portent des bleus **de** travail.
    (*Workingmen wear overalls.*)

4. Correspond parfois à l'anglais *out of, because of, with* et une idée de cause

    Je tremble **de** fièvre.
    (*I shiver with fever.*)
    Pendant l'interview, il est presque mort **de** peur.
    (*During the interview, he almost died out of fear.*)
    Ils ont pleuré **de** joie en revoyant les mineurs.
    (*They cried with joy when they saw the miners again.*)

5. **De** correspond souvent à l'anglais *with* introduisant un complément

> Les mineurs sortirent couverts **de** poussière noire.
> (*The miners emerged covered with black dust.*)
> Nous sommes surchargés **de** travail.
> (*We are overloaded with work.*)

6. Indique souvent la matière d'un objet

> Un mur **de** ciment.
> (*A cement wall.*)
> Un tablier **de** cuir.
> (*A leather apron.*)

Pour indiquer à peu près la même idée, on peut aussi employer **en** (qui correspond à l'anglais *made of*).

> Un mur **en** ciment.
> Un tablier **en** cuir.

L'usage détermine l'emploi de l'une ou l'autre préposition :

> Le pantalon **de** velours du maçon.
> (*The mason's corduroy pants.*)
> Les gants **en** caoutchouc du chimiste.
> (*The chemist's rubber gloves.*)
> La cravate **de** soie du directeur général.
> (*The silk tie of the general manager.*)
> La montre **en** or de la secrétaire.
> (*The secretary's gold watch.*)

7. **De** introduit souvent un complément de manière

> Il rit **de** bon cœur.
> (*He laughs wholeheartedly.*)
> Tu t'exprimes toujours **d'**une manière étrange.
> (*You always express yourself in a strange way.*)
> Elle parle **d'**une voix faible.
> (*She speaks in a weak voice.*)

8. Notez les expressions suivantes:

   d'un côté . . . d'un autre côté
   d'une part . . . d'autre part . . . (on the one hand . . . on the other hand)
   de moins en moins (adverbe) . . (less and less)
   de moins en moins de + nom . (less and less + noun)
   de plus en plus (adverbe) . . . . . (more and more)
   de plus en plus de + nom . . . . (more and more + noun)
   de temps à autre . . . . (from time to time)
   de bonne heure . . . . (early)
   de bonne humeur . . . . (in a good mood)
   de mauvaise humeur . . . . (in a bad mood)
   de même . . . . (likewise)
   de nouveau . . . . (again)
   d'accord . . . . (agreed, O.K., fine)
   de toute façon . . . . (anyway, in any case)
   d'autre part . . . . (in addition)

   Il gagne X Frs. de l'heure . . . (*He earns X francs an hour*)

   Remarquez la différence entre:

   Reviendra-t-il **de nouveau?** (adv.)
   (*Will he come back again?*)
          ET
   Y a-t-il quelque chose **de** nouveau?
   (*Is there something new?*)

   Comparez avec:

   Rien **de** nouveau.
   (*Nothing new.*)
   Quelqu'un **de** nouveau.
   (*Someone new.*)
   Personne **de** nouveau.
   (*No one new.*)
   Quelque chose **de** bon/mauvais.
   (*Something good/bad.*)

Rien **de** bon/mauvais.
(*Nothing good/bad.*)

Quelqu'un **d'**intelligent.
(*Someone intelligent.*)

On emploie **de l'heure** mais on dit **par jour, par mois, par an.**

Il gagne X francs **de** l'heure.
Il gagne X francs **par** mois.
Il gagne X francs **par** an.
Il gagne X francs **par** jour.

EXEMPLES:

Son mari travaille **de moins en moins** et lit **de plus en plus.**
(*Her husband works less and less and reads more and more.*)
Il y a **de moins en moins** de travail pour les ouvriers agricoles.
(*There is less and less work for agricultural workers.*)
Je suis **d'accord** avec vous. **D'autre part,** les salaires baissent.
(*I agree with you. In addition, the salaries are going down.*)

C. EN

1. Indique <u>le lieu</u>

   Où l'on est: Il est EN prison.
   (*He is in jail.*)

   Mon oncle travaille EN Italie.
   (*My uncle works in Italy.*)

   Où l'on va: Par contre, mon cousin ira EN Belgique.
   (*On the other hand, my cousin will go to Belgium.*)

2. S'emploie comme <u>complément de nom</u> dans certaines expressions

   Pendant le week-end, ils feront une promenade **en bateau.**
   (*Over the week end, they'll take a boat-trip.*)
   Nous, nous ferons un tour **en voiture.**
   (*We will take an automobile ride.*)

3. S'emploie devant un participe présent

Pour marquer la simultanéité : Nous sifflons **en** travaillant.
(*We whistle while working.*)

Il lit toujours le journal **en** mangeant.
(*He always reads the newspaper while eating.*)

Pour marquer le moyen : Vous terminerez à temps **en** faisant des heures supplémentaires.
(*You'll finish on time by working overtime.*)

En se pressant un peu, il donnerait satisfaction à son employeur.
(*By hurrying a bit, he would satisfy his employer.*)

4. Indique, comme il a déjà été dit dans la Leçon 7, le temps nécessaire pour accomplir une action

On assemble une maison préfabriquée **en** quelques heures.
(*A prefabricated house can be assembled in a few hours.*)

Je vais de chez moi à mon bureau **en** 5 minutes.
(*I go from my house to my office in 5 minutes/It takes me 5 minutes to go from my home to my office.*)

Distinguez bien la différence entre :

Ils peuvent le faire **en** 2 heures.
(*They can do it in 2 hours: it will take them 2 hours to do it.*)

ET

Nous finirons **dans** 5 minutes.
(*We will finish in 5 minutes—5 minutes from now.*)

5. S'emploie avec les saisons (sauf le printemps), les mois et les années

   Je vais prendre mon congé **en hiver,** Ernest prendra le sien au printemps.
   Toi, tu auras le tien **en été** et les autres secrétaires prendront le leur **en automne.**
   (*I am going to take my vacation during the winter, Ernest is going to take his in the spring. You will take yours in the summer and the other secretaries will take theirs in the fall.*)
   J'aurai aussi une semaine de libre **en** avril (au mois d'avril) et une autre **en** juin (au mois de juin).
   (*Also I will have a week of vacation in April and another one in June.*)
   C'est **en** 1936 que le gouvernement a institué les congés payés.
   (*It is in 1936 that the government instituted the system of paid holidays.*)

6. Notez les expressions suivantes:

   en plein air..................(outdoors)
   en ordre....................(in order)
   en deuil....................(in mourning)
   en même temps..............(at the same time)
   en face de..................(across from/facing)
   (du vin) **en bouteille**..................(bottled—wine—)
   en boîte....................(canned . . .)
   en outre....................(besides)
   en plus de..................(in addition to)
   en tant que..................(as)
   (être) **en train de**..................(to be—in the act of doing)
   (être) **en colère**..................(–to be—mad/angry)
   en voyage..................(on a trip)
   (être) **en bonne santé**..............(–to be–in good health)
   (être) **en mauvaise santé**...........(–to be—in bad health)
   (être) **en bon/mauvais état**.........(–to be—in good/bad condition)

en vitesse	(quickly)
en ce temps-là	(in those days)
en guerre	(at war/to war)
en réparation	(under repair)
en français/anglais	(in French/English)
en un clin d'œil	(quickly/ in a jiffy)

Il est ici **en tant que** représentant du Patronat Français.
(*He is here as representative of the "Patronat Français"— Association of French business owners.*)

Certains grands producteurs de vin ont mis du vin **en boîte** sur le marché.
(*Some wine producers have marketed canned wine.*)

Dites-moi, pendant que vous y êtes, que d'autres producteurs sont en train de faire des expériences avec des bouteilles **en** plastique!
(*Tell me, while you are at it, that other producers are experimenting with plastic bottles!*)

Ne vous mettez pas **en colère**: on penserait que vous partez **en guerre** contre la modernisation.
(*Do not become angry: people might think that you are going to war against modernization.*)

Remarquez que l'article défini s'emploie rarement après **en**. Voici quelques-unes des exceptions:

en l'honneur de.
(*in the honor of*)

en l'absence de.
(*in the absence of*)

en l'an.
(*in the year*)

en l'air.
(*in the air*)

EXERCICES DE CONTRÔLE

A. *Indiquez s'il y a lieu la préposition nécessaire.*

1. Je réussirai .... apprendre cela, mais j'ai peur .... avoir .... travailler pendant des heures.
2. J'attends .... l'arrivée .... mes camarades.
3. Entrons .... l'usine, voulez-vous, et approchons-nous .... ces machines.
4. Regardez .... les opérations .... fabrication, mais ne touchez .... rien.
5. Je lui ai demandé .... obéir .... recommandations .... guide.
6. Comme il y avait du bruit, celui-ci parlait .... haute voix. Lorsqu'on ne pouvait plus l'entendre il se servait .... ses mains.
7. Dans le bureau .... directeur, j'ai fait la connaissance .... une secrétaire qui était née .... États-Unis.
8. Je lui ai demandé ce qu'elle pensait .... la vie .... France et elle m'a répondu qu'elle ne pourrait plus se passer .... luxe de vivre .... Paris.
9. J'aurais voulu l'inviter .... dîner mais je manquais .... argent et j'aurais eu honte .... le lui dire.
10. Néanmoins, je l'ai invitée .... prendre l'apéritif .... café car j'avais assez .... argent pour lui offrir .... cela.

B. *Indiquez s'il y a lieu la préposition nécessaire.*

1. Il y a deux semaines, j'ai décidé .... aller voir Pierre, mon ancien camarade .... travail qui demeure maintenant .... Strasbourg.
2. J'aurais pu .... prendre ma voiture mais j'ai choisi .... le train. Je préfère voyager .... chemin .... fer.

3. Quand j'ai quitté la gare .... Strasbourg, je suis allé chez lui .... pied.
4. .... arrivant, j'ai essayé .... sonner, mais la sonnette .... métal ne marchait pas.
5. Alors, j'ai commencé .... frapper .... la porte. Toujours pas .... réponse.
6. Une voisine .... Pierre m'a entendu. Elle m'a dit .... m'arrêter .... frapper.
7. Mon ancien camarade était .... vacances. Je fus surpris .... apprendre qu'il était .... voyage.
8. Nous étions .... printemps, ... mois d'avril. D'habitude, Pierre est .... congé .... été.
9. La voisine m'expliqua que la fille .... Pierre .... était .... mauvaise santé et que la famille était partie .... la côte .... Azur dans l'intention .... passer un mois .... Italie.
10. Je suis retourné .... la gare .... taxi. J'ai repris le train .... me disant que c'était une journée .... perdue.

THÈME D'APPLICATION

1. I am starting to think about my retirement.
2. There are more and more people (*les gens, m.*) who drive to work (aller travailler . . .).
3. He got used to getting up early.
4. Let's try to do our duty.
5. They often look at television, but they never listen to the advertisements (*la réclame, f.*).
6. I went to an exhibition (*l'exposition, f.*) at which one of the salesmen answered any (*n'importe quelle, f.*) question concerning wood-machines.

7. Do you remember Juliette? I miss her very much.
8. They had asked us to play bridge, but in those days we did not know the rules.
9. The employees have just met their new boss.
10. If you arrive at the office at 8:59 you are on time. If your supervisor (*le chef*) is at the door, you have arrived just in time.
11. He is interested in business (*les affaires, f.*) and he is looking for work.
12. Many French people are opposed to the idea of eating their lunch in 30 minutes.

EMPLOI PRATIQUE DE VERBE <u>METTRE</u> ET DE SES COMPOSÉS

(Voir Tableau du verbe « mettre », p. 322)

A. *Dans les phrases suivantes, employez la forme du verbe indiquée entre parenthèses.*

1. Elle est allée à son travail après .... (*infinitif passé*) la table.
2. Je .... (*futur*) ce colis à la poste demain matin.
3. Il .... (*se mettre—passé composé*) en route à sept heures.
4. Si elle avait su cela, elle .... (*se mettre—conditionnel passé*) en colère.
5. Il faut que chacun .... (*se mettre—subjonctif présent*) à la tâche.
6. D'habitude, ils .... (*imparfait*) au moins quinze minutes à faire les paquets.
7. Si c'était moi, je le .... (*conditionnel présent*) à la porte.
8. .... (*impératif présent—1ère personne du pluriel*) que nous ayons tort.
9. Après avoir cherché du travail toute la journée, tu .... (*se mettre—passé composé*) au lit bien fatigué.
10. Nous .... (*se mettre—conditionnel passé*) à la mode si nous avions eu l'argent nécessaire.

11. Elle .... (*plus-que-parfait*) ses gants avant de sortir.
12. Lorsque nous gagnerons plus nous .... (*futur*) de l'argent de côté.

B. *Dans les phrases suivantes, employez la forme indiquée des composés de* **mettre**.

1. C'est un luxe que tu .... (*ne pas se permettre—futur*) lorsque tu découvriras le coût de la vie en Europe.
2. Afin d'être sûrs, il vaut mieux que nous .... (*se soumettre—subjonctif présent*) à l'épreuve.
3. Ils nous .... (*remettre—présent de l'indicatif*) notre salaire sous forme de chèques.
4. C'est une étape décisive qu'on .... (*ne pas omettre—passé composé*) au cours de l'expérience.
5. On l'a renvoyé parce qu'il .... (*commettre—imparfait*) trop d'erreurs.
6. Avant de parler, nous avons attendu qu'il .... (*émettre—subjonctif passé*) son opinion.
7. Avant de nous quitter, vous nous .... (*transmettre—futur antérieur*) toutes vos idées.

LEÇON 14

LES MÉTIERS ET LES PROFESSIONS (Suite)

1. PRATIQUE: PRÉPOSITIONS (Suite)

VI. D. *Répondez aux questions.*

EXEMPLE:
L'imprimeur travaille-t-il dans une imprimerie ou dans une maison de haute couture?
L'imprimeur travaille **dans** une imprimerie.

1. L'imprimeur travaille-t-il dans une imprimerie ou dans une maison de haute couture?
L'imprimeur travaille **dans** une imprimerie.
2. L'infirmière soigne-t-elle les malades dans un supermarché ou dans un hôpital?
L'infirmière soigne les malades **dans** un hôpital.
3. Le juge entre-t-il dans la boulangerie ou dans le Palais de Justice?
Le juge entre **dans** le Palais de Justice.
4. Le banquier s'engage-t-il dans des affaires d'argent ou dans des affaires d'art?
Le banquier s'engage **dans** des affaires d'argent.
5. Serez-vous médecin dans six mois ou dans six ans?
Je serai médecin **dans** six ans.
6. Y a-t-il des vignerons seulement en Bourgogne ou dans d'autres régions?
Il y a des vignerons **dans** d'autres régions.
7. Prendrez-vous votre retraite en Australie ou dans le sud de la France?
Je prendrai ma retraite **dans** le sud de la France.

8. Préféreriez-vous être mineur ou être dans l'enseignement?
   Je préférerais être **dans** l'enseignement.
9. Un amiral est-il dans les affaires ou dans la marine?
   Un amiral est **dans** la marine.
10. Ton père prend-il ses chemises dans une commode ou dans le réfrigérateur?
    Mon père prend ses chemises **dans** une commode.
11. Habitez-vous dans la rue de Rivoli ou au Palais du Louvre?
    J'habite **dans** la rue de Rivoli.

E. *Répondez aux questions.*

EXEMPLE:
   Par où le livreur entre-t-il? (la porte de service)
   Le livreur entre **par** la porte de service.

1. Par où le livreur entre-t-il? (la porte de service)
   Le livreur entre **par** la porte de service.
2. Sortira-t-il par la porte de devant? (non)
   Non, il ne sortira pas **par** la porte de devant.
3. Comment a-t-il trouvé un poste de télévision si bon marché? (l'intermédiaire d'un ami)
   Il a trouvé un poste de télévision si bon marché **par** l'intermédiaire d'un ami.
4. Comment avez-vous appris sa démission? (mon copain)
   J'ai appris sa démission **par** mon copain.
5. Par qui la grève a-t-elle été annoncée? (le représentant du syndicat)
   La grève a été annoncée **par** le représentant du syndicat.
6. Par qui le mouvement a-t-il été suivi? (la majorité des ouvriers)
   Le mouvement a été suivi **par** la majorité des ouvriers.
7. Commencera-t-il par s'adresser à deux ou trois employés? (non . . . à tous les employés)
   Non, il commencera **par** s'adresser à tous les employés.
8. Ne finiront-ils pas par retourner au travail? (si)
   Si, ils finiront **par** retourner au travail.
9. Combien dépensez-vous par jour pour vos frais de transport? (50 centimes)
   Je dépense 50 centimes **par** jour pour mes frais de transport.
10. Le maçon préfère-t-il travailler par un froid glacial ou par une belle journée?
    Le maçon préfère travailler **par** une belle journée.

F. *Ajoutez* **pour arriver à l'heure** *aux phrases données.*

EXEMPLE:
   Il s'est dépêché.
   Il s'est dépêché **pour** arriver à l'heure.

1. Il s'est dépêché.
   Il s'est dépêché **pour** arriver à l'heure.
2. Je ne fais jamais aucun effort.
   Je ne fais jamais aucun effort **pour** arriver à l'heure.
3. Nous nous préparons longtemps à l'avance.
   Nous nous préparons longtemps à l'avance **pour** arriver à l'heure.
4. Tu cours des risques en conduisant.
   Tu cours des risques en conduisant **pour** arriver à l'heure.
5. Elles se lèvent tôt.
   Elles se lèvent tôt **pour** arriver à l'heure.
6. Vous feriez n'importe quoi.
   Vous feriez n'importe quoi **pour** arriver à l'heure.

G. *Répondez en employant un des éléments indiqués.*

EXEMPLE:
   À quel intérêt la banque prête-t-elle? (à cinq pour cent ou à cinquante pour cent?)
   La banque prête à cinq pour cent.

1. À quel intérêt la banque prête-t-elle? (à cinq pour cent ou à cinquante pour cent?)
   La banque prête à cinq pour cent.
2. Est-ce qu'il compte prendre sa retraite? (pas pour l'instant)
   Il ne compte pas prendre sa retraite **pour** l'instant.
3. Je l'ai vu sortir; a-t-il quitté sa place? (oui, pour de bon)
   Oui, il a quitté sa place **pour** de bon.
4. Est-ce qu'il donne tous les ordres? (oui, pour ainsi dire)
   Il donne **pour ainsi dire** tous les ordres.
5. Êtes-vous de mon avis? (cent pour cent de votre avis)
   Je suis cent **pour** cent de votre avis.

H. *Changez le sujet de la phrase suivant l'indication donnée.*

EXEMPLE:
Il a décidé de rentrer chez lui après son travail. (moi)
J'ai décidé de rentrer **chez moi** après mon travail.

1. Il a décidé de rentrer chez lui après son travail. (moi)
J'ai décidé de rentrer **chez moi** après mon travail.
2. Jacques et Pierre passeront la soirée chez eux. (Jacqueline et Pierrette)
Jacqueline et Pierrette passeront la soirée **chez elles**.
3. Ma femme et moi sortons de chez nous à la même heure chaque matin. (ta femme et toi)
Ta femme et toi sortez de **chez vous** à la même heure chaque matin.
4. Le dimanche je reste chez moi. (on)
Le dimanche on reste **chez soi**.
5. Il ne peut pas se reposer chez lui le soir. (vous)
Vous ne pouvez pas vous reposer **chez vous** le soir.

I. *Complétez la phrase.*

EXEMPLE:
Pour acheter de l'aspirine on va . . .
Pour acheter de l'aspirine on va **chez** le pharmacien.

1. Pour acheter de l'aspirine on va . . .
Pour acheter de l'aspirine on va **chez** le pharmacien.
2. Si on veut de la viande, on l'achète . . .
Si on veut de la viande, on l'achète **chez** le boucher.
3. Lorsque vous ne vous sentez pas bien vous allez . . .
Lorsque je ne me sens pas bien, je vais **chez** le médecin.
4. Si j'ai mal aux dents, je vais . . .
Si vous avez mal aux dents, vous allez **chez** le dentiste.
5. Elle achète un pain de deux livres . . .
Elle achète un pain de deux livres **chez** le boulanger.
6. Lorsque ton automobile ne marche pas bien, tu vas . . .
Lorsque mon automobile ne marche pas bien, je vais **chez** le garagiste.

LES SAISONS

2. PRATIQUE: L'EXPRESSION DE LA CONDITION

I. A. *Exprimez au présent l'idée d'une possibilité immédiate ou d'une action habituelle en vous servant des éléments donnés.*

EXEMPLE:
Le soleil brille/nous pourrions faire un pique-nique.
Si le soleil **brille**, nous **pouvons** faire un pique-nique.
1. Le soleil brille/nous pourrions faire un pique-nique.
Si le soleil **brille**, nous **pouvons** faire un pique-nique.
2. On a le temps/on va à la plage.
Si on en **a** le temps, on **va** à la plage. (*en = de faire cela*)
3. Vos souliers de ski sont trop petits/il faudrait en acheter une autre paire.
Si vos souliers de ski **sont** trop petits, il **faut** en acheter une autre paire.
4. Il neige/il vaudrait mieux ne pas sortir la voiture.
S'il **neige**, il **vaut** mieux ne pas sortir la voiture.
5. Ils iront peut-être en France l'été prochain/je tiens à les y accompagner.
S'ils **vont** en France l'été prochain, je **tiens** à les y accompagner.

B. *Exprimez, ici aussi, l'idée d'une possibilité; mais cette fois en employant le futur dans la proposition principale.*

EXEMPLE:
Nous cueillons des fleurs. (s'il fait beau)
S'il **fait** beau, nous **cueillerons** des fleurs.
1. Nous cueillons des fleurs. (s'il fait beau)
S'il **fait** beau, nous **cueillerons** des fleurs.
2. Nous allons loin. (si les vents sont favorables)
Si les vents **sont** favorables, nous **irons** loin.
3. Nous faisons des châteaux de sable. (s'il n'y a pas de vent)
S'il **n'y a pas** de vent, nous **ferons** des châteaux de sable.
4. Nous allons visiter les parfumeries à Grasse. (s'il fait trop frais)
S'il **fait** trop frais, nous **irons** visiter les parfumeries à Grasse.

5. Vous allez au casino. (et si les parfumeries sont fermées)
 Et si les parfumeries **sont** fermées, vous **irez** au casino.
 6. Je gagne beaucoup d'argent. (si j'ai de la chance)
 Si **j'ai** de la chance, je **gagnerai** beaucoup d'argent.

 C. *Reprenez les réponses de l'exercice précédent et transformez-les suivant l'exemple.*

 EXEMPLE :
 S'il fait beau, nous cueillerons des fleurs.
 S'il **faisait** beau, nous **cueillerions** des fleurs.

 1. S'il fait beau, nous cueillerons des fleurs.
 S'il **faisait** beau, nous **cueillerions** des fleurs.
 2. Si les vents sont favorables, nous irons loin.
 Si les vents **étaient** favorables, nous **irions** loin.
 3. S'il n'y a pas de vent, nous ferons des châteaux de sable.
 S'il **n'y avait pas** de vent, nous **ferions** des châteaux de sable.
 4. S'il fait trop frais, nous irons visiter les parfumeries à Grasse.
 S'il **faisait** trop frais, nous **irions** visiter les parfumeries à Grasse.
 5. Si les parfumeries sont fermées, vous irez au casino.
 Si les parfumeries **étaient** fermées, vous **iriez** au casino.
 6. Si j'ai de la chance, je gagnerai beaucoup d'argent.
 Si **j'avais** de la chance, je **gagnerais** beaucoup d'argent.

 D. *Transformez les phrases suivantes, qui expriment une condition dans le présent, de manière à présenter la même condition dans le passé.*

 EXEMPLE :
 S'il faisait plus chaud, il y aurait des fruits.
 S'il **avait fait** plus chaud, il **y aurait eu** des fruits.

 1. S'il faisait plus chaud, il y aurait des fruits.
 S'il **avait fait** plus chaud, il **y aurait eu** des fruits.
 2. Les vins auraient un meilleur bouquet si les raisins étaient plus sucrés.
 Les vins **auraient eu** un meilleur bouquet si les raisins **avaient été** plus sucrés.
 3. Si ma mère trouvait des asperges, elle en achèterait.
 Si ma mère **avait trouvé** des asperges, elle en **aurait acheté**.
 4. Le prix du pain baisserait si la récolte de blé était meilleure.
 Le prix du pain **aurait baissé** si la récolte de blé **avait été** meilleure.

5. Si les marrons chauds étaient moins chers, j'en mangerais plus souvent.
   Si les marrons chauds **avaient été** moins chers, j'en **aurais mangé** plus souvent.
   6. Si la saison des pêches durait un mois de plus, vous seriez heureuse.
   Si la saison des pêches **avait duré** un mois de plus, vous **auriez été** heureuse.

II. A. *Liez les deux phrases qui vous sont données à l'aide de la locution suggérée.*

   EXEMPLE :
   Je vous accorderai un baiser. Vous me donnerez du muguet. (à condition que)
   Je vous accorderai un baiser **à condition que vous me donniez** du muguet.

   1. Je vous accorderai un baiser. Vous me donnerez du muguet. (à condition que)
   Je vous accorderai un baiser à **condition que vous me donniez** du muguet.
   2. Pierre lui offrira des fleurs. Elle changera d'avis. (à moins que)
   Pierre lui offrira des fleurs à **moins qu'elle ne change** d'avis.
   3. Nous irons au Festival d'Avignon. Nous pourrons prendre des billets. (pourvu que)
   Nous irons au Festival d'Avignon **pourvu que nous puissions** prendre des billets.
   4. Les marchands de glace feront des affaires. Il fera froid. (à moins que)
   Les marchands de glace feront des affaires **à moins qu'il ne fasse** froid.
   5. Nous visiterons ce petit village. Les cigognes reviendront à leur date habituelle. (pourvu que)
   Nous visiterons ce petit village **pourvu que les cigognes reviennent** à leur date habituelle.
   6. Elles reviendront. Les neiges fondront bientôt. (à condition que)
   Elles reviendront à **condition que** les neiges **fondent** bientôt.

   B. *Observez les phrases qu'on vous donne: <u>la condition est pour ainsi dire simultanée à la résultante</u>. Transformez ces phrases de façon que la condition précède la résultante.*

EXEMPLE:
　　Nous patinerons à condition qu'on nettoie la glace.
　　Nous patinerons **à condition qu'on ait nettoyé** la glace.

1. Nous patinerons à condition qu'on nettoie la glace.
　　Nous patinerons **à condition qu'on ait nettoyé** la glace.
2. Les enfants feront un bonhomme de neige à moins qu'on n'enlève la neige.
　　Les enfants feront un bonhomme de neige **à moins qu'on n'ait enlevé** la neige.
3. Les marronniers seront en fleurs à condition qu'il ne gèle pas.
　　Les marronniers seront en fleurs **à condition qu'il n'ait pas gelé**.
4. Tu trouveras du muguet pourvu que les promeneurs du dimanche ne pillent pas les bois.
　　Tu trouveras du muguet **pourvu que les promeneurs du dimanche n'aient pas pillé** les bois.
5. Les fruits seront superbes à condition qu'on les cueille à temps.
　　Les fruits seront superbes **à condition qu'on les ait cueillis** à temps.
6. Ils pêcheront la truite à condition que je leur indique un bon coin.
　　Ils pêcheront la truite **à condition que je leur aie indiqué** un bon coin.

C. *Combinez les deux phrases données à l'aide de la locution suggérée.*

EXEMPLE:
　　Je lui apporterai des roses . . . si j'en trouve en route. (à condition de)
　　Je lui apporterai des roses **à condition d'en trouver** en route.

1. Je lui apporterai des roses . . . si j'en trouve en route. (à condition de)
　　Je lui apporterai des roses **à condition d'en trouver** en route.
2. Je n'en trouverai pas . . . si je ne passe pas par le Quai aux fleurs. (Marché aux fleurs dans l'île de la Cité à Paris) (à moins de)
　　Je n'en trouverai pas **à moins de passer** par le Quai aux fleurs.
3. Nous participerons au défilé du premier mai . . . si nous arrivons à temps (à condition de). (Le premier mai = Jour de la fête du Travail en France.)
　　Nous participerons au défilé du premier mai **à condition d'arriver** à temps.

4. Ils n'iront pas au Carnaval de Nice . . . s'ils ne trouvent pas une voiture à louer. (à moins de)
Ils n'iront pas au Carnaval de Nice **à moins de trouver** une voiture à louer.
5. Nous pourrons y aller . . . si nous payons l'essence. (à condition de)
Nous pourrons y aller **à condition de payer** l'essence.

III. A. *Remplacez* si *par* au cas où. <u>*Notez le changement de temps:*</u> *le présent de l'indicatif est remplacé par le présent du conditionnel.*

EXEMPLE:
Nous célébrerons le quatorze juillet si nous sommes en France en juillet.
Nous célébrerons le quatorze juillet **au cas où nous serions** en France en juillet.

1. Nous célébrerons le quatorze juillet si nous sommes en France en juillet.
Nous célébrerons le quatorze juillet **au cas où nous serions** en France en juillet.
2. Si vous vous trouvez à Paris ce jour-là, dansez dans la rue.
Au cas où vous vous trouveriez à Paris ce jour-là, dansez dans la rue.
3. Si vous ne pouvez pas danser, allez au moins voir les bals publics.
Au cas où vous ne pourriez pas danser, allez au moins voir les bals publics.
4. Si tu es malade, regarde tout cela à la télévision.
Au cas où tu serais malade, regarde tout cela à la télévision.

B. *Maintenant, remplacez* si *par* au cas où. <u>*Notez le changement de mode: l'indicatif est remplacé par le passé du conditionnel.*</u>

EXEMPLE:
Si les vendanges ne sont pas terminées, participons-y.
Au cas où les vendanges **n'auraient pas été terminées,** participons-y.

1. Si les vendanges ne sont pas terminées, participons-y.
Au cas où les vendanges **n'auraient pas été terminées,** participons-y.

2. Si les vendangeurs ont cueilli tout le raisin, cherchons du travail ailleurs.
   Au cas où les vendangeurs **auraient cueilli** tout le raisin, cherchons du travail ailleurs.
3. Si le vin n'a pas encore été mis en bouteilles, travaille dans une cave.
   Au cas où le vin **n'aurait pas encore été mis** en bouteilles, travaille dans une cave.
4. Si tout est fini à la campagne, retourne en ville.
   Au cas où tout **aurait été fini** à la campagne, retourne en ville.

EXPLICATIONS

Prépositions (Suite)

VI. D. DANS

1. Signifie d'abord à l'intérieur de (*within*).

   DANS notre atelier, nous avons de vieilles machines.
   (*In our shop we have old machines.*)
   Les industries sont rares DANS ce pays.
   (*Industries are scarce in this country.*)
   À l'heure du déjeuner, nous faisons un tour DANS le jardin.
   (*At lunch time we take a walk in the garden.*)
   Les ouvriers entrent DANS le bâtiment.
   (*The workers enter the building.*)
   Irez-vous DANS le pays de vos rêves?
   (*Will you go to the land of your dreams?*)

2. **Dans** s'emploie avec l'idée de **après** avec une expression de temps.

   Dans 35 minutes la cloche retentira et nous serons libres.
   (*In 35 minutes/35 minutes from now the bell will ring and we will be free.*)
   Y aura-t-il une autre grève **dans** 15 jours?
   (*Will there be another strike in 2 weeks?*)

3. **Dans** s'emploie avec les noms de pays et de continents qui sont modifiés.

> Il y a beaucoup d'industries **dans** presque toute l'Allemagne.
> (*There are many industries in just about all of Germany.*)
>
> Pierre aimerait venir en Amérique. Il m'a dit qu'il voudrait voyager **dans** toute l'Amérique.
> (*Pierre would like to come to America. He said to me that he would like to travel in all of America.*)

4. **Dans** s'emploie dans les expressions qui décrivent les occupations.

> **dans l'automobile**.........(in the auto industry)
> **dans les affaires**..........(in business)
> **dans le gouvernement**......(in the government)
> **dans l'enseignement**.......(in the teaching profession)
> **dans l'armée**..............(in the Army)
> **dans la marine**...........(in the Navy)
> **dans l'aviation**...........(in the Air Force)
> **dans le commerce**.........(in the retail business)

5. Notez les expressions :

> **être dans la lune**..........(to day-dream, to be absent-minded)
> **prendre quelque chose dans quelque chose**............(to take something out of something)
> **copier dans un livre**.......(to copy {in / out of} a book)
> **dans la rue**...............(in the street/on the street)
> **dans ce but**..............(with this in mind)

> EXEMPLES :
> Il est tellement **dans** la lune qu'on pourrait prendre quelque chose **dans** sa poche sans qu'il s'en aperçoive.
> (*He is so absent-minded that you could take something out of his pocket without his noticing it.*)

Dans la rue du Faubourg Saint-Honoré vous trouverez des maisons de haute couture.
(*On the rue du Faubourg Saint-Honoré, you will find some houses of high fashion.*)

E. PAR

1. Dans son sens le plus général, **par** introduit un complément de lieu (*by, through*).

    Il faut passer PAR la cour pour arriver au bâtiment central.
    (*You must go through the yard to reach the main building.*)
    Entrez PAR la porte de derrière et personne ne vous verra.
    (*Enter by the back door and no one will see you.*)

2. Introduit un complément d'entremise (autre sens de *through*) avec la signification de **grâce à** ou de **par l'intermédiaire de.**

    J'ai obtenu cette place **par** un ami.
    (*I obtained this position through a friend.*)
    C'est seulement **par** son père que Georges a réussi dans les affaires.
    (*It is only thanks to his father that George made it in business.*)

3. Introduit le complément d'agent (Remarquez l'emploi de la construction passive).

    La manifestation a été interdite **par** le préfet.
    (*The demonstration was forbidden by the prefect*—fonctionnaire à la tête d'un département.)
    Ils ont été effrayés **par** la concurrence des produits étrangers.
    (*They were frightened by the competition of foreign products.*)

4. Notez les expressions suivantes:

par un froid glacial........	(during a freezing cold)
par une belle journée.......	(on a beautiful day)
par une nuit sans lune......	(on a moonless night)
commencer par + infinitif....	(to begin by doing)
finir par + infinitif.........	(to finish by doing)
par jour/mois/an...........	(per/a day/month/year)

EXEMPLES:
  L'électricien commença **par** mesurer la pièce.
  (*The electrician began by measuring the room.*)

  On comprend que les maçons ne puissent pas poser de briques **par** un froid glacial.
  (*One understands why masons cannot lay bricks during a freezing cold.*)

F. POUR

1. Faites bien attention à l'emploi de **pour** introduisant une proposition infinitive complément de but (avec le sens de *in order to*).

  Il conduit comme un fou POUR arriver à l'heure.
  (*He drives like a madman to arrive on time.*)

  Nous nous donnons du mal POUR comprendre le principe de l'ordinateur.
  (*We make great efforts to understand the principle of the computer.*)

2. Notez en outre ce qui suit:

pour ainsi dire..............	(so to speak/nearly)
dix pour cent...............	(ten per cent)
cinquante pour cent.........	(fifty per cent)
X pour cent................	(X per cent)
pour de bon................	(seriously/for keeps)
pour de vrai................	(truly)
pour l'instant...............	(for the time being)

EXEMPLES:
Son affaire est **pour ainsi dire** ruinée.
(*His business is nearly bankrupt.*)
Mais **pour l'instant** il tient à conserver 50% (50 **pour cent**) des actions.
(*But for the time being he insists upon keeping 50% of the shares.*)

G. CHEZ

1. S'emploie surtout pour parler de <u>la demeure</u>.

CHEZ moi, chez toi, chez lui, chez elle, chez soi, chez nous, chez vous, chez eux, chez elles. (*At home.*)

Elle rentre CHEZ elle à six heures précises.
(*She goes home at exactly six o'clock.*)
Ah, qu'il fait bon être CHEZ soi après une longue journée de travail!
(*Ah, how nice it is to be at home after a long day at work!*)

2. Chez s'emploie aussi pour parler de la boutique d'un <u>commerçant</u>

Chez le boucher, **chez** le charcutier, **chez** le laitier, **chez** l'épicier, **chez** le poissonnier, etc.

ou pour parler du cabinet d'un <u>médecin</u>, d'un <u>dentiste</u>, d'un <u>avocat</u>

chez le dentiste, **chez** l'avocat, **chez** le médecin, etc.

EXEMPLES:
Ce n'est pas **chez** le laitier que vous trouverez de la viande.
(*It is not at the dairy store that you will find meat.*)
C'est drôle, je ne me sens jamais bien lorsque j'arrive **chez** le dentiste.
(*It is strange, I never feel good when I arrive at the dentist's.*)

EXERCICE DE CONTRÔLE

Écrivez les prépositions qui conviennent.

1. Je suis originaire .... Luxembourg. Je suis né .... une petite ville nommée B.
2. .... moi, la vie est à la fois simple et compliquée. Pour ses courses, par exemple, on doit aller .... plusieurs boutiques différentes: .... le boucher .... sa viande, ... le boulanger .... son pain, ... l'épicier .... son sel et son poivre, etc. ...
3. Mais comme tout est concentré .... la même rue, cela n'est pas terriblement différent .... un supermarché.
4. .... une belle journée, l'instant des courses est même agréable.
5. Maman commence .... le boulanger et finit toujours .... le marchand de légumes.
6. Selon ma mère, cette routine est .... ainsi dire une visite quotidienne .... des amis de toujours.
7. Il n'y a pas une seule autre ville .... tout le Luxembourg où je préférerais vivre.

THÈME D'APPLICATION

1. Have you seen the book that was written by the lady who lives in Mexico?
2. You need a raise of a few francs per day.
3. If you earn two francs an hour and if you work 40 hours per week, you earn 80 francs a week. (Minus taxes: *moins vos impôts!*)
4. There is not much industry in this region.
5. In order to succeed in the retail business one must be a good psychologist.

6. Seventy per cent of the employees eat in the plant dining room. (*la cantine: restaurant subventionné par une entreprise*)
7. Once he is back home he rests while watching television.

EXPLICATIONS

2. L'EXPRESSION DE LA CONDITION

Généralités

Plusieurs conjonctions et locutions conjonctives sont employées pour introduire une condition ou une supposition.

Voici les plus fréquentes:

si	(if)
à condition que	(on condition that/providing that)
à condition de	(providing that)
à moins que	(unless)
à moins de	(unless)
pourvu que	(provided/provided that)
soit que ... soit que	(whether ... or/either because ... or because)
au cas où	(in the event that)

Notez bien la concordance des temps dans les phrases où ces conjonctions ou locutions conjonctives sont employées.

Observez attentivement le contexte temporel de la phrase.

I. SI

A. Pour exprimer une possibilité immédiate, on emploie l'indicatif dans les deux membres de la phrase.

1. SI + PRÉSENT DE L'INDICATIF + PRÉSENT DE L'INDICATIF

> S'il pleut, on est perdu!
> (*If it is raining, we are lost!*)
> Si tu pars tout de suite, je pars avec toi.
> (*If you leave right now, I am going with you.*)

2. SI + PRÉSENT DE L'INDICATIF + FUTUR DE L'INDICATIF

> Si nous allons en Hollande au printemps, vous verrons les tulipes.
> (*If we go to Holland in the spring, we'll see the tulips.*)
> Et si vous insistez, nous pourrons passer plusieurs jours à visiter les champs de fleurs.
> (*If you insist we could—will be able to—spend several days visiting the flower-fields.*)

B. Pour exprimer l'idée d'une action potentielle ou irréelle, on emploie

1. SI + IMPARFAIT DE L'INDICATIF + CONDITIONNEL PRÉSENT dans le cas où la condition est présente.

> Si nous en avions les moyens, nous irions faire du ski.
> (en = de faire cela)
> (*If we had the means, we would go skiing.*)
> J'appellerais mes parents au téléphone s'ils n'habitaient pas si loin.
> (*I would call my parents on the phone, if they did not live so far.*)

2. SI + PLUS-QUE-PARFAIT DE L'INDICATIF + CONDITIONNEL PASSÉ dans une situation où la condition est passée.

> S'il avait neigé, nous serions restés une semaine de plus à la montagne.
> (*If it had snowed, we would have remained a week longer in the mountains.*)

Tu **aurais visité** Lascaux **si tu en avais eu** le temps. (en =
de le faire)
(*You would have visited Lascaux if you had had the time—
for it.*)

II. À CONDITION QUE
À MOINS QUE
POURVU QUE   + SUBJONCTIF
SOIT QUE . . . SOIT QUE

Ces locutions sont suivies du subjonctif présent ou du subjonctif passé suivant l'idée à exprimer.

A. Le subjonctif présent est employé lorsque l'action de la subordonnée est simultanée à l'action de la principale.

J'accepte de faire un tour **à condition que vous veniez** avec moi.
(*I accept to take a ride on condition that you come with me.*)
Vous partirez lundi à **moins que** les routes **ne soient** glissantes.
(*You will leave Monday unless the roads are slippery.*)
Nous nous mettrons en route **pourvu qu'il fasse** beau.
(*We will get under way provided the weather is fine.*)

B. Le subjonctif passé est employé lorsque l'action de la subordonnée précède l'action de la principale.

Tu arriveras à Deauville avant midi **à condition qu'on ait terminé** les travaux.
(*You will arrive in Deauville before noon provided that they have finished the repairs.*)
Soit qu'ils soient tombés en panne, **soit qu'ils aient oublié** notre rendez-vous, ils ne sont pas encore arrivés.
(*Whether they have had a breakdown or have forgotten our appointment, they have not yet arrived.*)

L'idée **à condition que** et
l'idée **à moins que** deviennent

À CONDITION DE + INFINITIF

et

À MOINS DE + INFINITIF

lorsque les deux propositions ont le même sujet

À **condition de partir** au petit jour, nous atteindrons la côte à l'heure du déjeuner.
(*Provided that we leave at dawn, we'll reach the seashore by lunch time.*)

À **moins de partir** au petit jour, nous n'atteindrons pas la côte à l'heure du déjeuner.
(*Unless we leave at dawn, we will not reach the seashore by lunch time.*)

III. AU CAS OÙ + CONDITIONNEL

A. Au cas où s'emploie avec le conditionnel présent lorsque l'action de la subordonnée est simultanée à l'action de la principale.

Je vous accompagnerai **au cas où vous auriez** une place de libre dans votre voiture.
(*I will go with you in case you have room in your car.*)

B. Au cas où s'emploie avec le conditionnel passé lorsque l'action de la subordonnée précède l'action de la principale.

Nous pourrons prendre des photos **au cas où** toutes les feuilles **ne seraient pas tombées**.
(*We will be able to take photographs in the event that all the leaves have not fallen.*)

INVENTION

Composez des phrases complètes en employant les éléments indiqués.

1. (*condition irréelle dans le présent*) Si/l'eau/être/plus/chaud/je/se baigner.

   EXEMPLE:
   Si l'eau **était** plus chaude je me **baignerais**.

2. (*impératif*) Rentrer/ton/les pots/fleurs/pendant la nuit/au cas où/ geler.

3. (*futur*) Nous/cueillir/le muguet/à moins que/Janine/ne pas vouloir/conduire/nous.
4. (*condition irréelle dans le passé*) Si/tout le monde/être/aimable/aussi . . . que/lui/notre/le week-end/être réussi.
5. (*présent*) On/encore/pouvoir/trouver/les coins/paisible/à condition/bien connaître/l'Ile de France.
6. (*futur*) Il/téléphoner à/moi/au cas où/pleuvoir.
7. (*futur*) Tu/faire du ski/pouvoir/la neige/être/épais.
8. (*impératif—1ère personne du pluriel*) Prendre ses vacances/le printemps/si/le temps/se prêter à.
9. (*condition irréelle dans le présent*) Nous/pouvoir/se bronzer/si/ne pas y avoir/les nuages.
10. (*futur*) Ils/faire/leur/le pique-nique/pourvu/ils pouvoir/retrouver/leur/le panier.

THÈME D'APPLICATION

1. If the weather were fine, if it did not rain and if the car ran we would not be here.
2. In case the summer is extremely hot, it would be preferable to spend a few days in the Alps.
3. If we had been warned (*employez* **on** *et le passif*), we would not have gone to Paris in January.
4. Next year, however, if we can (do it = **le**) and if we have the time (for it = **en**) we will stop there in April.
5. Supposing that we do not spend more than 50 francs a day, we would be able to visit the Midi. (*le Midi: le sud de la France*) (*employez* **à condition de** . . .)
6. If the Swedish (*suédois*) winter were not so harsh, Pierre would accept to teach there.
7. There were very few flowers this year either because there was too much rain or because there was not enough sunshine.
8. You are mad if you plant exotic flowers in this climate.
9. I'll be happy in the event that there is one.
10. What? You would be happy even if there were only one?

EMPLOI PRATIQUE DU VERBE <u>APPELER</u> ET DES VERBES AVEC LE RADICAL EN É OU EN E

(Voir Tableau du verbe «appeler», p. 324)

A. *Dans les phrases suivantes, employez la forme du verbe indiquée entre parenthèses.*

1. Je .... (*se rappeler—futur*) toujours cet été où il a tant plu.
2. En hiver, les enfants .... (*jeter—présent de l'indicatif*) des boules de neige.
3. S'il avait assez d'argent, il .... (*acheter—conditionnel*) un bateau et ferait le tour du monde.
4. Je lui ai demandé comment elle .... (*s'appeler—imparfait de l'indicatif*), mais elle n'a rien répondu.
5. Ils .... (*espérer—présent de l'indicatif*) nous voir au mois d'août lorsque nous passerons par Limoges pour aller dans les Pyrénées.
6. Si j'avais une place, je vous la .... (*céder—conditionnel présent*) volontiers.
7. Après .... (*geler—infinitif passé*) toute la nuit d'hier, on dirait qu'il .... (*dégeler—présent de l'indicatif*) un peu aujourd'hui.
8. Ils nous .... (*emmener—futur*) à la piscine demain. Heureusement, c'est une piscine chauffée.
9. Quand nous étions enfants, nous .... (*se lever—imparfait de l'indicatif*) à six heures du matin. Maintenant, il nous est difficile de nous lever à neuf heures!

B. *Même exercice.*

1. Vous, en fait, vous .... (*préférer—conditionnel passé*) rester au lit ce matin.
2. Mais pourquoi est-ce que tu .... (*exagérer—présent de l'indicatif*) ainsi?
3. Il vaut mieux qu'ils .... (*révéler—subjonctif présent*) leurs secrets dès maintenant.
4. J'ai attendu jusqu'à ce qu'il m'....... (*appeler—subjonctif passé*) pour répondre à leurs cruelles attaques.

5. Il s'écria: «....... (*se lever—impératif, 2ème personne du pluriel*) quand je vous parle.»
6. Il .... (*peser vite—passé composé*) le poisson qu'il avait attrapé.
7. Croyez-moi, ce soir, à la surprise-partie, elle .... (*répéter—futur simple*) les mêmes anecdotes.
8. Les hôtes l'....... (*emmener—plus-que-parfait*) dans le fond du jardin pour lui montrer leurs nouvelles roses. («*l'*» = *une jeune fille qui s'appelle Janine.*)
9. Une fois qu'ils .... (*rejeter—futur antérieur*) les moins belles, ils pourront faire un bouquet de celles qui sont épanouies. (*celles: les roses au fond du jardin*)

LEÇON 15

LES VACANCES

1. PRATIQUE: EMPLOI DE CERTAINS TEMPS ET CERTAINES FORMES VERBALES

I. *Exprimez l'habitude en combinant les phrases données à l'aide de* **quand, lorsque, dès que** *ou* **aussitôt que.**

EXEMPLE:
Il se jette à l'eau. Il arrive à la plage. (dès que)
Il se jette à l'eau **dès qu'il arrive** à la plage.
1. Il se jette à l'eau. Il arrive à la plage. (dès que)
Il se jette à l'eau **dès qu'il arrive** à la plage.
2. Il en sort aussitôt. L'eau est froide. (lorsque)
Il en sort aussitôt **lorsque l'eau est** froide.
3. Il nage pendant une heure. L'eau est assez chaude. (quand)
Il nage pendant une heure **quand l'eau est** assez chaude.
4. On se moque de lui. Il s'est éloigné. (aussitôt que)
On se moque de lui **aussitôt qu'il s'est éloigné.**
5. Nous changeons de sujet. Une jeune fille passe. (dès que)
Nous changeons de sujet **dès qu'**une jeune fille **passe.**

II. *Voici des phrases qui expriment une habitude; changez-les pour montrer que l'action se passera dans le futur.*

EXEMPLE:
Nous emportons beaucoup d'affaires lorsque nous partons en vacances.
Nous emporterons beaucoup d'affaires **lorsque nous partirons** en vacances.
1. Nous emportons beaucoup d'affaires lorsque nous partons en vacances.
Nous emporterons beaucoup d'affaires **lorsque nous partirons** en vacances.
2. Dès que le soleil se lève nous nous mettons en route.
Dès que le soleil **se lèvera** nous nous **mettrons** en route.

3. Nous nous arrêtons un instant quand nous voyons un beau coin.
   Nous nous arrêterons un instant **quand nous verrons** un beau coin.
4. Aussitôt que nous avons faim nous cherchons un petit restaurant.
   Aussitôt que nous aurons faim nous chercherons un petit restaurant.
5. Nous partons après qu'on nous a servi notre café.
   Nous partirons après qu'on nous aura servi notre café.
6. Après cela nous nous arrêtons lorsque nous avons besoin d'essence.
   Après cela **nous nous arrêterons lorsque nous aurons** besoin d'essence.

III. *Les phrases suivantes expriment une habitude; mettez-les au futur.*

EXEMPLE:
   Dès que nous avons atteint le Ballon d'Alsace, nous nous reposons.
   Dès que nous aurons atteint le Ballon d'Alsace, **nous nous reposerons.**

1. Dès que nous avons atteint le Ballon d'Alsace, nous nous reposons.
   Dès que nous aurons atteint le Ballon d'Alsace, **nous nous reposerons.**
2. Nous remontons en voiture après que nous nous sommes reposés.
   Nous remonterons en voiture **après que nous nous serons reposés.**
3. Aussitôt que nous sommes repartis, les enfants veulent boire quelque chose.
   Aussitôt que nous serons repartis, les enfants **voudront** boire quelque chose.
4. Après qu'ils ont vu ce qui les intéresse, il fait sombre.
   Après qu'ils auront vu ce qui les intéressera, **il fera** sombre.
5. Dès que la nuit est tombée, les enfants s'endorment.
   Dès que la nuit sera tombée, les enfants **s'endormiront.**

IV. *Maintenant, vous allez changer les phrases suivantes et exprimer une habitude dans le passé.*

EXEMPLE:
   Nous emportons beaucoup d'affaires lorsque nous partons en vacances.
   Nous emportions beaucoup d'affaires **lorsque nous partions** en vacances.

1. Nous emportons beaucoup d'affaires lorsque nous partons en vacances.
   Nous emportions beaucoup d'affaires **lorsque nous partions** en vacances.
2. Dès que le soleil se lève nous nous mettons en route.
   Dès que le soleil **se levait nous nous mettions** en route.
3. Nous nous arrêtons un instant quand nous voyons un beau coin.
   Nous nous arrêtions un instant **quand nous voyions** un beau coin.
4. Aussitôt que nous avons faim nous cherchons un petit restaurant.
   Aussitôt que nous avions faim **nous cherchions** un petit restaurant.
5. Nous nous arrêtons lorsque nous avons besoin d'essence.
   Nous nous arrêtions lorsque nous avions besoin d'essence.

V. *Combinez les deux éléments à l'aide d'***au moment où.**

EXEMPLE :
Mes valises sont toujours prêtes. Les vacances arrivent.
Mes valises **sont** toujours prêtes **au moment où** les vacances **arrivent.**

1. Mes valises sont toujours prêtes. Les vacances arrivent.
   Mes valises **sont** toujours prêtes **au moment où** les vacances **arrivent.**
2. Mais je m'aperçois que j'ai oublié mon passeport. J'atteins la gare.
   Mais je **m'aperçois** que j'ai oublié mon passeport **au moment où j'atteins** la gare.
3. Je vois que je n'ai pas d'argent. Je veux prendre mon billet.
   Je vois que **je n'ai** pas d'argent **au moment où je veux** prendre mon billet.
4. Je suis prêt à m'endormir. J'arrive à ma destination.
   Je suis prêt à m'endormir **au moment où j'arrive** à ma destination.
5. Le train part. Je me rends compte que c'est le mauvais arrêt!
   Le train **part au moment où je me rends** compte que c'est le mauvais arrêt!

VI. *Combinez les éléments donnés à l'aide d'***aussi longtemps que** *ou d'***au moment où :**

EXEMPLE :
Il arrivera à l'hôtel. Les chambres seront toutes occupées. (au moment où).
Au moment où il arrivera à l'hôtel, les chambres **seront** toutes occupées.

1. Il arrivera à l'hôtel. Les chambres seront toutes occupées. (au moment où)
   Au moment où il arrivera à l'hôtel, les chambres seront toutes occupées.
2. Il pleuvra. Il restera en Bretagne. (aussi longtemps que)
   Il pleuvra aussi longtemps qu'il restera en Bretagne.
3. Le temps sera magnifique. Il rentrera à Paris. (au moment où)
   Le temps sera magnifique au moment où il rentrera à Paris.
4. Il se rappellera ses vacances. Il vivra. (aussi longtemps que)
   Il se rappellera ses vacances aussi longtemps qu'il vivra.
5. Il en parlera au bureau. Ses collègues riront. (au moment où)
   Au moment où il en parlera au bureau ses collègues riront.

VII. *Mettez les phrases suivantes au passé suivant les indications données (habitude/description ou fait terminé).*

EXEMPLE :
  Au moment où tu arrives à l'aérogare, on annonce une grève des autobus. (description)
  Au moment où tu arrivais à l'aérogare, on annonçait une grève des autobus.

1. Au moment où tu arrives à l'aérogare, on annonce une grève des autobus. (description)
   Au moment où tu arrivais à l'aérogare, on annonçait une grève des autobus.
2. Au moment où tu montes dans un taxi, tu vois une vieille amie. (faits terminés)
   Au moment où tu es monté dans un taxi, tu as vu une vieille amie.
3. Tu restes avec elle aussi longtemps que tu peux. (faits terminés)
   Tu es resté avec elle aussi longtemps que tu as pu.
4. Tu lui fais signe au moment où le taxi démarre. (description)
   Tu lui faisais signe au moment où le taxi démarrait.
5. Tu attends à Orly aussi longtemps qu'il y a du brouillard. (faits terminés)
   Tu as attendu à Orly aussi longtemps qu'il y a eu du brouillard.
6. L'avion à réaction fait beaucoup de bruit au moment où il décolle. (faits terminés)
   L'avion à réaction a fait beaucoup de bruit au moment où il a décollé.

VIII. *Liez les phrases ou morceaux de phrases à l'aide de* **car/parce que** *ou d'*à **cause de:**

Exemple:
Vous prendrez le bateau. Vous en avez le temps.
Vous **prendrez** le bateau **car vous en avez** le temps.
Vous **prendrez** le bateau **parce que vous en avez** le temps.

1. Vous prendrez le bateau. Vous en avez le temps.
   Vous **prendrez** le bateau **car vous en avez** le temps.
   Vous **prendrez** le bateau **parce que vous en avez** le temps.
2. Vous préférez les bateaux français. la cuisine.
   Vous **préférez** les bateaux français **à cause de** la cuisine.
3. Vous louerez une chaise longue. Vous voulez prendre le soleil.
   Vous **louerez** une chaise longue **car vous voulez** prendre le soleil.
   Vous **louerez** une chaise longue **parce que vous voulez** prendre le soleil.
4. Vous irez en classe touriste. le prix des billets.
   Vous **irez** en classe touriste **à cause du** prix des billets.
5. Vous nagerez chaque jour. Il y a une belle piscine.
   Vous **nagerez** chaque jour, **car il y a** une belle piscine.
   Vous **nagerez** chaque jour **parce qu'il y a** une belle piscine.
6. Vous danserez le soir. Vous aimez la musique.
   Vous **danserez** le soir, **car vous aimez** la musique.
   Vous **danserez** le soir **parce que vous** aimez la musique.
7. Vous ne dînerez pas ce soir. le mal de mer.
   Vous **ne dînerez pas** ce soir **à cause du** mal de mer.

IX. *Répétez la phrase en ajoutant l'infinitif à l'aide de* **sans** *ou d'***au lieu de:**

Exemple:
Peut-on faire du camping?—savoir monter une tente.
Peut-on faire du camping **sans savoir** monter une tente?

1. Peut-on faire du camping?—savoir monter une tente.
   Peut-on faire du camping **sans savoir** monter une tente?
2. Il dort par terre—employer un sac de couchage.
   Il dort par terre **au lieu d'employer** un sac de couchage.
3. Ne vous couchez pas—éteindre le feu.
   Ne vous couchez pas **sans éteindre** le feu.

4. Il dort—préparer le petit déjeuner.
   Il dort **au lieu de préparer** le petit déjeuner.
5. Il allume un feu—faire attention au danger d'incendie.
   Il allume un feu **sans faire** attention au danger d'incendie.

X. *Maintenant combinez les deux éléments donnés à l'aide d'***avant de** *ou d'***au point de.**

EXEMPLE:
   Nous prendrons quelques photos—partir.
   Nous prendrons quelques photos **avant de** partir.

1. Nous prendrons quelques photos—partir.
   Nous prendrons quelques photos **avant de** partir.
2. Ils aiment le camping—ne plus vouloir retourner en ville.
   Ils aiment le camping **au point de ne** plus vouloir retourner en ville.
3. Ils préfèrent la campagne—y passer tous leurs week-ends.
   Ils préfèrent la campagne **au point d'**y passer tous leurs week-ends.
4. Ils auraient dû réfléchir—acheter cet équipement.
   Ils auraient dû réfléchir **avant d'**acheter cet équipement.
5. Ils sont fanatiques—camper même s'il fait moins 10°.
   Ils sont fanatiques **au point de** camper même s'il fait moins 10°.

XI. *Dans les phrases suivantes, remplacez l'infinitif par un nom ou vice versa.*

EXEMPLE:
   Le canotage est bien agréable.
   Canoter est bien agréable.

1. Le canotage est bien agréable.
   Canoter est bien agréable.
2. Est-ce que tu aimes patiner?
   Est-ce que tu aimes **le patinage?**
3. Non, je préfère le ski.
   Non, je préfère **skier.**
4. Le pilotage ne présente aucun danger.
   Piloter ne présente aucun danger.
5. Courir fait du bien.
   La course fait du bien.

XII. *Employez* TA/VOTRE/SA FAÇON DE + INFINITIF *au lieu de* LE FAIT QUE + VERBE CONJUGUÉ.

EXEMPLE:
Le fait que tu conduis vite m'effraie.
Ta façon de conduire vite m'effraie.

1. Le fait que tu conduis vite m'effraie.
Ta façon de conduire vite m'effraie.
2. Le fait que vous parlez avec un accent attire l'attention.
Votre façon de parler avec un accent attire l'attention.
3. Le fait que tu dépenses beaucoup d'argent intéresse l'hôtelier.
Ta façon de dépenser beaucoup d'argent intéresse l'hôtelier.
4. Le fait que je consulte si soigneusement la carte fait sourire mes voisins.
Ma façon de consulter si soigneusement la carte fait sourire mes voisins.
5. Le fait que tu nages si mal amuse les gens sur la plage.
Ta façon de nager amuse les gens sur la plage.

2. PRATIQUE: LA CONCORDANCE DES TEMPS

I. A. *Mettez les phrases suivantes au futur en disant que l'action* **se fera demain.**

EXEMPLE:
Il dit qu'il fait réparer la voiture.
Il dit qu'il **fera réparer** la voiture **demain.**

1. Il dit qu'il fait réparer la voiture.
Il dit qu'il **fera réparer** la voiture **demain.**
2. Je sais que sa femme prépare les valises.
Je sais que sa femme **préparera** les valises **demain.**
3. Ils disent que les enfants sont impatients.
Ils disent que les enfants **seront** impatients **demain.**
4. Vous pensez qu'ils se tiennent bien.
Vous pensez qu'ils **se tiendront** bien **demain.**
5. Tu prétends que rien ne marche.
Tu prétends que rien ne **marchera demain.**
6. Je suis sûr, au contraire, qu'ils partent tôt.
Je suis sûr, au contraire, qu'ils **partiront tôt demain.**

B. *Maintenant, dites que ces actions seront terminées* **avant demain.**

EXEMPLE :
  Il dit qu'il réparera la voiture demain.
  Il dit qu'il **aura réparé** la voiture **avant demain.**

1. Il dit qu'il réparera la voiture demain.
   Il dit qu'il **aura réparé** la voiture **avant demain.**
2. Je sais que sa femme préparera les valises.
   Je sais que sa femme **aura préparé** les valises **avant demain.**
3. Ils disent que les enfants se calmeront.
   Ils disent que les enfants **se seront calmés avant demain.**
4. Vous pensez qu'ils arriveront à leur destination.
   Vous pensez qu'ils **seront arrivés** à leur destination **avant demain.**
5. Tu prétends qu'ils feront plus de 500 kilomètres.
   Tu prétends qu'ils **auront fait** plus de 500 kilomètres **avant demain.**
6. Je suis sûr qu'ils partiront.
   Je suis sûr qu'ils **seront partis avant demain.**

C. *Mettez le verbe de la subordonnée au plus-que-parfait en ajoutant* **avant la fin de l'été.**

EXEMPLE :
  Je crois qu'il est déjà revenu.
  Je crois qu'il **était déjà revenu avant la fin de l'été.**

1. Je crois qu'il est déjà revenu.
   Je crois qu'**il était déjà revenu avant la fin de l'été.**
2. Nous savons que tu as tout dépensé.
   Nous savons que tu **avais tout dépensé avant la fin de l'été.**
3. Vous dites que je suis tombé amoureux de la région.
   Vous dites que j'**étais tombé amoureux** de la région **avant la fin de l'été.**
4. André affirme que pour lui la région a perdu son charme.
   André affirme que pour lui la région **avait perdu** son charme **avant la fin de l'été.**
5. Il croit que je n'ai pas fait attention à la pauvreté du village.
   Il croit que je **n'avais pas fait attention** à la pauvreté du village **avant la fin de l'été.**
6. Vous pensez qu'il a changé d'avis.
   Vous pensez qu'il **avait changé d'avis avant la fin de l'été.**

D. *Mettez les phrases suivantes au passé suivant l'exemple donné. Attention aux expressions de temps.*

EXEMPLE :
    Je pense qu'il sera prêt demain.
    J'ai **pensé** qu'il **serait prêt** le lendemain.

1. Je pense qu'il sera prêt demain.
   J'ai **pensé** qu'il **serait prêt** le lendemain.
2. Je crois qu'il téléphonera à l'hôtel demain.
   J'ai **cru** qu'il **téléphonerait** à l'hôtel le lendemain.
3. Pierre dit que nous ferons nos valises demain.
   Pierre **a dit** que nous **ferions** nos valises le lendemain.
4. Je réponds que nous n'aurons pas fini avant le soir.
   J'ai **répondu** que nous n'**aurions pas fini** avant le soir.
5. Le porteur dit qu'il n'y aura pas de taxi à notre disposition.
   Le porteur **a dit** qu'il **n'y aurait pas** de taxi à notre disposition.
6. Il ajoute que nous ne serons pas arrivés à New York avant midi.
   Il **a ajouté** que nous **ne serions pas arrivés** à New York avant midi.
7. Heureusement, la compagnie aérienne dit que l'avion partira en retard.
   Heureusement, la compagnie aérienne **a dit** que l'avion **partirait** en retard.
8. On affirme que l'avion décollera avant la nuit.
   On **a affirmé** que l'avion **décollerait** avant la nuit.

II. A. *Mettez les phrases suivantes au futur.*

EXEMPLE :
    Il faut que nous passions à la douane.
    Il **faudra** que nous passions à la douane.

1. Il faut que nous passions à la douane.
   Il **faudra** que nous passions à la douane.
2. Le douanier veut que nous fassions viser nos passeports.
   Le douanier **voudra** que nous fassions viser nos passeports.
3. Il vaut mieux que tout soit en règle.
   Il **vaudra mieux** que tout soit en règle.
4. Nous sourions en attendant qu'ils finissent.
   Nous **sourirons** en attendant qu'ils finissent.
5. Nous tendons nos passeports pour qu'on les examine.
   Nous **tendrons** nos passeports pour qu'on les examine.

B. *Maintenant, mettez le verbe de la proposition principale au passé.*

EXEMPLE:
Nous faisons un détour pour que vous voyiez Lourdes.
Nous **avons fait** un détour pour que vous voyiez Lourdes.

1. Nous faisons un détour pour que vous voyiez Lourdes.
Nous **avons fait** un détour pour que vous voyiez Lourdes.
2. Voulez-vous qu'on prenne le téléférique?
Vouliez-vous qu'on prenne le téléférique?
3. Il ne pense pas que vous puissiez voir l'Espagne.
Il **ne pensait pas** que vous puissiez voir l'Espagne.
4. Je ferme les yeux en attendant que nous arrivions de l'autre côté.
J'ai fermé les yeux en attendant que nous arrivions de l'autre côté.
5. Elle aussi a peur que nous ne tombions.
Elle aussi **avait** peur que nous ne tombions.
6. C'est vous dire combien elle est heureuse que nous soyons arrivés.
C'est vous dire combien elle **était** heureuse que nous soyons arrivés.
7. Moi, je suis content que le câble n'ait pas trop vibré.
Moi, j'**étais** content que le câble n'ait pas trop vibré.
8. Je ne regrette pas que nous ayons fait cette excursion.
Je **n'ai pas regretté** que nous ayons fait cette excursion.

EXPLICATIONS

1. EMPLOI DE CERTAINS TEMPS ET DE CERTAINES FORMES VERBALES

I. Observations sur quelques conjonctions et locutions conjonctives

A. QUAND   DÈS QUE   APRÈS QUE
      LORSQUE   AUSSITÔT QUE

1. Pour exprimer une action habituelle ou une condition dans le présent, **quand, lorsque, dès que,** et **aussitôt que** sont suivis du présent de l'indicatif.

> **Quand ils partent** en vacances, ils emportent leurs deux chiens et leurs trois chats.
> (*When they go on vacation, they take their two dogs and their three cats with them.*)
> Ils s'occupent d'eux **aussitôt qu'ils arrivent** dans leur maison de campagne.
> (*They take care of them as soon as they arrive in their country house.*)

2. Pour exprimer une idée dans le futur, **quand, lorsque, dès que, aussitôt que** et **après que** sont suivis du futur

> Je m'allongerai pour profiter du soleil, **dès que j'arriverai** sur la plage.
> (*I will stretch out to take advantage of the sun, as soon as I arrive on the beach.*)
> La première chose que Pierre fera, **lorsqu'il y arrivera**, sera de voir si l'eau est froide.
> (*The first thing Peter will do, when he arrives there, will be to see if the water is cold.*)
> **Quand vous ferez** du ski, vous comprendrez mon enthousiasme pour ce sport.
> (*When you ski, you'll understand my enthusiasm for that sport.*)

ou du futur antérieur, si l'action introduite par ces locutions précède dans le temps l'action principale.

> Je partirai **dès que j'aurai mangé**.
> (*I'll leave as soon as I have eaten.*)
> Il reprendra la route **aussitôt que** le garagiste **aura fait** le plein.
> (*He will get back on the road as soon as the garage-man has filled the tank.*)
> **Lorsqu'il aura vérifié** la température de l'eau, il viendra nous rejoindre.
> (*When he has checked the temperature of the water, he'll come to join us.*)

Quand vous aurez eu votre première leçon de ski, vous pourrez parler de ce sport.
(*When you've had your first skiing lesson, you'll be able/entitled to say something about that sport.*)

Avec **après que** et une idée future, on a toujours le futur antérieur.

Après qu'il sera revenu, nous lui demanderons ce qu'il pense de cette descente.
(*After he has returned, we will ask him what he thinks of this slope.*)

3. Pour exprimer une habitude dans le passé avec **quand, lorsque, dès que** et **aussitôt que,** on emploie l'imparfait.

Quand j'arrivais sur la plage, je m'allongeais.
(*When I arrived on the beach, I used to stretch out.*)
Il vérifiait la température de l'eau **aussitôt qu'il y arrivait.**
(*He used to check the temperature of the water as soon as he arrived there.*)

Si, par contre, l'action introduite par **quand, lorsque, dès que, aussitôt que** et **après que** s'est terminée avant que l'action de la principale ait commencé, on emploie le passé antérieur.

Lorsque j'eus fini ma sieste, je rentrai à l'hôtel.
(*After I had finished my nap, I went back to the hotel.*)
Elle se sécha **dès qu'elle fut sortie** de l'eau.
(*She dried herself as soon as she was out of the water.*)
Aussitôt que nous fûmes partis, l'hôtelier loua nos chambres.
(*As soon as we had left, the hotel owner rented our rooms.*)
C'est seulement **après que le télégramme fut arrivé** que je me rendis compte de mon erreur.
(*It is only after the telegram had arrived, that I realized my mistake.*)

Le passé antérieur est simplement le passé simple de l'auxiliaire + le participe passé

> **finir**......J'eus fini, tu eus fini, il eut fini...
>
> **manger**...Nous eûmes mangé, vous eûtes mangé, ils eurent mangé...
>
> **partir**.....Je fus parti, tu fus parti, elle fut partie, nous fûmes partis...

Rappelons que la préposition **après** est suivie de l'infinitif passé.

> **Après avoir mangé,** je fis un tour en ville.
> (*After eating, I took a walk in the city.*)
> Elle est montée dans le train, **après avoir embrassé** ses deux sœurs.
> (*She got on the train, after kissing her two sisters.*)

B. AU MOMENT OÙ
AUSSI LONGTEMPS QUE

1. Pour exprimer une habitude avec **au moment où,** on emploie le présent.

   > Je pars toujours **au moment où** la cloche **sonne.**
   > (*I always leave when/at the moment when the bell rings.*)

2. Avec une idée future, on doit employer le futur.

   > **Au moment où tu quitteras** Paris, je serai déjà en route.
   > (*At the moment when you leave Paris, I'll be already under way.*)
   > **Aussi longtemps qu'elle sera** parmi nous, les garçons ne s'intéresseront qu'à elle.
   > (*As long as she is with us, the boys will be interested only in her.*)

3. Avec une idée dans le passé, on emploie l'imparfait (habitude ou description) ou le passé composé.

>Au moment où tu quittais Paris, j'étais déjà en route.
>(*At the moment when you were leaving Paris, I was already under way.*)
>Au moment où tu as quitté Paris, j'étais déjà en route.
>(*At the moment when you left Paris, I was already under way.*)
>Aussi longtemps qu'elle est restée parmi nous, les garçons ne se sont intéressés qu'à elle.
>(*As long as she stayed with us, the boys were only interested in her.*)
>Aussi longtemps qu'elle restait avec nous, les garçons ne s'intéressaient qu'à elle.
>(*As long as she would stay with us, the boys would be interested only in her.*)

C. CAR PARCE QUE et À CAUSE DE

1. Il faut bien distinguer les conjonctions **car** et **parce que**, qui mettent deux phrases en rapport, de la locution prépositive **à cause de**, qui introduit un groupe nominal.

>Ils sont rentrés chez eux **car ils n'avaient plus** un sou.
>Ils sont rentrés chez eux **parce qu'ils n'avaient plus** un sou.
>(*They went back home* {*for* / *because*} *they did not have one penny left.*)
>Nous **allons** dans les Alpes suisses **parce que** la neige y **est** épaisse.
>Nous **allons** dans les Alpes suisses **car** la neige y **est** épaisse.
>(*We go to the Swiss Alps because the snow there is thick.*)

MAIS

>Ils **sont rentrés** chez eux **à cause de** leur manque d'argent.
>(*They went home because of their lack of money.*)
>Nous **allons** dans les Alpes italiennes **à cause de** l'excellente qualité de la neige.
>(*We go to the Italian Alps because of the excellent quality of the snow.*)

2. Observations supplémentaires sur quelques prépositions et locutions prépositives

Il serait bon de vous rappeler que

> AVANT DE
> SANS
> AU POINT DE
> AU LIEU DE

sont suivis d'un infinitif

> N'oubliez pas de payer **avant de partir.**
> (*Do not forget to pay before leaving.*)
> Ne partez pas **sans payer.**
> (*Do not leave without paying.*)
> Pour une fois, il se repose dans un coin tranquille **au lieu de passer** ses vacances sur la Côte d'Azur.
> (*For once, he is resting in a quiet spot/corner instead of spending his vacation on the Riviera.*)
> Il a plu **au point de décourager** les plus fidèles clients.
> (*It rained to the point of discouraging the most faithful customers.*)

et que **en,** comme nous l'avons déjà vu, est suivi du participe présent (cf. Leçon 13).

> Il parle avec sa voisine **en attendant** le téléférique. (idée d'une action simultanée)
> (*He is talking with his neighbor while waiting for the cable car.*)
> Il s'élança sur la pente **en appuyant** fortement sur ses bâtons de ski. (idée de moyen)
> (*He threw himself forward on the slope by pushing hard on his ski-poles.*)

3. Les formes verbales en **-ing**: trouver des équivalents pour ces formes verbales est parfois problématique car la forme participiale en **-ant** est plus rarement employée en français.

A. Si la forme en **-ing** joue le rôle d'un nom, son équivalent français est le plus souvent un infinitif ou un nom.

Walking is good for your health.
Marcher est bon pour la santé.
La marche est bonne pour la santé.

Yes, but swimming is preferable.
Oui, mais **la nage** est préférable.
Oui, mais **nager** est préférable.

Personally, I prefer horse riding.
Personnellement, je préfère **faire du cheval**.
Personnellement, j'aime mieux **l'équitation**.

Bill loves fishing.
Bill adore **la pêche**.
Bill adore **pêcher**.

Her constant crying drove everyone crazy!
Ses lamentations incessantes ont rendu tout le monde fou!

B. Si la forme en **-ing** est employée dans une phrase composée de plusieurs propositions et dont les sujets sont différents, l'équivalent français sera le plus souvent une forme verbale à l'indicatif ou au subjonctif, ou ce qu'on appelle une périphrase.

If you are ashamed of your swimming, think of his swimming.
Si tu as honte **de ta façon de nager**, pense **à sa façon à lui de nager**.
ou
Si tu as honte de **ta façon de nager**, pense à **la façon dont il nage**.

He learned how to play tennis without her knowing it, now, she is surprised by his excellent playing.
Il a appris à jouer au tennis **sans qu'elle l'ait su**; maintenant, elle s'étonne **qu'il joue si bien**.

You never had singing lessons, I hope. Your singing is atrocious!
Vous n'avez jamais pris de **leçons de chant**, j'espère.
Votre façon de chanter est terrible/**vous chantez mal**.

2. LA CONCORDANCE DES TEMPS

GÉNÉRALITÉS: dans le schéma

PROPOSITION PRINCIPALE
S_I(SUJET) + V_I(VERBE) + C_I(COMPLÉMENT)

PROPOSITION SUBORDONNÉE
S_{II}(SUJET) + V_{II}(VERBE) + C_{II}(COMPLÉMENT)

le VERBE V_{II} de la subordonnée <u>dépend</u> du VERBE V_I de la principale.

Donné le verbe V_I, quel sera le <u>mode</u> (indicatif? subjonctif? conditionnel?) et <u>le temps</u> (présent? futur? passé?) de V_{II}?

La réponse dépend de trois choses:

1. <u>La relation dans le temps</u> entre V_I et V_{II}

> Je te **dis** qu'il **partira** à 8 heures.
> (*I am telling you that he will leave at 8.*)
> Je te **dis** qu'il **part** tout seul.
> (*I am telling you that he is leaving alone.*)
> Je te **dis** qu'il **est parti**.
> (*I am telling you that he left.*)

2. <u>Le genre de verbe employé</u> dans la principale

   a. les verbes suivis de l'indicatif

   > Je **suis sûr** qu'il ne l'**aime** pas.
   > (*I am sure that he does not love her.*)
   > Pourtant, elle **raconte** à tout le monde qu'il l'**aime**.
   > (*Yet, she tells everyone that he loves her.*)

   b. les verbes <u>suivis du subjonctif</u>

   > Elle **voudrait** bien qu'il la **conduise** à l'aéroport.
   > (*She would like him to drive her to the airport.*)
   > Je **veux** absolument qu'il **parte** avant 8 heures.
   > (*I absolutely want him to leave before 8.*)

3. Le genre de conjonction employée

Je l'ai réveillé tôt **afin qu'il parte** à temps.
(*I awoke him early so that he could leave on time.*)

Dans ce qui suit, nous représenterons le temps comme ceci :

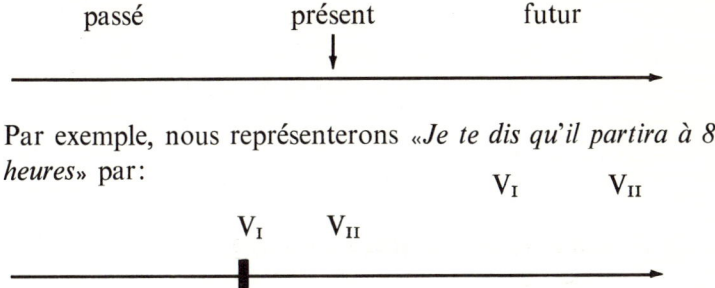

Par exemple, nous représenterons «*Je te dis qu'il partira à 8 heures*» par :

I. V_I est un verbe suivi de l'indicatif ou du conditionnel

   A. V_I est au présent ou au futur :

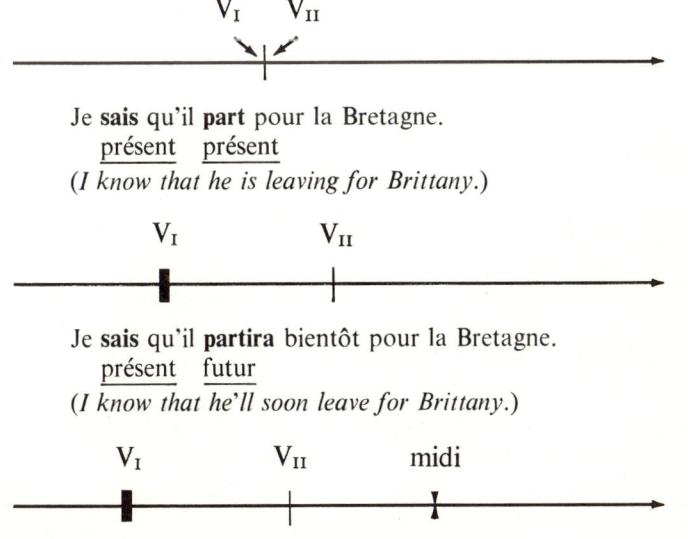

Je **sais** qu'il **part** pour la Bretagne.
   présent présent
(*I know that he is leaving for Brittany.*)

Je **sais** qu'il **partira** bientôt pour la Bretagne.
   présent futur
(*I know that he'll soon leave for Brittany.*)

Je **sais** qu'il **sera parti** pour la Bretagne avant midi.
   présent   futur antérieur
(*I know that he will have left for Brittany before noon.*)

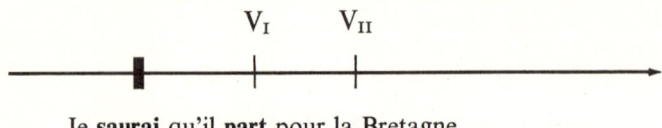

Je **saurai** qu'il **part** pour la Bretagne.
 futur   présent
(*I will know that he is leaving for Brittany.*)

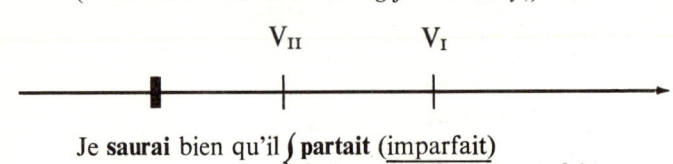

Je **saurai** bien qu'il { **partait** (imparfait)
   futur   { **était parti** (plus-que-parfait)

(*I'll know quite well that he* { *was leaving.* / *had left.* })

L'emploi de l'imparfait, du passé simple, du passé composé ou du plus-que-parfait dépend bien sûr du contexte.

B. V_I est au présent ou au passé

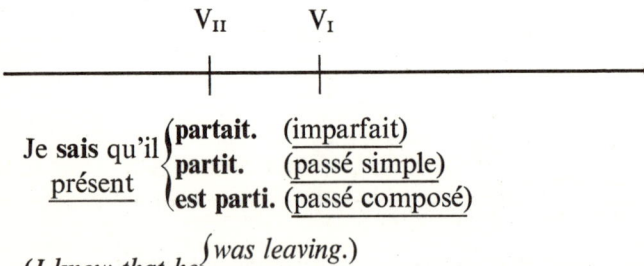

Je **sais** qu'il { **partait.** (imparfait)
 présent   { **partit.** (passé simple)
               { **est parti.** (passé composé)

(*I know that he* { *was leaving.* / *left.* })

Je **sais** parfaitement qu'il **était parti** avant mon arrivée.
présent   plus-que-parfait

(*I know quite well that he had left before my arrival.*)

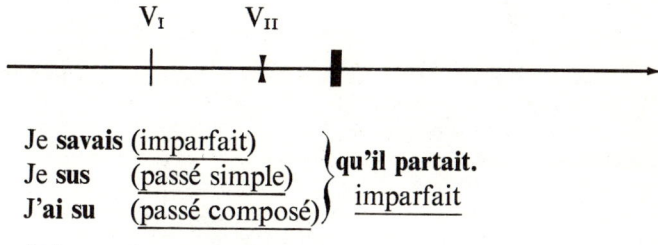

Je **savais** (imparfait)
Je **sus**   (passé simple) } **qu'il partait.**
J'**ai su**   (passé composé)   imparfait

(*I knew that he was leaving.*)

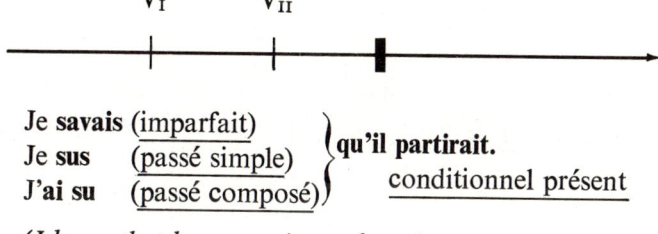

Je **savais** (imparfait)
Je **sus**   (passé simple) } **qu'il partirait.**
J'**ai su**   (passé composé)   conditionnel présent

(*I knew that he was going to leave.*)

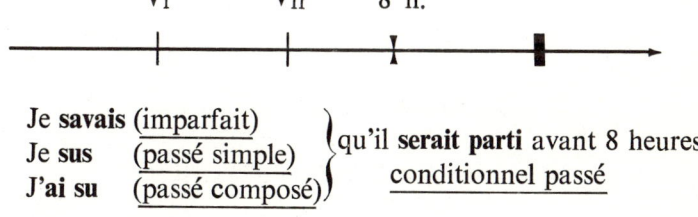

Je **savais** (imparfait)
Je **sus**   (passé simple) } qu'il **serait parti** avant 8 heures
J'**ai su**   (passé composé)   conditionnel passé

(*I knew that he would have left before 8.*)

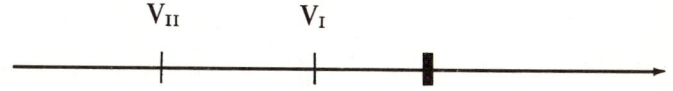

Je **savais** (imparfait)
Je **sus**   (passé simple) } **qu'il était parti.**
J'**ai su**   (passé composé)   plus-que-parfait

(*I knew that he had left.*)

II. V_I est un verbe suivi du subjonctif; ou la conjonction de subordination introduit un subjonctif.

   A. V_I est au présent ou au futur

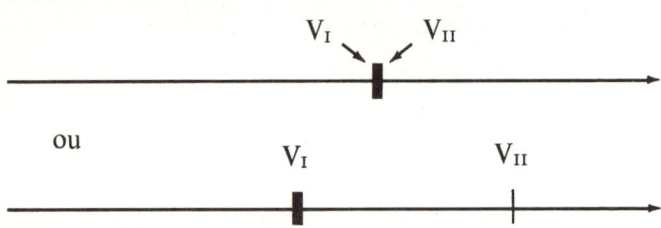

Elle **veut** que je **conduise.**
    présent   subj. présent

(*She wants me to drive.*)

Elle m'**appelle** au téléphone pour que je la **conduise** . . .
   présent   subj. présent

(*She calls me on the telephone to ask me to drive her.*)

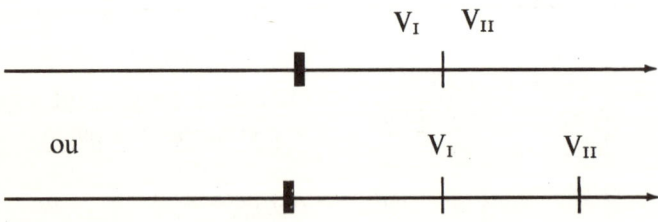

Elle **voudra** probablement que je la **conduise** . . .
   futur   subj. présent

(*She'll probably want me to drive.*)

Elle m'**appellera** pour que je **conduise**.
  <u>futur</u>   <u>subj. présent</u>

(*She will call me and ask me to drive.*)

Elle **aura** sûrement peur que j'**aie conduit**.
  <u>futur</u>   <u>subj. passé</u>

(*She'll certainly be afraid that I have driven.*)

B. V_I est au <u>présent</u> ou au <u>passé</u>

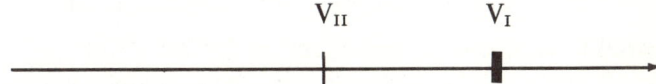

Elle **a peur** que j'**aie** mal conduit.
  présent   subj. passé

(*She is afraid that I have driven poorly.*)

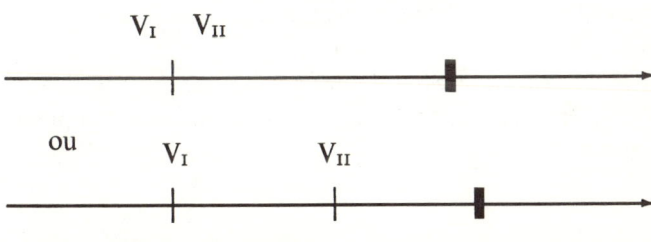

Elle **avait** peur (imparfait) ⎫
Elle **eut** peur (passé simple) ⎬ que je **conduise**.
Elle **a eu** peur (passé composé)⎭   <u>subj. présent</u>

(*She was afraid that I would drive.*)

Elle **avait** peur (imparfait)
Elle **eut** peur (passé simple)
Elle **a eu** peur (passé composé)
} que j'**aie** mal conduit. subj. passé

(*She was afraid that I had driven poorly.*)

INVENTION

Écrivez des phrases complètes en vous servant des éléments donnés.

1. (*passé*) Elle/toujours trembler/au moment/téléférique/partir.

   EXEMPLE:
   Elle **tremblait** toujours au moment où le téléférique **partait**.
2. (*passé*) Je/téléphoner à/amis/avant/partir/côte d'Azur.
3. (*passé*) Elle/courir/vers/plage/aussitôt/nous/arriver.
4. (*présent*) Lorsque/pleuvoir/nous/passer ses vacances/Paris.
5. (*conditionnel*) Tu/mieux faire/profiter de/soleil/au lieu de/jouer à/cartes.
6. (*futur*) Ils/aller/Bretagne/car/André/ne pas aimer/Midi.
7. (*passé*) Il/s'endormir/après/manger.
8. (*futur*) Je/partir/sans/rien emporter.
9. (*présent*) Les vacances/être raté/à cause/lui.
10. (*futur*) Vous/être malheureux/aussi longtemps/ne pas prendre/des vacances.

EXERCICE DE CONTRÔLE

Mettez les phrases suivantes au passé (si plusieurs temps sont possibles, expliquez les nuances).

1. Quand ils n'ont plus d'argent ils rentrent chez eux.
2. Je vous écrirai dès que je serai installé.
3. Nous partirons aussitôt que le garagiste finira.

4. Tu seras endormi au moment où l'avion s'envolera.
5. Étant donné que tu ne travailleras pas régulièrement, tu ne profiteras pas des congés payés.
6. Vous aurez oublié ces trois semaines de pluie avant de revenir.
7. Moi, je ne reparlerai jamais de cet hôtel après l'avoir quitté.
8. Nous insistons pour qu'il conduise.
9. Tu sais que nous serons en route avant midi.
10. Elle est certaine que Pierre ne l'aime plus.

THÈME D'APPLICATION

1. Brigitte wants me to drive.
2. I know where he was going to leave the key before leaving.
3. They told me that he had left a few minutes before (*auparavant*).
4. She will give him the address of that boarding house (*la pension*) as soon as she sees him.
5. Pierre needs it because he has little money.
6. If he does not have much money it is because of his new car.
7. It is a promise (*C'est promis*): we will call you (on the phone) as soon as we have returned from the tour.
8. After reaching the swimming pool, he realized he had forgotten his swimming trunks (*le maillot de bain*).
9. Give me back the money that you owe me so that I can go on vacation.
10. I must buy a ticket before boarding the train.
11. Yes indeed, I should send a post card to my neighbor.
12. Our American friends should have bought a "Eurorail pass" (*le billet Eurorail*).
13. We had to pay much more. Of course, we should have bought a round-trip ticket.

REMARQUES SUR LE VERBE DEVOIR

(Voir Tableau du verbe «devoir», p. 326)

I. On emploie **devoir** pour exprimer une obligation simple ou une nécessité sans valeur morale.

    A. devoir au présent

        Je ne pourrai pas vous voir demain: je **dois** prendre le train de 1 heure.
        (*I won't be able to see you tomorrow: I must take the one o'clock train.*)
        Nous avons passé une soirée agréable, mais nous **devons** partir: il se fait tard.
        (*We've spent a pleasant evening, but we must leave: it is getting late.*)

    B. devoir à l'imparfait

        Je **devais** prendre le train de 1 heure, mais Maurice est arrivé, nous avons causé.
        (*I was supposed to take the one o'clock train, but Maurice arrived, we chatted . . .*)
        Quelles vacances! Nous **devions** partir en juin, mais il a plu, la voiture a été volée, etc.
        (*What a vacation! We were to leave in June, but it rained, the car was stolen, etc.*)

    C. devoir au passé composé

        Ainsi nous **avons dû** louer une voiture puisque la nôtre avait été volée.
        (*Thus we had to rent a car since ours had been stolen.*)
        Tu **as dû** le conduire de Paris à Fontainebleau à trois heures du matin?
        (*You mean you had to drive him from Paris to Fontainebleau at 3 A.M.?*)

II. Pour une obligation d'ordre moral, un conseil ou un reproche, on emploie

A. **devoir** au conditionnel présent

Evidemment, nous sommes en vacances, mais tu **devrais** quand même écrire à ta tante Ernestine.
(*Of course, we are on vacation, but you should write to your Aunt Ernestine anyway.*)
Vous savez, vous **devriez** faire attention à vos affaires. Il y a un monde fou sur la plage.
(*You know, you should pay attention to your belongings. There is an awful crowd on the beach.*)

B. **devoir** au conditionnel passé

Il **aurait dû** rouler moins vite. On n'a pas idée de faire du 120 sur une route encombrée.
(*He should not have driven so fast—he should have driven less fast—. It is mad to drive at 120 km/h on a crowded highway.*)
Voilà! Il n'y a personne chez eux. Nous **aurions dû** les prévenir. Je te l'avais bien dit.
(*There! There is no one at home. We should have warned them. I told you/I had told you.*)

III. On emploie devoir pour exprimer une probabilité ou une supposition.

A. **devoir** au présent

Suzanne n'est pas encore arrivée. Elle **doit** avoir raté son car.
(*Susan has not arrived yet. She must have missed her bus.*)
Elle ne rate jamais son car. Elle **doit** être malade.
(*She never misses her bus. She must be sick.*)

B. **devoir** au passé

Lorsqu'ils ont découvert que nous étions partis sans eux, ils **ont dû** faire une drôle de mine!
(*When they discovered that we had left without them, they must have made a sad face!*)

Le casino **a dû** les impressionner, à en juger par leurs remarques.
(*The casino must have impressed them, judging by their remarks.*)

IV. Pris littéralement, **devoir** signifie «avoir à payer une somme d'argent» ou «être redevable de quelque chose à quelqu'un».

Écoutez-moi bien: s'il me rendait l'argent qu'il me **doit**, je pourrais faire le tour du monde!
(*Now listen: if he gave me back the money he owes me, I could go around the world!*)

Hélène lui **doit** beaucoup: sans lui, elle ne serait absolument rien.
(*Hélène owes him a lot: without him, she would be absolutely nothing.*)

EMPLOI PRATIQUE DU VERBE DEVOIR

(Voir Tableau du verbe «devoir», p. 326)

A. *Dans les phrases suivantes employez la forme du verbe indiquée entre parenthèses.*

1. Ils . . . . (*présent de l'indicatif*) partir demain pour la France.
2. Vous . . . . (*conditionnel présent*) aller à la pêche en mer cet été.
3. Si elle avait passé les vacances à Saint Tropez, elle . . . . (*conditionnel présent*) avoir la peau bien bronzée.
4. Nous . . . . (*imparfait*) payer notre billet d'avion.
5. Je lui . . . . (*présent de l'indicatif*) les 200 francs qu'il m'a envoyés.
6. Après avoir fait cette longue promenade, il . . . . (*passé composé*) avoir faim.
7. Tu . . . . (*imparfait*) aller en Scandinavie, mais tu as changé d'avis après avoir consulté les tarifs.
8. . . . . (*participe présent*) déjà une somme énorme à la banque, ils ont décidé de rester chez eux.
9. Il . . . . (*présent de l'indicatif*) y avoir un bel endroit près d'ici.

B. *Même exercice.*

1. Ils .... (*passé composé*) changer d'avion à Londres. Ils arriveront ici quand le brouillard se sera dissipé.
2. Lorsqu'il arrivera, nous .... (*futur*) faire de l'alpinisme sous sa direction.
3. Il sera de retour à huit heures à moins qu'il n'....... (*subjonctif passé*) retarder son départ.
4. .... (*participe passé*) acheter un permis de chasse, il s'est efforcé d'en profiter.
5. Les enfants feront un tour à bicyclette jusqu'à ce qu'ils .... (*subjonctif présent*) rentrer.
6. Tu .... (*conditionnel passé*) te changer au lieu de continuer à porter ton maillot de bain.
7. Il .... (*futur antérieur*) jouer 20 matchs de tennis avant de gagner le championnat amateur!
8. Nous .... (*futur*) aller la rencontrer à l'embarquement du «France».
9. Vous .... (*présent de l'indicatif*) lui éviter l'inconvénient d'une longue attente.

TABLEAUX DES VERBES

ÊTRE

MODES	TEMPS :	PASSÉ
INDICATIF		*Passé composé* *Passé simple* j'ai été je fus tu as été tu fus il a été il fut nous avons été nous fûmes vous avez été vous fûtes ils ont été ils furent *Plus-que-parfait* *Imparfait* j'avais été j'étais tu avais été tu étais il avait été il était nous avions été nous étions vous aviez été vous étiez ils avaient été ils étaient
CONDITIONNEL		j' aurais été tu aurais été il aurait été nous aurions été vous auriez été ils auraient été
SUBJONCTIF		que j' aie été que tu aies été qu'il ait été que n. ayons été que v. ayez été qu'ils aient été
IMPÉRATIF		
INFINITIF		avoir été
PARTICIPE		été (toujours invariable) ayant été

être sert d'auxiliaire :

   I. à tous les verbes passifs :
      j'ai été arrêté à la douane.

   II. à tous les verbes pronominaux :
      Il s'est promené.

PRÉSENT	FUTUR	
	Futur antérieur	*Futur simple*
je suis	j' aurai été	je serai
tu es	tu auras été	tu seras
il est	il aura été	il sera
nous sommes	nous aurons été	nous serons
vous êtes	vous aurez été	vous serez
ils sont	ils auront été	ils seront

je serais
tu serais
il serait
nous serions
vous seriez
ils seraient

que je sois
que tu sois
qu'il soit
que n. soyons
que v. soyez
qu'ils soient

sois
soyons
soyez

être

étant

III. à quelques verbes intransitifs:

aller	venir	entrer	arriver
monter	partir	sortir	descendre
rester	tomber	retourner	naître
mourir	décéder		

Elle est montée sur la tour Eiffel.

AVOIR

MODES	TEMPS :	PASSÉ	
INDICATIF		*Passé composé* j' ai eu tu as eu il a eu nous avons eu vous avez eu ils ont eu	*Passé simple* j' eus tu eus il eut nous eûmes vous eûtes ils eurent
		Plus-que-parfait j' avais eu tu avais eu il avait eu nous avions eu vous aviez eu ils avaient eu	*Imparfait* j' avais tu avais il avait nous avions vous aviez ils avaient
CONDITIONNEL		j' aurais eu tu aurais eu il aurait eu nous aurions eu vous auriez eu ils auraient eu	
SUBJONCTIF		que j' aie eu que tu aies eu qu'il ait eu q. n. ayons eu q. v. ayez eu qu'ils aient eu	
IMPÉRATIF			
INFINITIF		avoir eu	
PARTICIPE		eu, eue ayant eu	

PRÉSENT	FUTUR	
	Futur antérieur	*Futur simple*
j' ai	j' aurai eu	j' aurai
tu as	tu auras eu	tu auras
il a	il aura eu	il aura
nous avons	nous aurons eu	nous aurons
vous avez	vous aurez eu	vous aurez
ils ont	ils auront eu	ils auront

j' aurais	
tu aurais	
il aurait	
nous aurions	
vous auriez	
ils auraient	
que j' aie	
que tu aies	
qu'il ait	
q. n. ayons	
q. v. ayez	
qu'ils aient	
aie	
ayons	
ayez	
avoir	
ayant	

ÉTUDIER

MODES	TEMPS:	PASSÉ	
INDICATIF		*Passé composé* j' ai étudié tu as étudié il a étudié nous avons étudié vous avez étudié ils ont étudié *Plus-que-parfait* j' avais étudié tu avais étudié il avait étudié nous avions étudié vous aviez étudié ils avaient étudié	*Passé simple* j' étudiai tu étudias il étudia nous étudiâmes vous étudiâtes ils étudièrent *Imparfait* j' étudiais tu étudiais il étudiait nous étudiions vous étudiiez ils étudiaient
CONDITIONNEL		j' aurais étudié tu aurais étudié il aurait étudié nous aurions étudié vous auriez étudié ils auraient étudié	
SUBJONCTIF		que j' aie étudié que tu aies étudié qu'il ait étudié que nous ayons étudié que vous ayez étudié qu'ils aient étudié	
IMPÉRATIF			
INFINITIF		avoir étudié	
PARTICIPE		étudié ayant étudié	

PRÉSENT	FUTUR	
	Futur antérieur	*Futur simple*
j' étudie	j' aurai étudié	j' étudierai
tu étudies	tu auras étudié	tu étudieras
il étudie	il aura étudié	il étudiera
nous étudions	nous aurons étudié	nous étudierons
vous étudiez	vous aurez étudié	vous étudierez
ils étudient	ils auront étudié	ils étudieront

j'   étudierais
tu   étudierais
il   étudierait
nous étudierions
vous étudieriez
ils   étudieraient

que j'   étudie
que tu   étudies
qu' il   étudie
que nous   étudiions
que vous   étudiiez
qu' ils   étudient

étudie
étudions
étudiez

étudier

étudiant

Attention: le «i» dans étudier fait partie du radical (*root*), et se conserve dans toute la conjugaison du verbe.
Regardez encore une fois le présent, l'imparfait de l'indicatif et le présent du subjonctif.

FINIR

MODES	TEMPS : PASSÉ
INDICATIF	*Passé composé* *Passé simple* j' ai fini je finis tu as fini tu finis il a fini il finit nous avons fini nous finîmes vous avez fini vous finîtes ils ont fini ils finirent *Plus-que-parfait* *Imparfait* j' avais fini je finissais tu avais fini tu finissais il avait fini il finissait nous avions fini nous finissions vous aviez fini vous finissiez ils avaient fini ils finissaient
CONDITIONNEL	j' aurais fini tu aurais fini il aurait fini nous aurions fini vous auriez fini ils auraient fini
SUBJONCTIF	que j' aie fini que tu aies fini qu'il ait fini que n. ayons fini que v. ayez fini qu'ils aient fini
IMPÉRATIF	
INFINITIF	avoir fini
PARTICIPE	fini, ie ayant fini

PRÉSENT	FUTUR	
	Futur antérieur	*Futur simple*
je finis	j' aurai fini	je finirai
tu finis	tu auras fini	tu finiras
il finit	il aura fini	il finira
nous finissons	nous aurons fini	nous finirons
vous finissez	vous aurez fini	vous finirez
ils finissent	ils auront fini	ils finiront

je finirais
tu finirais
il finirait
nous finirions
vous finiriez
ils finiraient

que je finisse
que tu finisses
qu'il finisse
que n. finissions
que v. finissiez
qu'ils finissent

finis
finissons
finissez

finir

finissant

FAIRE

MODES	TEMPS:	PASSÉ
INDICATIF		*Passé composé* *Passé simple* j' ai fait je fis tu as fait tu fis il a fait il fit nous avons fait nous fîmes vous avez fait vous fîtes ils ont fait ils firent *Plus-que-parfait* *Imparfait* j' avais fait je faisais tu avais fait tu faisais il avait fait il faisait nous avions fait nous faisions vous aviez fait vous faisiez ils avaient fait ils faisaient
CONDITIONNEL		j' aurais fait tu aurais fait il aurait fait, etc.
SUBJONCTIF		que j' aie fait que tu aies fait qu'il ait fait que n. ayons fait que v. ayez fait qu'ils aient fait
IMPÉRATIF		
INFINITIF		avoir fait
PARTICIPE		fait, e ayant fait

faisant se prononce «fesant» (comme dans «petit»)
je faisais se prononce «je fesais»
tu faisais se prononce «tu fesais»
il faisait se prononce «il fesait»
nous faisions se prononce «nous fesions»
vous faisiez se prononce «vous fesiez»
ils faisaient se prononce «ils fesaient»

PRÉSENT	FUTUR	
	Futur antérieur	*Futur simple*
je fais	j' aurai fait	je ferai
tu fais	tu auras fait	tu feras
il fait	il aura fait	il fera
nous faisons	nous aurons fait	nous ferons
vous faites	vous aurez fait	vous ferez
ils font	ils auront fait	ils feront

je ferais
tu ferais
il ferait
nous ferions
vous feriez
ils feraient

que je fasse
que tu fasses
qu'il fasse
que n. fassions
que v. fassiez
qu'ils fassent

fais
faisons
faites

faire

faisant

ENTENDRE

MODES	TEMPS :	PASSÉ
INDICATIF	*Passé composé* j' ai entendu tu as entendu il a entendu nous avons entendu vous avez entendu ils ont entendu *Plus-que-parfait* j' avais entendu tu avais entendu il avait entendu nous avions entendu vous aviez entendu ils avaient entendu	*Passé simple* j' entendis tu entendis il entendit nous entendîmes vous entendîtes ils entendirent *Imparfait* j' entendais tu entendais il entendait nous entendions vous entendiez ils entendaient
CONDITIONNEL	j' aurais entendu tu aurais entendu il aurait entendu nous aurions entendu vous auriez entendu ils auraient entendu	
SUBJONCTIF	que j' aie entendu que tu aies entendu qu'il ait entendu que nous ayons entendu que vous ayez entendu qu'ils aient entendu	
IMPÉRATIF		
INFINITIF	avoir entendu	
PARTICIPE	entendu ayant entendu	

PRÉSENT

j'   entends
tu   entends
il   entend
nous entendons
vous entendez
ils entendent

FUTUR

Futur antérieur

j'   aurai entendu
tu   auras entendu
il   aura   entendu
nous aurons entendu
vous aurez entendu
ils auront entendu

Futur simple

j'   entendrai
tu   entendras
il   entendra
nous entendrons
vous entendrez
ils entendront

---

j'   entendrais
tu   entendrais
il   entendrait
nous entendrions
vous entendriez
ils entendraient

---

que j'   entende
que tu   entendes
qu'il   entende
que nous entendions
que vous entendiez
qu'ils   entendent

---

entends
entendons
entendez

---

entendre

---

entendant

ALLER

MODES	TEMPS :	PASSÉ	
INDICATIF		*Passé composé* je suis allé tu es allé il est allé nous sommes allés vous êtes allés ils sont allés	*Passé simple* j' allai tu allas il alla nous allâmes vous allâtes ils allèrent
		Plus-que-parfait j' étais allé tu étais allé il était allé nous étions allés vous étiez allés ils étaient allés	*Imparfait* j' allais tu allais il allait nous allions vous alliez ils allaient
CONDITIONNEL		je serais allé tu serais allé il serait allé, etc.	
SUBJONCTIF		que je sois allé que tu sois allé qu'il soit allé que n. soyons allés que v. soyez allés qu'ils soient allés	
IMPÉRATIF			
INFINITIF		être allé	
PARTICIPE		allé, e étant allé	

s'en aller se conjugue comme **aller**.

Ex: *Présent de l'indicatif*

    je m'en vais   nous nous en allons
    tu t'en vas   vous vous en allez
    il s'en va   ils s'en vont

PRÉSENT	FUTUR	
	Futur antérieur	*Futur simple*
je vais	je serai allé	j' irai
tu vas	tu seras allé	tu iras
il va	il sera allé	il ira
nous allons	nous serons allés	nous irons
vous allez	vous serez allés	vous irez
ils vont	ils seront allés	ils iront

j'   irais
tu irais
il   irait
nous irions
vous iriez
ils iraient

que j' aille
que tu ailles
qu'il aille
que n. allions
que v. alliez
qu'ils aillent

va
allons
allez

aller

allant

SAVOIR

MODES	TEMPS :	PASSÉ
INDICATIF		*Passé composé* *Passé simple* j' ai su je sus tu as su tu sus il a su il sut nous avons su nous sûmes vous avez su vous sûtes ils ont su ils surent *Plus-que-parfait* *Imparfait* j' avais su je savais tu avais su tu savais il avait su il savait nous avions su nous savions vous aviez su vous saviez ils avaient su ils savaient
CONDITIONNEL		j' aurais su tu aurais su il aurait su, etc.
SUBJONCTIF		que j' aie su que tu aies su qu'il ait su que n. ayons su que v. ayez su qu'ils aient su
IMPÉRATIF		
INFINITIF		avoir su
PARTICIPE		su, e ayant su

PRÉSENT	FUTUR	
	Futur antérieur	*Futur simple*
je sais	j' aurai su	je saurai
tu sais	tu auras su	tu sauras
il sait	il aura su	il saura
nous savons	nous aurons su	nous saurons
vous savez	vous aurez su	vous saurez
ils savent	ils auront su	ils sauront

je saurais
tu saurais
il saurait
nous saurions
vous sauriez
ils sauraient

que je sache
que tu saches
qu'il sache
que n. sachions
que v. sachiez
qu'ils sachent

sache
sachons
sachez

savoir

sachant

CONNAÎTRE

MODES	TEMPS :	PASSÉ	
INDICATIF		*Passé composé* j' ai connu tu as connu il a connu nous avons connu vous avez connu ils ont connu	*Passé simple* je conn us tu conn us il conn ut nous conn ûmes vous conn ûtes ils conn urent
		Plus-que-parfait j' avais connu tu avais connu il avait connu nous avions connu vous aviez connu ils avaient connu	*Imparfait* je conn aissais tu conn aissais il conn aissait nous conn aissions vous conn aissiez ils conn aissaient
CONDITIONNEL		j' aurais connu tu aurais connu il aurait connu, etc.	
SUBJONCTIF		que j' aie connu que tu aies connu qu'il ait connu que n. ayons connu que v. ayez connu qu'ils aient connu	
IMPÉRATIF			
INFINITIF		avoir connu	
PARTICIPE		connu, e ayant connu	

Le «i» qui précède le t prend un accent circonflexe (^)
　Ex: il connaît
　　　je connaîtrai
　　　nous connaîtrions . . .

PRÉSENT	FUTUR	
	Futur antérieur	*Futur simple*
je conn ais	j' aurai connu	je conn aîtrai
tu conn ais	tu auras connu	tu conn aîtras
il conn aît	il aura connu	il conn aîtra
nous conn aissons	nous aurons connu	nous conn aîtrons
vous conn aissez	vous aurez connu	vous conn aîtrez
ils conn aissent	ils auront connu	ils conn aîtront

je conn aîtrais	
tu conn aîtrais	
il conn aîtrait	
nous conn aîtrions	
vous conn aîtriez	
ils conn aîtraient	
que je conn aisse	
que tu conn aisses	
qu'il conn aisse	
que n. conn aissions	
que v. conn aissiez	
qu'ils conn aissent	
conn ais	
conn aissons	
conn aissez	
conn aître	
conn aissant	

VENIR

MODES	TEMPS :	PASSÉ	
INDICATIF		*Passé composé* je suis venu tu es venu il est venu nous sommes venus vous êtes venus ils sont venus *Plus-que-parfait* j' étais venu tu étais venu il était venu nous étions venus vous étiez venus ils étaient venus	*Passé simple* je vins tu vins il vint nous vînmes vous vîntes ils vinrent *Imparfait* je venais tu venais il venait nous venions vous veniez ils venaient
CONDITIONNEL		je serais venu tu serais venu il serait venu nous serions venus vous seriez venus ils seraient venus	
SUBJONCTIF		que je sois venu que tu sois venu qu'il soit venu que nous soyons venus que vous soyez venus qu'ils soient venus	
IMPÉRATIF			
INFINITIF		être venu	
PARTICIPE		venu, e étant venu	

Notez le sens des verbes suivants :
1. venir..........................(to come)
2. aller ....(to go)
3. retourner ....(to go back)
4. revenir ....(to come back)
5. rentrer ....(to re-enter, to go back in)
6. subvenir ....(to provide for)

PRÉSENT	FUTUR	
	Futur antérieur	*Futur simple*
je viens	je serai venu	je viendrai
tu viens	tu seras venu	tu viendras
il vient	il sera venu	il viendra
nous venons	nous serons venus	nous viendrons
vous venez	vous serez venus	vous viendrez
ils viennent	ils seront venus	ils viendront

je viendrais tu viendrais il viendrait nous viendrions vous viendriez ils viendraient	
que je vienne que tu viennes qu'il vienne que nous venions que vous veniez qu'ils viennent	
viens venons venez	
venir	
venant	

POUVOIR

MODES	TEMPS :	PASSÉ
INDICATIF		*Passé composé* j' ai pu tu as pu il a pu nous avons pu vous avez pu ils ont pu *Plus-que-parfait* j' avais pu tu avais pu il avait pu nous avions pu vous aviez pu ils avaient pu	*Passé simple* je pus tu pus il put nous pûmes vous pûtes ils purent *Imparfait* je pouvais tu pouvais il pouvait nous pouvions vous pouviez ils pouvaient
CONDITIONNEL		j' aurais pu tu aurais pu il aurait pu, etc.
SUBJONCTIF		que j' aie pu que tu aies pu qu'il ait pu que n. ayons pu que v. ayez pu qu'ils aient pu
IMPÉRATIF		
INFINITIF		avoir pu
PARTICIPE		pu ayant pu

Pouvoir n'a pas d'impératif.

PRÉSENT	FUTUR	
	Futur antérieur	*Futur simple*
je peux	j' aurai pu	je pourrai
ou je puis	tu auras pu	tu pourras
tu peux	il aura pu	il pourra
il peut	nous aurons pu	nous pourrons
nous pouvons	vous aurez pu	vous pourrez
vous pouvez	ils auront pu	ils pourront
ils peuvent		

je pourrais	
tu pourrais	
il pourrait	
nous pourrions	
vous pourriez	
ils pourraient	
que je puisse	
que tu puisses	
qu'il puisse	
que n. puissions	
que v. puissiez	
qu'ils puissent	
pouvoir	
pouvant	

VOULOIR

MODES	TEMPS :	PASSÉ
INDICATIF	*Passé composé* j' ai voulu tu as voulu il a voulu nous avons voulu vous avez voulu ils ont voulu *Plus-que-parfait* j' avais voulu tu avais voulu il avait voulu nous avions voulu vous aviez voulu ils avaient voulu	*Passé simple* je voulus tu voulus il voulut nous voulûmes vous voulûtes ils voulurent *Imparfait* je voulais tu voulais il voulait nous voulions vous vouliez ils voulaient
CONDITIONNEL	j' aurais voulu tu aurais voulu il aurait voulu, etc.	
SUBJONCTIF	que j' aie voulu que tu aies voulu qu'il ait voulu que n. ayons voulu que v. ayez voulu qu'ils aient voulu	
IMPÉRATIF		
INFINITIF	avoir voulu	
PARTICIPE	voulu, e ayant voulu	

L'impératif est rarement employé; «Veuillez» s'emploie dans les formules de politesse:

Veuillez vous asseoir.
(*Please be seated.*)

PRÉSENT	FUTUR	
	Futur antérieur	*Futur simple*
je veux	j' aurai voulu	je voudrai
tu veux	tu auras voulu	tu voudras
il veut	il aura voulu	il voudra
nous voulons	nous aurons voulu	nous voudrons
vous voulez	vous aurez voulu	vous voudrez
ils veulent	ils auront voulu	ils voudront

je voudrais
tu voudrais
il voudrait
nous voudrions
vous voudriez
ils voudraient

que je veuille
que tu veuilles
qu'il veuille
que n. voulions
que v. vouliez
qu'ils veuillent

(veuille)
(veuillons)
(veuillez)

vouloir

voulant

FALLOIR

MODES	TEMPS :	PASSÉ	
INDICATIF		*Passé composé* il a fallu	*Passé simple* il fallut
		Plus-que-parfait il avait fallu	*Imparfait* il fallait
CONDITIONNEL		il aurait fallu	
SUBJONCTIF		qu'il ait fallu	
IMPÉRATIF			
INFINITIF			
PARTICIPE		fallu	

PRÉSENT	FUTUR	
	Futur antérieur	*Futur simple*
il faut	il aura fallu	il faudra
il faudrait		
qu'il faille		
falloir		

VOIR

MODES	TEMPS :	PASSÉ	
INDICATIF		*Passé composé* j' ai vu tu as vu il a vu nous avons vu vous avez vu ils ont vu *Plus-que-parfait* j' avais vu tu avais vu il avait vu nous avions vu vous aviez vu ils avaient vu	*Passé simple* je vis tu vis il vit nous vîmes vous vîtes ils virent *Imparfait* je voyais tu voyais il voyait nous voyions vous voyiez ils voyaient
CONDITIONNEL		j' aurais vu tu aurais vu il aurait vu, etc.	
SUBJONCTIF		que j' aie vu que tu aies vu qu'il ait vu que n. ayons vu que v. ayez vu qu'ils aient vu	
IMPÉRATIF			
INFINITIF		avoir vu	
PARTICIPE		vu, e ayant vu	

PRÉSENT	FUTUR	
	Futur antérieur	*Futur simple*
je vois	j' aurai vu	je verrai
tu vois	tu auras vu	tu verras
il voit	il aura vu	il verra
nous voyons	nous aurons vu	nous verrons
vous voyez	vous aurez vu	vous verrez
ils voient	ils auront vu	ils verront
je verrais tu verrais il verrait vous verrions nous verriez ils verraient		
que je voie que tu voies qu'il voie que n. voyions que v. voyiez qu'ils voient		
vois voyons voyez		
voir		
voyant		

METTRE

MODES	TEMPS:	PASSÉ	
INDICATIF		*Passé composé* j' ai mis tu as mis il a mis nous avons mis vous avez mis ils ont mis	*Passé simple* je mis tu mis il mit nous mîmes vous mîtes ils mirent
		Plus-que-parfait j' avais mis tu avais mis il avait mis nous avions mis vous aviez mis ils avaient mis	*Imparfait* je mettais tu mettais il mettait nous mettions vous mettiez ils mettaient
CONDITIONNEL		j' aurais mis tu aurais mis il aurait mis, etc.	
SUBJONCTIF		que j' aie mis que tu aies mis qu'il ait mis que n. ayons mis que v. ayez mis qu'ils aient mis	
IMPÉRATIF			
INFINITIF		avoir mis	
PARTICIPE		mis, e ayant mis	

Verbes en -ettre: admettre (*to admit*)
　　　　　　　　compromettre (*to compromise*)　　　promettre (*to promise*)
　　　　　　　　émettre (*to emit*)　　　　　　　　remettre (*to put back*)
　　　　　　　　omettre (*to omit*)　　　　　　　　soumettre (*to submit*)
　　　　　　　　permettre (*to permit*)　　　　　　transmettre (*to transmit*)

PRÉSENT	FUTUR	
	Futur antérieur	*Futur simple*
je mets	j' aurai mis	je mettrai
tu mets	tu auras mis	tu mettras
il met	il aura mis	il mettra
nous mettons	nous aurons mis	nous mettrons
vous mettez	vous aurez mis	vous mettrez
ils mettent	ils auront mis	ils mettront

je mettrais
tu mettrais
il mettrait
nous mettrions
vous mettriez
ils mettraient

que je mette
que tu mettes
qu'il mette
que n. mettions
que v. mettiez
qu'ils mettent

mets
mettons
mettez

mettre

mettant

APPELER

MODES	TEMPS:	PASSÉ
INDICATIF		*Passé composé* *Passé simple* j' ai appelé j' appelai tu as appelé tu appelas il a appelé il appela nous avons appelé nous appelâmes vous avez appelé vous appelâtes ils ont appelé ils appelèrent *Plus-que-parfait* *Imparfait* j' avais appelé j' appelais tu avais appelé tu appelais il avait appelé il appelait nous avions appelé nous appelions vous aviez appelé vous appeliez ils avaient appelé ils appelaient
CONDITIONNEL		j' aurais appelé tu aurais appelé il aurait appelé nous aurions appelé vous auriez appelé ils auraient appelé
SUBJONCTIF		que j' aie appelé que tu aies appelé qu'il ait appelé que nous ayons appelé que vous ayez appelé qu'ils aient appelé
IMPÉRATIF		
INFINITIF		avoir appelé
PARTICIPE		appelé, e ayant appelé

Il faut noter la variation du « l ».

    Ex: J'appelle
        J'appelais

PRÉSENT	FUTUR

	Futur antérieur	Futur simple
j' appelle	j' aurai appelé	j' appellerai
tu appelles	tu auras appelé	tu appelleras
il appelle	il aura appelé	il appellera
nous appelons	nous aurons appelé	nous appellerons
vous appelez	vous aurez appelé	vous appellerez
ils appellent	ils auront appelé	ils appelleront

j' appellerais tu appellerais il appellerait nous appellerions vous appelleriez ils appelleraient	
que j' appelle que tu appelles qu'il appelle que nous appelions que vous appeliez qu'ils appellent	
appelle appelons appelez	
appeler	
appelant	

Il y a deux «l» devant un «e» muet.
Le même principe s'applique au «t» de **jeter** (*to throw*):
   Ex: Je jette
         Je jetais
Cf. **épeler** (*to spell*)

DEVOIR

MODES	TEMPS :	PASSÉ
INDICATIF		*Passé composé* *Passé simple* j' ai dû je dus tu as dû tu dus il a dû il dut nous avons dû nous dûmes vous avez dû vous dûtes ils ont dû ils durent *Plus-que-parfait* *Imparfait* j' avais dû je devais tu avais dû tu devais il avait dû il devait nous avions dû nous devions vous aviez dû vous deviez ils avaient dû ils devaient
CONDITIONNEL		j' aurais dû tu aurais dû il aurait dû, etc.
SUBJONCTIF		que j' aie dû que tu aies dû qu'il ait dû que n. ayons dû que v. ayez dû qu'ils aient dû
IMPÉRATIF		
INFINITIF		avoir dû
PARTICIPE		dû, due ayant dû

PRÉSENT	FUTUR	
	Futur antérieur	*Futur simple*
je dois	j' aurai dû	je devrai
tu dois	tu auras dû	tu devras
il doit	il aura dû	il devra
nous devons	nous aurons dû	nous devrons
vous devez	vous aurez dû	vous devrez
ils doivent	ils auront dû	ils devront

je devrais tu devrais il devrait nous devrions vous devriez ils devraient	
que je doive que tu doives qu'il doive que n. devions que v. deviez qu'ils doivent	
dois devons devez	
devoir	
devant	

S'ASSEOIR

MODES	TEMPS:	PASSÉ		
INDICATIF	*Passé composé* je me suis assis tu t'es assis il s'est assis nous nous sommes assis vous vous êtes assis ils se sont assis *Plus-que-parfait* je m'étais assis tu t'étais assis il s'était assis nous nous étions assis vous vous étiez assis ils s'étaient assis		*Passé simple* je m'assis tu t'assis il s'assit nous nous assîmes vous vous assîtes ils s'assirent *Imparfait* je m'asseyais tu t'asseyais il s'asseyait nous nous asseyions vous vous asseyiez ils s'asseyaient	
CONDITIONNEL	je me serais assis tu te serais assis il se serait assis nous nous serions assis vous vous seriez assis ils se seraient assis			
SUBJONCTIF	que je me sois assis que tu te sois assis qu'il se soit assis que nous nous soyons assis que vous vous soyez assis qu'ils se soient assis			
IMPÉRATIF				
INFINITIF	s'être assis			
PARTICIPE	assis, e s'étant assis(e)			

PRÉSENT	FUTUR	
	Futur antérieur	*Futur simple*
je m'assieds	je me serai assis	je m'assiérai
tu t'assieds	tu te seras assis	tu t'assiéras
il s'assied	il se sera assis	il s'assiéra
nous nous asseyons	nous nous serons assis	nous nous assiérons
vous vous asseyez	vous vous serez assis	vous vous assiérez
ils s'asseyent	ils se seront assis	ils s'assiéront

je m'assiérais	
tu t'assiérais	
il s'assiérait	
n. nous assiérions	
v. vous assiériez	
ils s'assiéraient	
que je m'asseye	
que tu t'asseyes	
qu'il s'asseye	
que n. nous asseyions	
que v. vous asseyiez	
qu'ils s'asseyent	
assieds-toi	
asseyons-nous	
asseyez-vous	
s'asseoir	
s'asseyant	

S'ASSEOIR (autres formes possibles)

MODES	TEMPS:	PASSÉ
INDICATIF		*Imparfait* je m'assoyais tu t'assoyais il s'assoyait nous nous assoyions vous vous assoyiez ils s'assoyaient
CONDITIONNEL		
SUBJONCTIF		
IMPÉRATIF		
INFINITIF		
PARTICIPE		

PRÉSENT	FUTUR
je m'assois tu t'assois il s'assoit nous nous assoyons vous vous assoyez ils s'assoient	*Futur simple* je m'assoirai tu t'assoiras il s'assoira nous nous assoirons vous vous assoirez ils s'assoiront
je m'assoirais tu t'assoirais il s'assoirait n. nous assoirions v. vous assoiriez ils s'assoiraient	
que je m'assoie que tu t'assoies qu'il s'assoit que n. nous assoyions que v. vous assoyiez qu'ils s'assoient	
assois-toi assoyons-nous assoyez-vous	
s'asseoir	
s'assoyant	

CÉDER

MODES	TEMPS :	PASSÉ
INDICATIF		*Passé composé* j' ai cédé tu as cédé il a cédé nous avons cédé vous avez cédé ils ont cédé *Plus-que-parfait* j' avais cédé tu avais cédé il avait cédé nous avions cédé vous aviez cédé ils avaient cédé	*Passé simple* je céd ai tu céd as il céd a nous céd âmes vous céd âtes ils céd èrent *Imparfait* je céd ais tu céd ais il céd ait nous céd ions vous céd iez ils céd aient
CONDITIONNEL	j' aurais cédé tu aurais cédé il aurait cédé, etc.	
SUBJONCTIF	que j' aie cédé que tu aies cédé qu'il ait cédé que n. ayons cédé que v. ayez cédé qu'ils aient cédé	
IMPÉRATIF		
INFINITIF	avoir cédé	
PARTICIPE	cédé, e ayant cédé	

Remarques sur l'accent : Le "é" devient "è" devant une syllable muette
Ex : Il a cédé
mais
Il cède

332

PRÉSENT	FUTUR	
	Futur antérieur	*Futur simple*
je cèd e tu cèd es il cèd e nous céd ons vous céd ez ils cèd ent	j' aurai cédé tu auras cédé il aura cédé nous aurons cédé vous aurez cédé ils auront cédé	je céd erai tu céd eras il céd era nous céd erons vous céd erez ils céderont
je céd erais tu céd erais il céd erait nous céd erions vous céd eriez ils céd eraient		
que je cèd e que tu cèd es qu'il cèd e que n. céd ions que v. céd iez qu'ils cèd ent		
cèd e céd ons céd ez		
céd er		
céd ant		

Au conditionnel et au futur le "é" demeure

Ex: Nous céderions

Il en est ainsi pour tous les verbes ayant un "é" à l'avant-dernière syllabe de l'infinitif.

Ex: régler, célébrer, pénétrer

DIRE ET LES VERBES EN -IRE

MODES	TEMPS:	PASSÉ	
INDICATIF		*Passé composé* j' ai dit tu as dit il a dit nous avons dit vous avez dit ils ont dit	*Passé simple* je dis tu dis il dit nous dîmes vous dîtes ils dirent
		Plus-que-parfait j' avais dit tu avais dit il avait dit nous avions dit vous aviez dit ils avaient dit	*Imparfait* je disais tu disais il disait nous disions vous disiez ils disaient
CONDITIONNEL		j' aurais dit tu aurais dit il aurait dit, etc.	
SUBJONCTIF		que j' aie dit que tu aies dit qu'il ait dit que n. ayons dit que v. ayez dit qu'ils aient dit	
IMPÉRATIF			
INFINITIF		avoir dit	
PARTICIPE		dit, e ayant dit	

PRÉSENT	FUTUR	
	Futur antérieur	*Futur simple*
je dis	j' aurai dit	je dirai
tu dis	tu auras dit	tu diras
il dit	il aura dit	il dira
nous disons	nous aurons dit	nous dirons
vous dites	vous aurez dit	vous direz
ils disent	ils auront dit	ils diront
je dirais		
tu dirais		
il dirait		
nous dirions		
vous diriez		
ils diraient		
que je dise		
que tu dises		
qu'il dise		
que n. disions		
que v. disiez		
qu'ils disent		
dis		
disons		
dites		
dire		
disant		

ÉCRIRE

MODES	TEMPS :	PASSÉ	
INDICATIF		*Passé composé* j' ai écrit tu as écrit il a écrit nous avons écrit vous avez écrit ils ont écrit	*Passé simple* j' écriv is tu écriv is il écriv it nous écriv îmes vous écriv îtes ils écriv irent
		Plus-que-parfait j' avais écrit tu avais écrit il avait écrit nous avions écrit vous aviez écrit ils avaient écrit	*Imparfait* j' écriv ais tu écriv ais il écriv ait nous écriv ions vous écriv iez ils écriv aient
CONDITIONNEL		j' aurais écrit tu aurais écrit il aurait écrit, etc.	
SUBJONCTIF		que j' aie écrit que tu aies écrit qu'il ait écrit que n. ayons écrit que v. ayez écrit qu'ils aient écrit	
IMPÉRATIF			
INFINITIF		avoir écrit	
PARTICIPE		écrit, e ayant écrit	

PRÉSENT　　　　　　　　　　　FUTUR

	Futur antérieur	*Futur simple*
j' écris	j' aurai écrit	j' écr irai
tu écris	tu auras écrit	tu écr iras
il écrit	il aura écrit	il écr ira
nous écriv ons	nous aurons écrit	nous écr irons
vous écriv ez	vous aurez écrit	vous écr irez
ils écriv ent	ils auront écrit	ils écr iront

j' écr irais
tu écr irais
il écr irait
nous écr irions
vous écr iriez
ils écr iraient

que j' écriv e
que tu écriv es
qu'il écriv e
que n. écriv ions
que v. écriv iez
qu'ils écriv ent

écris
écrivons
écrivez

écr ire

écriv ant

ENVOYER

MODES	TEMPS:	PASSÉ	
INDICATIF		*Passé composé* j' ai envoyé tu as envoyé il a envoyé nous avons envoyé vous avez envoyé ils ont envoyé *Plus-que-parfait* j' avais envoyé tu avais envoyé il avait envoyé nous avions envoyé vous aviez envoyé ils avaient envoyé	*Passé simple* j' envoyai tu envoyas il envoya nous envoyâmes vous envoyâtes ils envoyèrent *Imparfait* j' envoyais tu envoyais il envoyait nous envoyions vous envoyiez ils envoyaient
CONDITIONNEL		j' aurais envoyé tu aurais envoyé il aurait envoyé, etc.	
SUBJONCTIF		que j' aie envoyé que tu aies envoyé qu'il ait envoyé que n. ayons envoyé que v. ayez envoyé qu'ils aient envoyé	
IMPÉRATIF			
INFINITIF		avoir envoyé	
PARTICIPE		envoyé, e ayant envoyé	

PRÉSENT	FUTUR	
j' envoie tu envoies il envoie nous envoyons vous envoyez ils envoient	*Futur antérieur* j' aurai envoyé tu auras envoyé il aura envoyé nous aurons envoyé vous aurez envoyé ils auront envoyé	*Futur simple* j' enverrai tu enverras il enverra nous enverrons vous enverrez ils enverront

j' enverrais
tu enverrais
il enverrait
nous enverrions
vous enverriez
ils enverraient

que j' envoie
que tu envoies
qu'il envoie
que n. envoyions
que v. envoyiez
qu'ils envoient

envoie
envoyons
envoyez

envoyer

envoyant

LIRE

MODES	TEMPS:	PASSÉ	
INDICATIF		*Passé composé* j' ai lu tu as lu il a lu nous avons lu vous avez lu ils ont lu *Plus-que-parfait* j' avais lu tu avais lu il avait lu nous avions lu vous aviez lu ils avaient lu	*Passé simple* je lus tu lus il lut nous lûmes vous lûtes ils lurent *Imparfait* je lisais tu lisais il lisait nous lisions vous lisiez ils lisaient
CONDITIONNEL		j' aurais lu tu aurais lu il aurait lu, etc.	
SUBJONCTIF		que j' aie lu que tu aies lu qu'il ait lu que n. ayons lu que v. ayez lu qu'ils aient lu	
IMPÉRATIF			
INFINITIF		avoir lu	
PARTICIPE		lu, lue ayant lu	

PRÉSENT	FUTUR	
	Futur antérieur	*Futur simple*
je lis	j' aurai lu	je lirai
tu lis	tu auras lu	tu liras
il lit	il aura lu	il lira
nous lisons	nous aurons lu	nous lirons
vous lisez	vous aurez lu	vous lirez
ils lisent	ils auront lu	ils liront
je lirais tu lirais il lirait nous lirions vous liriez ils liraient		
que je lise que tu lises qu'il lise que n. lisions que v. lisiez qu'ils lisent		
lis lisons lisez		
lire		
lisant		

MOURIR

MODES	TEMPS:	PASSÉ
INDICATIF		*Passé composé* *Passé simple* je suis mort je mourus tu es mort tu mourus il est mort il mourut nous sommes morts nous mourûmes vous êtes morts vous mourûtes ils sont morts ils moururent *Plus-que-parfait* *Imparfait* j' étais mort je mourais tu étais mort tu mourais il était mort il mourait nous étions morts nous mourions vous étiez morts vous mouriez ils étaient morts ils mouraient
CONDITIONNEL		je serais mort tu serais mort il serait mort, etc.
SUBJONCTIF		que je sois mort que tu sois mort qu'il soit mort que n. soyons morts que v. soyez morts qu'ils soient morts
IMPÉRATIF		
INFINITIF		être mort
PARTICIPE		mort, e étant mort

PRÉSENT	FUTUR	
	Futur antérieur	*Futur simple*
je meurs	je serai mort	je mourrai
tu meurs	tu seras mort	tu mourras
il meurt	il sera mort	il mourra
nous mourons	nous serons morts	nous mourrons
vous mourez	vous serez morts	vous mourrez
ils meurent	ils seront morts	ils mourront

je mourrais tu mourrais il mourrait nous mourrions vous mourriez ils mourraient	
que je meure que tu meures qu'il meure que n. mourions que v. mouriez qu'ils meurent	
meurs mourons mourez	
mourir	
mourant	

NAÎTRE

MODES	TEMPS:	PASSÉ
INDICATIF		*Passé composé* je suis né tu es né il est né nous sommes nés vous êtes nés ils sont nés *Plus-que-parfait* j' étais né tu étais né il était né nous étions nés vous étiez nés ils étaient nés	*Passé simple* je naquis tu naquis il naquit nous naquîmes vous naquîtes ils naquirent *Imparfait* je naissais tu naissais il naissait nous naissions vous naissiez ils naissaient
CONDITIONNEL		je serais né tu serais né il serait né, etc.
SUBJONCTIF		que je sois né que tu sois né qu'il soit né que n. soyons nés que v. soyez nés qu'ils soient nés
IMPÉRATIF		
INFINITIF		être né
PARTICIPE		né, née étant né

PRÉSENT	FUTUR	
	Futur antérieur	*Futur simple*
je nais	je serai né	je naîtrai
tu nais	tu seras né	tu naîtras
il naît	il sera né	il naîtra
nous naissons	nous serons nés	nous naîtrons
vous naissez	vous serez nés	vous naîtrez
ils naissent	ils seront nés	ils naîtront

je naîtrais
tu naîtrais
il naîtrait
nous naîtrions
vous naîtriez
ils naîtraient

que je naisse
que tu naisses
qu'il naisse
que n. naissions
que v. naissiez
qu'ils naissent

   nais
   naissons
   naissez

     naître

   naissant

PESER

MODES	TEMPS :	PASSÉ	
INDICATIF		*Passé composé* j' ai pesé tu as pesé il a pesé n. avons pesé v. avez pesé ils ont pesé *Plus-que-parfait* j' avais pesé tu avais pesé il avait pesé n. avions pesé v. aviez pesé ils avaient pesé	*Passé simple* je pes ai tu pes as il pes a nous pes âmes vous pes âtes ils pes èrent *Imparfait* je pes ais tu pes ais il pes ait nous pes ions vous pes iez ils pes aient
CONDITIONNEL		j' aurais pesé tu aurais pesé il aurait pesé, etc.	
SUBJONCTIF		que j' aie pesé que tu aies pesé qu' il ait pesé q. n. ayons pesé q. v. ayez pesé qu' ils aient pesé	
IMPÉRATIF			
INFINITIF		avoir pesé	
PARTICIPE		pesé, e ayant pesé	

Remarques sur l'emploi de l'accent :

Les verbes qui, comme **peser, mener, lever**, ont un « e » muet à l'avant-dernière syllabe de l'infinitif changent ce « e » muet en « è » devant une syllabe muette :

PRÉSENT	FUTUR	
	Futur antérieur	*Futur simple*
je pès e	j' aurai pesé	je pès erai
tu pès es	tu auras pesé	tu pès eras
il pès e	il aura pesé	il pès era
nous pes ons	n. aurons pesé	nous pès erons
vous pes ez	v. aurez pesé	vous pès erez
ils pès ent	ils auront pesé	ils pès eront
je pès erais		
tu pès erais		
il pès erait		
nous pès erions		
vous pès eriez		
ils pès eraient		
que je pè se		
que tu pè ses		
qu'il pè se		
que n. pes ions		
que v. pes iez		
qu'ils pès ent		
pès e		
pes ons		
pes ez		
pes er		
pes ant		

Ex: peser—je pèse
   lever—il lèvera
      MAIS
         nous levons
   mener—tu mènes, ils mèneront

RECEVOIR ET LES VERBES EN -EVOIR

MODES	TEMPS :	PASSÉ
INDICATIF		*Passé composé* j' ai reçu tu as reçu il a reçu nous avons reçu vous avez reçu ils ont reçu *Plus-que-parfait* j' avais reçu tu avais reçu il avait reçu nous avions reçu vous aviez reçu ils avaient reçu	*Passé simple* je reç us tu reç us il reç ut nous reç ûmes vous reç ûtes ils reç urent *Imparfait* je rec evais tu rec evais il rec evait nous rec evions vous rec eviez ils rec evaient
CONDITIONNEL	j' aurais reçu tu aurais reçu il aurait reçu, etc.	
SUBJONCTIF	que j' aie reçu que tu aies reçu qu'il ait reçu que n. ayons reçu que v. ayez reçu qu'ils aient reçu	
IMPÉRATIF		
INFINITIF	avoir reçu	
PARTICIPE	reçu, e ayant reçu	

Notez l'emploi de la cédille « ҫ » devant les o et les u :
Ex : je reçois   reçu
     MAIS   MAIS
     je recevrai   recevant

PRÉSENT	FUTUR	
	Futur antérieur	*Futur simple*
je reç ois	j' aurai reçu	je rec evrai
tu reç ois	tu auras reçu	tu rec evras
il reç oit	il aura reçu	il rec evra
nous rec evons	nous aurons reçu	nous rec evrons
vous rec evez	vous aurez reçu	vous rec evrez
ils reç oivent	ils auront reçu	ils rec evront

je rec evrais tu rec evrais il rec evrait nous rec evrions vous rec evriez ils rec evraient	
que je reç oive que tu reç oives qu'il reç oive que n. rec evions que v. rec eviez qu'ils reç oivent	
reç ois rec evons rec evez	
rec evoir	
rec evant	

SERVIR

MODES	TEMPS :	PASSÉ	
INDICATIF		*Passé composé* j' ai servi tu as servi il a servi nous avons servi vous avez servi ils ont servi	*Passé simple* je serv is tu serv is il serv it nous serv îmes vous serv îtes ils serv irent
		Plus-que-parfait j' avais servi tu avais servi il avait servi nous avions servi vous aviez servi ils avaient servi	*Imparfait* je serv ais tu serv ais il serv ait nous serv ions vous serv iez ils serv aient
CONDITIONNEL		j' aurais servi tu aurais servi il aurait servi, etc.	
SUBJONCTIF		que j' aie servi que tu aies servi qu'il ait servi que n. ayons servi que v. ayez servi qu'ils aient servi	
IMPÉRATIF			
INFINITIF		avoir servi	
PARTICIPE		servi, e ayant servi	

PRÉSENT	FUTUR	
	Futur antérieur	*Futur simple*
je sers	j' aurai servi	je serv irai
tu sers	tu auras servi	tu serv iras
il sert	il aura servi	il serv ira
nous serv ons	nous aurons servi	nous serv irons
vous serv ez	vous aurez servi	vous serv irez
ils serv ent	ils auront servi	ils serv iront

je serv irais tu serv irais il serv irait nous serv irions vous serv iriez ils serv iraient	
que je serv e que tu serv es qu'il serv e que n. serv ions que v. serv iez qu'ils serv ent	
sers serv ons serv ez	
serv ir	
serv ant	

VOCABULAIRE FRANÇAIS-ANGLAIS

adj.	adjectif	*m.*	masculin
adv.	adverbe	*n.*	nom
art.	article	*part.*	partitif; participe
conj.	conjonction/conjonctive	*pers.*	personnel
déf.	défini	*pl.*	pluriel
dém.	démonstratif	*poss.*	possessif
f.	féminin	*prép.*	préposition
indéf.	indéfini	*pron.*	pronom/pronominal
inf.	infinitif	*réfl.*	réfléchi
interrog.	interrogatif	*rel.*	relatif
interj.	interjection	*s.*	singulier
loc.	locution	*subj.*	subjonctif
*	«h» aspiré	*ton.*	tonique
		v.	verbe

A

à *prép.* to, at, in; **à peine** hardly, barely, scarcely; **à temps** in time
abord *n.m.* access, approach, aspect; **d'abord, tout d'abord** first of all
aboutir à *v.* to end in, lead to
absence *n.f.* absence; **en l'absence de** in the absence of
absenter(s') *v. pron.* to be absent, keep away
abstenir(s') *v. pron.* to abstain
accidenté *adj.* hilly, rolling, uneven
accompagner *v.* to accompany
accomplir *v.* to accomplish
accord *n.m.* agreement; **en accord** in agreement; **être d'accord** to agree; **d'accord** agreed, o.k.; **se mettre d'accord** to come to an agreement
accorder *v.* to grant, allow; **s'accorder** to agree
accueillir *v.* to receive, welcome, greet
achat *n.m.* purchase; **faire ses achats** to shop
acheter *v.* to buy; **acheter quelque chose à quelqu'un** to buy something for/from (see context) someone
acheteuse *n.f.* buyer
acier *n.m.* steel
acompte *n.m.* account; **verser un acompte** to make a down-payment
acteur *n.m.* actor
action *n.f.* action, act; share of stock
actrice *n.f.* actress
actualités *n.f.pl.* current events, newsreels
addition *n.f.* bill, check (in a restaurant)
adjectif *n.m.* adjective
adjonction *n.f.* adding
admettre *v.* to admit, confess, acknowledge, let enter
adresser la parole (à quelqu'un) *v.* to speak (to someone); **s'adresser à (quelqu'un)** to address (someone)
adversaire *n.m.* opponent
aérogare *n.f.* air terminal
aéroport *n.m.* airport
affaire *n.f.* business, concern, bargain; **avoir affaire à quelqu'un** to do business with someone; **les affaires** business, things (see context); **être dans les affaires** to be in business; **les Affaires Étrangères** foreign affairs
affiche *n.f.* poster, bill; **à l'affiche** on the billboard, to be playing
afin de (+inf.), **afin que** (+subj.) *loc. prép.* in order to/that
âge *n.m.* age; **un enfant en bas âge** a young child; **quel âge avez-vous?** How old are you?
agence *n.f.* agency
agent de police *n.m.* policeman
agir *v.* to act; **s'agir de** to be about, a matter of, to concern
agréable *adj.* pleasant
agrégation *n.f.* "agrégation" (examination and title necessary for university teaching)
aide *n.f.* help, assistance, aid; **à l'aide de** with the help of
ailleurs *adv.* elsewhere
aimable *adj.* kind, nice, pleasant
aimer *v.* to like, love
ainsi *adv.* thus, so, as follows; **pour ainsi dire** so to speak, as it were
air *n.m.* air; **en plein air** outdoors
aise *n.f.* ease; **à l'aise** comfortable
ajouter *v.* to add
alcool *n.m.* alcohol
alcoolisé *adj.* alcoholic
allemand *adj.* German
allemand *n.m.* German/the German language
Allemagne *n.f.* Germany
aller *v.* to go; **s'en aller** to leave, go away; **aller simple** *n.m.* one-way ticket; **aller et retour** *n.m.* round-trip ticket
allonger(s') *v. pron.* to stretch out, to lie down
allumer *v.* to start (fire), to turn on (light)
alors *adv.* then; **alors que** *loc. conj.* while
alpestre *adj.* alpine
alpinisme *n.m.* mountain climbing

iii

aluminium *n.m.* aluminum
ambiance *n.f.* atmosphere, surroundings
améliorer *v.* to make better, to ameliorate
amendement *n.m.* amendment
amener *v.* to bring, bring along
Amérique *n.f.* America
ami *n.m.* friend
amie *n.f.* (girl) friend
amour *n.m.* love
amoureux, amoureuse *adj.* in love; **tomber amoureux** to fall in love
amusant *adj.* entertaining, amusing
amuser(s') *v. pron.* to enjoy, amuse oneself; **s'amuser à faire quelque chose** to have fun doing something
an *n.m.* year; **par an** per year, a year; **en l'an** in the year
analyse *n.f.* analysis
ancien, ancienne *adj.* old, former (see context)
anglais *n.m.* English/the English language; **à l'anglaise** in the English manner
animal *n.m.* animal; **les animaux** *pl.* animals
année *n.f.* year
anniversaire *n.m.* birthday, anniversary
annonce *n.f.* notice; **petite annonce** want ad
annoncer *v.* to announce
août *n.m.* August
apercevoir *v.* to perceive, observe, see; **s'apercevoir de** to notice, realize, become aware of
apéritif *n.m.* appetizer, apéritif
appartenance *n.f.* (the fact of) being a member of
appartenir *v.* to belong; **appartenir à** to belong to
appel *n.m.* appeal, call; **faire appel à quelqu'un** to appeal to/call upon someone
appeler *v.* to call; **s'appeler** to be named/called
applaudir *v.* to applaud
appliquer(s') à *v. pron.* to apply to

apporter *v.* to bring
apprendre *v.* to learn; **apprendre quelque chose à quelqu'un** to teach something to someone; **apprendre à faire quelque chose** to learn to do something
apprenti *n.m.* apprentice
approcher(s') *v.pron.* to approach, get near; **s'approcher de** to approach
appui *n.m.* support
appuyer *v.* to press; **s'appuyer (sur/contre)** to lean, rest (on, against)
après *prép.* after; **d'après** according to
après-midi *n.m.* afternoon
arbitre *n.m.* referee
argent *n.m.* money
argenterie *n.f.* silverware
arracher *v.* to pull (tooth), tear (paper), pull out (weeds)
arrêt *n.m.* stop
arrêter *v.* to stop; **être arrêté** to be stopped/arrested (see context); **arrêter de** (+inf.) to stop (doing); **s'arrêter** to stop, come to a stop
arrivée *n.f.* arrival, station of arrival
arriver *v.* to happen, arrive
article *n.m.* article
ascenseur *n.m.* elevator
ascendant *adj.* rising
asperge *n.f.* asparagus
aspirant *n.m.* candidate
aspirine *n.f.* aspirin
assaisonnement *n.m.* seasoning
assembler *v.* to assemble
asseoir *v.* to seat, sit; **s'asseoir** to sit down
assez *adv.* enough, rather
assis *adj.* seated
assister *v.* to attend; **assister à quelque chose** to attend something
atelier *n.m.* work-shop
atone *adj.* unstressed, atonic
attaquer(s') à *v. pron.* to attack
atteindre *v.* to reach, get to, attain
attendre *v.* to wait; **attendre quelqu'un/quelque chose** to wait for someone/something; **s'attendre à**

quelque chose to expect something; **en attendant que** (+subj.)/**de** (+inf.) till, until
attente *n.f.* waiting
attention *n.f.* care/attention; **Attention!** Watch out!; **faire attention to** pay attention
attentivement *adv.* attentively, carefully
attirer *v.* to attract, draw; **attirer l'attention de quelqu'un** to draw the attention of someone
attraper *v.* to catch; **se faire attraper** to be caught
aucun *adj.* no, not any, no one
augmentation *n.f.* raise, increase
augmenter *v.* to go up (prices), to raise (salary)
aujourd'hui *adv.* today
aussi *adv.* as, so; also
aussi *conj.* therefore, consequently
aussitôt que *loc. conj.* as soon as
autant *adv.* as much/many, so much; **autant que** as far as
autocar/car *n.m.* interurban bus
automobile *n.f.* automobile; **être dans l'automobile** to be in the auto industry
automne *n.m.* fall
autour *prép.* around
autre *adj.* other
autrefois *adv.* in the past, formerly
avance *n.f.* advance, lead; **à l'avance** in advance
avant *prép.* before; **avant de** (+inf.)/ **avant que . . . ne** (+subj.) before
avant-centre *n.m.* center of a team
avant-dernier, avant-dernière *adj.* next to last
avare *adj.* miserly
avec *prép.* with
aviation *n.f.* aviation, air force
avion *n.m.* plane; **avion à réaction** jet
avis *n.m.* opinion; **à mon avis** according to me; **à son avis,** etc. according to him, etc.; **changer d'avis** to change one's opinion/mind
avocat *n.m.* lawyer, attorney
avoir *v.* to have; **il y a** there is/are;

avoir besoin de to need; **avoir de la chance** to be lucky; **avoir confiance en quelqu'un** to trust someone; **avoir envie de faire quelque chose** to feel like doing something; **avoir faim** to be hungry; **avoir froid** to be cold; **avoir à faire quelque chose** to have something to do; **avoir du goût pour** to be attracted to/by; **avoir peur** to be afraid; **avoir raison** to be right; **avoir rendez-vous** to have an appointment/a date; **avoir soif** to be thirsty; **avoir sommeil** to be/feel sleepy; **avoir soin de** (+inf.) to take care to; **avoir tort** to be wrong
avouer *v.* to confess, admit

B

baccalauréat *n.m.* baccalaureate (examination and diploma at the end of secondary school)
bague *n.f.* ring
baigner(se) *v. pron.* to go swimming
bâiller *v.* to yawn
bain *n.m.* bath; **bain de soleil** sunbath; **maillot de bain** bathing suit
baiser *n.m.* kiss
baisser *v.* to go down
bal *n.m.* dance, ball
balle *n.f.* ball
ballon *n.m.* ball (le ballon de football)
banc *n.m.* bench
banque *n.f.* bank
banquier *n.m.* banker
baptême *n.m.* baptism, christening
bas, basse *adj.* low; **un enfant en bas âge** a young child
bas *n.m.* bottom, stocking (see context)
bataille *n.f.* battle
bateau *n.m.* boat; **bateau-mouche** touring boat on the Seine
bâtiment *n.m.* building, structure
bâton *n.m.* stick
battre *v.* to beat; **battre un record** to break a record; **se battre** to fight
beau/bel, belle, beaux *adj.* handsome,

beautiful; **il fait beau** it is nice (weather)
beaucoup *adv.* much, a lot, many
beauté *n.f.* beauty
bébé *n.m.* baby
belle-mère *n.f.* mother-in-law
besoin *n.m.* need; **avoir besoin de** to need
bête *adj.* silly, stupid
bêtise *n.f.* stupidity
beurre *n.m.* butter
bibliothécaire *n.m.* librarian
bibliothèque *n.f.* library
Bic *n.m.* Bic ballpoint pen
bien *adv.* well; **bien des** many; **bien plus** much more; **bien plus que** much more than; **bien plus de** (+nom.) much more (+noun); **bien sûr** surely; **bien que** (+subj.) although
bien *n.m.* good; **faire du bien** to do good
bientôt *adv.* soon
bière *n.f.* beer
bijou *n.m.*, **les bijoux** jewels
billet *n.m.* ticket, bill; **prendre un billet** to buy a ticket
blanc, blanche *adj.* white
blé *n.m.* wheat
blesser *v.* to hurt, wound, injure
bleu *adj.* blue; **le bleu** *n.m.* the color blue; **bleu de travail** overalls; **Carte Bleue** a type of credit card
boire *v.* to drink
bois *n.f.* wood
boisson *n.f.* beverage, drink
boîte *n.f.* box, can; **en boîte** canned, boxed
bon, bonne *adj.* good; **bon marché** cheap; **faire bon ménage** to live happily together; **pour de bon** for good, in earnest, for keeps; **faire bon** to be nice (weather)
bonheur *n.m.* happiness
bonhomme *n.m.* fellow, old man; **un bonhomme de neige** a snowman
bonjour *n.m.* greeting, good day
bonnet *n.m.* cap; **bonnet de coton** night-cap

bord *n.m.* edge; **à bord** aboard
border *v.* to run along/go along (the edge of)
bouche *n.f.* mouth
bouchée *n.f.* mouthful, gulp
boucher *n.m.* butcher
boulanger *n.m.* baker
boulangerie *n.f.* baker's shop
boule *n.f.* ball; **boule de neige** snowball
bouquiniste *n.m.* second-hand bookseller
Bourgogne *n.f.* Burgundy (French province)
bourse *n.f.* scholarship
bout *n.m.* end, tip; **de bout en bout** from beginning to end
bouteille *n.f.* bottle; **en bouteille** bottled
boutique *n.f.* shop, store
brasse *n.f.* breast-stroke
brave *adj.* good, goodhearted
bravo *interj.* bravo, well done, great
brièvement *adv.* briefly
briller *v.* to shine, glisten
brique *n.f.* brick; **poser des briques** to lay bricks
bronzer *v.* to tan
brouillard *n.m.* fog
bruit *n.m.* noise; **faire du bruit** to make noise
bruyant *adj.* noisy
bûche *n.f.* log
buffet *n.m.* restaurant (in a railroad station)
buisson *n.m.* bush
bureau *n.m.* office; **bureau de tabac** tobacco shop
but *n.m.* goal, purpose; **dans ce but** with this in mind
buvable *adj.* drinkable

C

cabine *n.f.* cabin
cabinet *n.m.* office, room
câble *n.m.* cable

cacher quelqu'un/quelque chose *v.* to hide someone/something; **se cacher** to hide (oneself)
cadeau *n.m.* gift
café *n.m.* coffee; café
cahier *n.m.* notebook
caisse *n.f.* cash-register
caissière *n.f.* cashier
calculer *v.* calculate
calmer (quelqu'un) *v.* to calm (someone) down; **se calmer** to become calm, calm down
camarade *n.m.* friend
campagnard *adj.* rustic, country
campagne *n.f.* country, countryside, campaign; **une campagne vigoureuse** a tough campaign
candidature *n.f.* candidature; **poser sa candidature** to offer oneself as a candidate
canotage *n.m.* boating
cantatrice *n.f.* opera singer
cantine *n.f.* plant dining room
caoutchouc *n.m.* rubber
car *conj.* because, since, as
caractère *n.m.* character, temper, personality
carnaval *n.m.* Mardi gras celebration
carnet *n.m.* booklet; **carnet de chèques** checkbook
carrière *n.f.* career
carte *n.f.* card; **Carte Bleue** a type of credit card; **jouer aux cartes** to play cards
cas *n.m.* case, instance; **au cas où** in case, in the event that
casser *v.* to break; **se casser le bras/la jambe** to break one's arm/leg
cause *n.f.* cause; **à cause de** because of, on account of, owing to
causer *v.* to cause, be the cause of
causer *v.* to talk, chat
cavalier *n.m.* escort
cavalière *n.f.* escort
cave *n.f.* cellar
ce/cet, cette; ces *adj. dém.* this, that; these, those
ce *pron. dém.* this, that, he, she, it, they

ce qui, ce que, ce dont, ce à quoi *pron. rel. indéf.* what, that which, that of which, that about which
ceci *pron. dém.* this
céder *v.* to yield, give up; **céder la parole (à)** to let someone speak
cédille *n.f.* cedilla (¸)
cela, ça *pron. dém.* that
célèbre *adj.* famous, well-known
célébrer *v.* to celebrate
celui, celle; ceux, celles *pron. dém.* this, that, those
cent *adj.* one hundred; **pour cent** per cent
centime *n.m.* centime (one 100th of a franc)
centimètre *n.m.* centimeter
cependant *conj.* however, yet, nevertheless
certain *adj.* certain, some (before a noun); certain, sure (after a noun)
cesser *v.* to stop, cease; **sans cesse** unceasingly
chacun *pron.* each/every one
chagrin *n.m.* grief, sadness
chaise *n.f.* chair; **chaise-longue** deckchair
chaleur *n.f.* heat
chambre *n.f.* room, bedroom
champ *n.m.* field
championnat *n.m.* championship
chance *n.f.* luck; **avoir de la chance** to be lucky
changement *n.m.* change
changer *v.* to change; **changer d'opinion/d'avis** to change your mind; **se changer** to change clothes
chanson *n.f.* song
chant *n.m.* singing
chanter *v.* to sing
chanteur *n.m.* singer
chanteuse *n.f.* singer
chapeau *n.m.* hat
chapitre *n.m.* chapter
chaque *adj.* each, every
charcuterie *n.f.* pork products; pork-butcher's shop
chasse *n.f.* hunting
château *n.m.* castle, château

chaud *adj.* warm; **il fait chaud** it is warm
chaudement *adv.* warmly
chauffage *n.m.* heating
chauffer *v.* to heat, warm
chauffeur *n.m.* driver
chaussure *n.f.* shoe
chef *n.m.* chef, cook, leader, supervisor, boss; **chef-d'œuvre** masterpiece; **en chef** head; **chef de rayon** head of a department, floor manager; **chef d'entreprise** head of a business
chemin *n.m.* way, path; **chemin de fer** railroad
chemise *n.f.* shirt
chemiserie *n.f.* shirt shop
chèque *n.m.* check
cher, chère *adj.* dear; expensive
chercher *v.* to look for, seek
cheval *n.m.* horse; **les chevaux** *pl.* horses; **à cheval** on horseback
cheveu *n.m.* hair (one); **les cheveux** *pl.* hair
chez *prép.* at/to (the house/place of); **chez soi** at home
chic *adj. m. et f.* smart, stylish
chien *n.m.* dog; **chien berger** shepherd dog
chimie *n.f.* chemistry
chinois *n.m.* Chinese, the Chinese language
chirurgien *n.m.* surgeon; **chirurgien dentiste** surgeon-dentist
choisir *v.* to choose; **choisir de** (+inf.) to choose (doing)
choix *n.m.* choice
chômage *n.m.* unemployment
choquer *v.* to shock, strike
chose *n.f.* thing; **quelque chose** something
choucroute *n.f.* sauerkraut
ci-dessous *loc. adv.* below
ci-dessus *loc. adv.* above, above-mentioned
cible *n.f.* target
cigogne *n.f.* stork
cinéma *n.m.* movies
cinq *adj.* five

cinquantaine(la) *n.f.* around fifty
citron *n.m.* lemon
citoyen *n.m.* citizen
clair *adj.* clear; **y voir clair** to be clear-sighted, see into things
clairement *adv.* clearly
classe *n.f.* class; **salle de classe** classroom
client *n.m.* **cliente** *n.f.* customer, patron, visitor
climatisation *n.f.* air-conditioning
clin (*n.m.*) **d'œil** (*n.m.*) wink; **en un clin d'œil** quickly
cloche *n.f.* bell
clocher *n.m.* steeple
coca *n.m.* coke, coca-cola
cœur *n.m.* heart, **par cœur** by heart; **de bon cœur** wholeheartedly; **avoir bon cœur** to be generous
coin *n.m.* corner, spot
col *n.m.* collar
colère *n.f.* anger; **en colère** angry, mad (at someone)
colis *n.m.* package
collé *adj. ou part. pass.* flunked; **être collé** to be flunked
collègue *n.m.* colleague
combien *adv.* how much/many
combiner *v.* to combine, put together
comité *n.m.* committee
commande *n.f.* order, command
commander *v.* to command, order; **commander à quelqu'un de faire quelque chose** to ask someone to do something
comme *conj. et adv.* as; how; **comme dessert** for dessert
commencement *n.m.* beginning
commencer *v.* to begin, start; **commencer à faire quelque chose** to begin doing something; **commencer par faire** to begin by doing
comment *adv.* how
commerçant *n.m.* storekeeper
commerce *n.m.* commerce, trade; **être dans le commerce** to be in the retail business
commode *n.f.* chest of drawers
communiquer *v.* to communicate

compagne *n.f.* woman companion
compagnie *n.f.* company, firm; **compagnie aérienne** airline
compagnon *n.m.* companion
compartiment *n.m.* compartment
complet, complète *adj.* complete, finished, full (bus, subway . . .)
complet *n.m.* suit (of clothes)
complexité *n.f.* intricacy, complexity
compliqué *adj.* complicated
composé *adj.* compound; **passé composé** compound past, past indefinite (tense)
composer *v.* to compose; **se composer de** to be composed of
comprendre *v.* to comprehend, understand
compte *n.m.* account; **se rendre compte de** to realize, be aware of
compter *v.* to count; plan
concevoir *v.* to conceive
concierge *n.f.* doorkeeper, superintendent
concordance *n.f.* agreement, sequence
concours *n.m.* competitive examination
concurrence *n.f.* competition
condition *n.f.* condition; **à condition de** (+inf.) providing; **à condition que** (+subj.) on the condition/providing that
conduire *v.* to drive, conduct
conférence *n.f.* lecture, conference
conférencier *n.m.* lecturer
confiance *n.f.* confidence; **avoir confiance en quelqu'un** to have confidence in someone
confier (quelque chose à quelqu'un) *v.* to entrust (something to someone); **se confier (à)** to confide (in)
confondre *v.* to confuse
congé *n.m.* leave, holiday; **les congés payés** paid holidays; **jour de congé** day off
conjuguer *v.* to conjugate
connaissance *n.f.* acquaintance, knowledge, understanding
connaître *v.* to know, be acquainted with

conseil *n.m.* advice, counsel; **donner des conseils** to give advice, advise
conserver *v.* to keep
consigne *n.f.* checkroom
consommation *n.f.* the act of consuming, drink (au café); **la société de consommation** the consumer society
consommer *v.* to consume, burn (gasoline)
construire *v.* to build, construct
content *adj.* content, satisfied, happy, glad
contenter *v.* to satisfy; **se contenter de faire quelque chose** to be satisfied doing something
continuer *v.* to go on; **continuer à faire quelque chose** to continue doing something
contraire *n.m.* contrary, opposite
contraire *adj.* contrary, opposite
contrairement à *adv.* contrary to
contre *prép.* against; **être fâché contre quelqu'un** to be irritated with someone; **par contre** on the other hand
contrôle *n.m.* verification, checking
contrôleur *n.m.* conductor
convenable *adj.* appropriate, suitable
convenir *v.* to suit, be appropriate; **convenir à quelqu'un** to suit someone
copain *n.m.* friend, pal
copier *v.* to copy, cheat; **copier dans un livre** to copy out of a book
corde *n.f.* rope
corps *n.m.* body; **faire corps avec** to be one with
correspondance *n.f.* transfer (R.R., subway)
corriger *v.* to correct
corrompre *v.* to corrupt
costume *n.m.* suit
côte *n.f.* coast
côté *n.m.* side; **d'un côté . . . d'un autre côté** on the one hand . . . on the other hand; **se ranger à ses côtés** to join his ranks
coucher *v.* to put to bed; **se coucher** to go to bed

ix

couleur *n.f.* color
coulisses *n.f. pl.* theatre wings
couloir *n.m.* corridor
couper *v.* to cut
cour *n.f.* court; **faire la cour** to court
courant *adj.* current
courant *n.m.* current, stream; **être au courant de** to be up-to-date, know about
coureur *n.m.* runner; **coureur automobile** automobile racer
courir *v.* to run, be engaged in a race; **courir des risques** to take risks
cours *n.m.* course; **au cours de** during; **cours du soir** evening school
course *n.f.* race, running, errand
court *adj.* short
coût *n.m.* cost
coûter *v.* to cost
couture *n.f.* dress-making; **maison de haute couture** high-class dressmaking fashion house
couvrir *v.* to cover
craindre *v.* to fear
crainte *n.f.* fear; **de crainte que ... ne** (+subj.) for fear that, lest
cravate *n.f.* tie
crayon *n.m.* pencil
créer *v.* to create
crème *n.f.* cream
crier *v.* to call out, shout
crise *n.f.* attack, crisis
critique *n.m.* critic
critique *n.f.* critique
croire *v.* to believe, think
cruel, cruelle *adj.* cruel
cruellement *adv.* cruelly
cube *n.m.* cube, cubic (when in apposition)
cueillir *v.* to gather, pick
cuillerée *n.f.* spoonful
cuir *n.m.* leather
cuisine *n.f.* kitchen, cooking, cuisine
cuisinier *n.m.* cook, chef

D

dactylographe (dactylo) *n.f.* typist, secretary

dame *n.f.* lady
dans *prép.* in, into
danser *v.* to dance
davantage *adv.* more
de *prép.* of, from; **d'ici** from here
débrouiller(se) *v.* to manage
début *n.m.* beginning
décéder *v.* to die
décider *v.* to decide; **se décider** to decide, make up one's mind, to resolve; **se décider à faire quelque chose** to make up one's mind to do something
décoller *v.* to take off (plane)
décor *n.m.* setting, scenery
décourager *v.* to discourage; **se décourager** to become discouraged, to lose heart
découverte *n.f.* discovery
découvrir *v.* to discover
défait *adj.* lost, defeated
défaite *n.f.* defeat, loss
défaut *n.m.* lack, fault, shortcoming
défavorable *adj.* unfavorable
défendre *v.* to defend; forbid; **défendre à quelqu'un de faire quelque chose** to forbid someone to do something
défense *n.f.* prohibition, interdiction
défilé *n.m.* procession, parade, march
défini *adj.* definite
dégeler *v.* to thaw
déjeuner *n.m.* lunch; **petit déjeuner** breakfast
déjeuner *v.* to have/take lunch/breakfast
délicieux, délicieuse *adj.* delicious
demande *n.f.* application; **demande d'emploi** application for job/position, act of asking for a job/position
demander *v.* to ask for, request; **demander quelque chose à quelqu'un** to ask something from someone/someone for something; **demander à quelqu'un de** (+inf.) to ask someone to ...
démarrer *v.* to start (moving)
demeure *n.f.* residence

demeurer *v.* to live, dwell, reside
démission *n.f.* resignation; **donner sa démission** to tender one's resignation, resign
démissionner *v.* to resign
démodé *adj.* old-fashioned, obsolete
demoiselle *n.f.* single woman
dénoter *v.* to denote, show
dénouement *n.m.* solution, ending
dent *n.f.* tooth; **avoir mal aux dents** to have a toothache
dentiste *n.m.* dentist
départ *n.m.* departure
département *n.m.* administrative subdivision in France
dépêcher(se) *v. pron.* to hurry, hasten; **se dépêcher de** to hurry to
dépendre (de) *v.* to depend (on)
dépense *n.f.* expense, expenditure
dépenser *v.* to spend
déplacement *n.m.* displacement, movement
déplaire (à) *v.* to displease
depuis *adv.* since, for
député *n.m.* representative
dernier, dernière *adj.* last; **le dernier exemple** the last (in a series) example
derrière *prép. et adv.* behind, back
dès que *loc. conj.* as soon as
désastre *n.m.* disaster
descendre *v.* to go down, get off; **descendre quelque chose** to take something down
descente *n.f.* slope, hill
désespérant *adj.* heart-breaking, that drives one to despair
désespoir *n.m.* despair
désigner *v.* to designate, indicate
désobéir *v.* to disobey; **désobéir à quelqu'un/quelque chose** to disobey someone/something
désolé *adj.* sorry, distressed
dessinateur *n.m.* designer
dessus *prép. et adv.* above; **ci-dessus** above, above-mentioned
deuil *n.m.* mourning; **en deuil** in mourning
devant *prép.* before, in front of

devenir *v.* to become
devoir *v.* must, to have to; to owe
devoir *n.m.* duty, homework
dicter *v.* to dictate
Dieu *n.m.* God
dimanche *n.m.* Sunday; **dimanche** next Sunday; **le dimanche = tous les dimanches**
dinde *n.f.* turkey
diplômé *n.m.* graduate
dire *v.* to say, tell; **dire à quelqu'un de faire quelque chose** to tell someone to do something; **pour ainsi dire** so to speak, as it were, nearly
diriger *v.* to direct, lead
discours *n.m.* speech
discuter *v.* to discuss
disparaître *v.* to disappear, vanish
disposition *n.f.* disposal
dispute *n.f.* argument
disputé *adj.* contested
disputer *v.* to scold; **se disputer** to argue
distingué *adj.* distinguished
distraire(se) *v. pron.* to seek relaxation, amuse oneself
diviser *v.* to divide; **se diviser en** to be divided into
docteur *n.m.* physician, M.D.
dommage *n.m.* damage; **dommage!** too bad!; **c'est dommage** it is unfortunate
domestique *n.m.* servant
dompteur *n.m.* tamer
donner *v.* to give; **donner naissance à** to give birth to; **donner des conseils** to give advice, advise; **donner sa démission** to tender one's resignation, resign; **se donner la main** to hold hands; **se donner de la peine/du mal** to take trouble/pains
donc *conj.* then, therefore, consequently
dont *pron. rel.* whose, of whom, of which
dormir *v.* to sleep
dossier *n.m.* dossier, file
douanier *n.m.* customs officer

douter *v.* to doubt; **douter de** to mistrust; **se douter de** to suspect
doux, douce *adj.* sweet, gentle, kind, soft
douzaine *n.f.* dozen
droit *adj.* straight
droit (*n.m.*) **d'inscription** (*n.f.*) tuition
du/de l'; de la/de l'; des *art. part.* some
durant *prép.* during
durer *v.* to last, endure

E

eau *n.f.* water
ébauche *n.f.* sketch, outline
échapper *v.* to escape; **échapper (à)** to escape (from something)
échouer *v.* to fail; **échouer à un examen** to fail an examination
école *n.f.* school; **école de secrétariat** secretarial school
économies *n.f. pl.* savings; **faire des économies** to economize, save money
économiser *v.* to save (money)
écouter *v.* to listen; **écouter quelqu'un/quelque chose** to listen to someone/something
écran *n.m.* screen
écrier(s') *v. pron.* to cry out, exclaim
écrire *v.* to write; **machine à écrire** typewriter
effacer *v.* to erase
effet *n.m.* effect, result; **en effet** indeed
efforcer(s') de (+inf.) *v. pron.* to strive (doing)
effrayer *v.* to frighten; **s'effrayer** to be frightened
égarer(s') *v.* to go astray, get lost
église *n.f.* church
élancer(s') *v. pron.* to dash forward
électeur *n.m.* voter, elector
élever *v.* to bring up; **mal élevé** ill-behaved, badly brought up
élire *v.* to elect
éloigner(s') *v. pron.* to go away, withdraw

elle; elles *pron. pers.* she, it; they
éloignement *n.m.* distance, remoteness
embarquement *n.m.* embarking (of passengers)
embrasser *v.* to kiss, embrace
emmener *v.* to take away
empêcher *v.* to prevent; **empêcher quelqu'un de faire quelque chose** to prevent someone from doing something
empiler *v.* to pile up
emploi *n.m.* use, job, position; **plein emploi** full/total employment
employé *n.m.* employee
employer *v.* to use, employ; **s'employer** *v. pron.* to be used
employeur *n.m.* employer
emporter *v.* to take away, carry away
emprunter *v.* to borrow
en *prép.* on, in while (+pres. part.); **en matière de** concerning; **en même temps** at the same time; **en ce moment** right now; **en route** on the way
en *pron.* of/about it
encombrer *v.* to congest, crowd
encontre (à l') *loc. adv.* in opposition, to the contrary
encore *adv.* still, yet; **encore une fois** once more/again
endormir *v.* to put to sleep; **s'endormir** to fall asleep
endroit *n.m.* place, spot, location
enfance *n.f.* childhood
enfant *n.m. et f.* child
enfermer *v.* to enclose, shut (up)
enfin *adv.* finally, at last
enfuir(s') *v. pron.* to flee, run away
engager(s') (dans) *v. pron.* to be engaged/be involved (in)
enlever *v.* to remove, take away
ennui *n.m.* boredom; **ennuis** worries, vexations, troubles
ennuyer *v.* to annoy, bother, bore; **s'ennuyer à mort** to be bored to death
ennuyeux, ennuyeuse *adj.* boring
énorme *adj.* enormous, big

enregistrer *v.* to record
enseignement *n.m.* teaching
ensemble *n.m.* combination, whole; **vue d'ensemble** comprehensive view
ensuite *adv.* afterwards, then
entendre *v.* to hear, mean, understand; **s'entendre** to understand one another, get along, agree
entracte *n.m.* intermission
entraînement *n.m.* training
entraîneur *n.m.* coach, trainer
entre *prép.* between
entrée *n.f.* entrance
entremise *n.f.* intervention, mediation
entreprise *n.f.* business, firm, company
entrer (dans) *v.* to go in, enter
envie *n.f.* urge, desire; **avoir envie de** (+nom) to desire something; **avoir envie de faire quelque chose** to feel like doing something
environ *adv.* about
environs *n.m. pl.* surroundings, vicinity
envoler(s') *v.* to take off, fly away
envoyer *v.* to send
épais, épaisse *adj.* thick
épeler *v.* to spell
épicier *n.m.* grocer; **chez l'épicier** at the grocery store
époque *n.f.* epoch, era, age
épouse *n.f.* wife
épouser *v.* to marry
époux *n.m.* husband
épreuve *n.f.* test, proof, competition
épuisé *adj.* out of print
équipe *n.f.* team
équipement *n.m.* equipment
équitation *n.f.* horseback riding
escalader *v.* to climb
escale *n.f.* stop (on a trip)
escalier *n.m.* stairway; **escalier roulant** escalator
escargot *n.m.* snail
espace *n.m.* space
espagnol *n.m.* Spanish/the Spanish language
espérer *v.* to hope
espoir *n.m.* hope

esprit *n.m.* mind, spirit, wit
esquisse *n.f.* sketch
essayer *v.* to try, try on; **essayer de faire quelque chose** to try doing something
essence *n.f.* gasoline
estampe *n.f.* print, engraving
et *conj.* and
établir *v.* to establish
étage *n.m.* floor, story
état *n.m.* state, condition, order; **en bon état** in good condition; **en mauvais état** in bad condition; **un homme d'État** a statesman
été *n.m.* summer; **en été** in the summer
éteindre *v.* to put out, turn off (light)
étoile *n.f.* star; **un hôtel à trois étoiles** a three-star hotel (highly recommended)
étonnant *adj.* amazing
étonner *v.* to surprise; **s'étonner de** to be surprised by, wonder at
étrange *adj.* strange, odd
étranger, étrangère *adj.* foreign, strange; **être étranger** to be a stranger/foreigner; **les Affaires Étrangères** foreign affairs
être *v.* to be; **être au pouvoir** to be in power; **être de retour** to be back; **être en retard** to be late; **être en route** to be underway; **être en train de** (| inf.) to be (in the process of) doing; **il est question de** it is a question of
étude *n.f.* study
étudiant *n.m.* student
étudier *v.* to study
européen, européenne *adj.* European
eux *pron. pers. ton. m. pl.* they, them
évanouir(s') *v. pron.* to faint
événement *n.m.* event, happening
éviter *v.* to avoid; **éviter de** (+inf.) to avoid (doing)
exagérer *v.* to exaggerate, overdo
examen *n.m.* exam
exclamatif, exclamative *adj.* exclamative
excuser(s') *v. pron.* to apologize;

s'excuser de faire quelque chose to excuse oneself for doing something
exemple *n.m.* example; **par exemple** for instance/example
exercer(s') *v.* to practice; **s'exercer à faire quelque chose** to practice doing something
explication *n.f.* explanation
expliquer *v.* to explain
exploitation agricole *n.f.* farm
exposition *n.f.* exhibition, fair
exprimer *v.* to express

F

face *n.f.* face; **en face de** opposite, facing
fâché *adj.* annoyed, irritated; **être fâché contre quelqu'un** to be irritated with someone
facile *adj.* easy
facilement *adv.* easily
façon *n.f.* manner, way; **de façon que** so that; **de toute façon** anyway, in any case; **façon de faire quelque chose** way of doing something; **de façon à** (+inf.) in order to; **de façon à ce que** (+subj.) in such a way that
facture *n.f.* invoice, bill (of sale)
facultatif, facultative *adj.* optional
faculté *n.f.* college (within a university)
faible *adj.* weak
faiblesse *n.f.* weakness
faillir *v.* to fail; to almost do something
faim *n.f.* hunger; **avoir faim** to be hungry
faire *v.* to do, make; **faire appel à quelqu'un** to appeal to/call upon someone; **faire attention** to pay attention; **faire connaissance** to become acquainted; **faire la connaissance de quelqu'un** to become acquainted with someone; **faire corps avec** to be one with; **faire des économies** to economize; **faire du 150 (à l'heure)** to drive 150 kilometers an hour; **faire du ski** to ski; **faire la cour** to court; **faire la queue** to stand in line; **faire le plein** to fill (the tank); **faire peur à quelqu'un** to frighten someone; **faire plaisir** to please; **faire semblant** to pretend; **faire ses achats** to shop; **faire ses valises** to pack; **faire signe** to signal, wave; **faire un pique-nique** to have a picnic; **faire viser** to have stamped; **il fait beau/bon/chaud/frais/froid/mauvais** it is nice/pleasant/warm/cool/cold/unpleasant (weather); **il fait jour/sombre** it is daylight/dark out; **se faire à** to get used to; **se faire attraper** to be caught; **se faire des amis** to make friends; **se faire tard** to become late
fait *n.m.* fact; **en fait** in fact, indeed
falloir *v.* to have to, must; **il faut** it is necessary
familier, familière *adj.* familiar
famille *n.f.* family
fatiguer(se) *v. pron.* to get tired
faute *n.f.* mistake, fault
fauteuil *n.m.* armchair, seat
femme *n.f.* woman, wife
fenêtre *n.f.* window
ferme *n.f.* farm
fermer *v.* to close
féroce *adj.* ferocious, fierce
fête *n.f.* holiday, celebration; **la fête nationale** = **le 14 juillet** (equivalent to the "Fourth of July")
fêter *v.* to celebrate
feu *n.m.* fire; **feu de camp** campfire
feuille *n.f.* leaf, sheet (of paper)
feuilleter *v.* to leaf through, turn over pages
fidèle *adj.* faithful
fidèlement *adv.* faithfully
fier, fière *adj.* proud
fier(se) à quelqu'un *v. pron.* to trust someone
fièvre *n.f.* fever, temperature; **avoir de la fièvre** to have a temperature

figurant *n.m.*, **figurante** *n.f.* theater extra
fille *n.f.* daughter, girl; **jeune fille** girl, young lady
fils *n.m.* son
fin *n.f.* end; **mettre fin à quelque chose** to put an end/stop to something
finir *v.* to finish; **à n'en plus finir** never ending; **finir par** to end up/finish by doing something; **finir de faire quelque chose** to finish doing something
fixement *adv.* intently
fleur *n.f.* flower
foi *n.f.* faith; **de bonne foi** in good faith
foie *n.m.* liver
foin *n.m.* hay
fois *n.f.* time (in a series); **une fois** once; **pour une fois** for once
fonctionner *v.* to function, run
fond *n.m.* bottom, end (see context)
fondation *n.f.* foundation
fondre *v.* to melt; **fondre en larmes** to burst out crying
force *n.f.* strength
formidable *adj.* terrific
formule *n.f.* formula
fort *adj.* strong
fortune *n.f.* wealth, fortune; **faire fortune** to make a fortune
fosse *n.f.* hole, pit
fou/fol, folle *adj.* mad
fouiller *v.* to search
foule *n.f.* crowd
fourrure *n.f.* fur
foyer *n.m.* home (meaning the family)
frais, fraîche *adj.* fresh, cool; **il fait frais** it is cool (weather)
frais *n.m. pl.* expenses
fraise *n.f.* strawberry
franc *n.m.* franc
français *adj.* French; **le français** *n.m.* French/the French language; **à la française** in the French manner
franchement *adv.* frankly
frapper *v.* to strike, knock
fréquenter *v.* to visit/attend frequently

frère *n.m.* brother
frigo *n.m.* refrigerator
frire *v.* to fry; **pommes frites** French fried potatoes
froid *n.m.* cold; **avoir froid** to be cold; **par un froid glacial** during a freezing cold
fromage *n.m.* cheese
fumer *v.* to smoke

G

gagner *v.* to earn, win
gant *n.m.* glove
garagiste *n.m.* garage keeper (meaning a mechanic)
garçon *n.m.* boy; waiter
garder *v.* to keep, preserve, protect
gare *n.f.* railroad station
gâteau *n.m.* cake
gauche *adj.* left
gazeux, gazeuse *adj.* carbonated
geler *n.m.* to freeze, become frozen
généralité *n.f.* generality; **les généralités** generalizations
genre *n.m.* gender, type
gens *n.m. pl.* people (in general)
gentil/gentille *adj.* nice
gentilhomme *n.m.* gentleman, nobleman
géographique *adj.* geographical
gesticuler *v.* to gesticulate
glace *n.f.* ice cream, ice; **patin à glace** ice-skate
glacial *adj.* icy, frosty, freezing
glissant *adj.* slippery
gloire *n.f.* glory
goal *n.m.* goal-keeper
gomme *n.f.* eraser
gonfler *v.* to blow up, inflate
gorgée *n.f.* mouthful, gulp, sip
goût *n.m.* taste; **cela a du goût** that is tasty; **avoir du goût pour quelque chose** to be attracted to/by something
goûter *v.* to taste
goutte *n.f.* drop
gouvernement *n.m.* government; **être**

dans le gouvernement to be in government
grâce à *loc. prép.* thanks to
grade *n.m.* rank (in the armed forces especially)
grand *adj.* big, large; great
grand-mère *n.f.* grandmother
grand-père *n.m.* grandfather
grève *n.f.* strike
grimper *v.* to climb
gros, grosse *adj.* big, large
guère *adv.* little, few, not much/many; **ne . . . guère** hardly, scarcely, not much
guerre *n.f.* war; **en guerre** at war, to war
guichet *n.m.* ticket counter; window (teller)
guide *n.m.* guide (person), guidebook

H

habiller *v.* to dress; **habiller(s')** to get dressed, dress
habiter *v.* to live, inhabit
habits *n.m. pl.* clothes, attire
habitude *n.f.* habit; **d'habitude** usually
habituel, habituelle *adj.* usual
habituer(s') à *v. pron.* to get used to
* **haricot** *n.m.* bean
* **hasard** *n.m.* chance; **par hasard** by chance
* **hâter(se)** *v. pron.* to hasten, hurry
* **hâtif, hâtive** *adj.* hasty
* **haut** *adj.* high; **à haute voix** out loud; aloud; **haute couture** high-class dressmaking/fashion
herbe *n.f.* grass
hériter *v.* inherit; **hériter de quelque chose** to inherit something
héroïne *n.f.* heroine
* **héros** *n.m.* hero
heure *n.f.* hour, time; **à l'heure** on time; **de l'heure** an hour; **de bonne heure** early; **tout à l'heure** in a while
heureux, heureuse *adj.* happy

hier *adv.* yesterday; **hier soir** last night
histoire *n.f.* story, history
hiver *n.m.* winter
homme *n.m.* man; **un homme d'État** a statesman; **un homme politique** a statesman
honnête *adj.* respectable
honneur *n.m.* honor; **en l'honneur de** in honor of
* **honte** *n.f.* shame; **avoir honte** to be ashamed
hôpital *n.m.* hospital
* **hors-d'œuvre** *n.m. pl.* the hors-d'œuvres, side dishes
hôte *n.m.* host
hôtesse *n.f.* hostess; **hôtesse de l'air** airline hostess
hôtel *n.m.* hotel; **maître d'hôtel** head waiter
hôtelier *n.m.* manager or owner of a hotel
huile *n.f.* oil
humeur *n.f.* mood; **être de bonne humeur** to be in a good mood
hypothèse *n.f.* hypothesis

I

ici *adv.* here; **d'ici là** between now and then
idée *n.f.* idea
il *pron. pers. m.s.* he, it, there; **il y a** there is/are; **il y a 3 jours** 3 days ago
ils *pron. pers. m. pl.* they
imaginaire *adj.* imaginary
imbattable *adj.* unbeatable
immédiatement *adv.* immediately
imparfait *n.m.* the imperfect (tense)
impatienter(s') *v. pron.* to become impatient
imperméable *n.m.* raincoat
importe(n') comment/où/quand *loc. adv.* anyhow/anywhere/any time; **n'importe qui, n'importe quoi** *pron.* anyone, anything
imposer(s') *v. pron.* to be necessary, essential

impôt *n.m.* tax
impressionner *v.* to impress, make an impression on
imprimerie *n.f.* printing-house
imprimeur *n.m.* printer
incendie *n.m.* fire
incertitude *n.f.* uncertainty
incessant *adj.* ceaseless
incliné *adj.* steep, slanted, sloped
inconvénient *n.m.* disadvantage, drawback
incrédule *adj.* incredulous, unbelieving
indéfini *adj.* indefinite
indiquer *v.* indicate, show
infirmerie *n.f.* infirmary
infirmière *n.f.* nurse
information *n.f.* inquiry; **les informations** news (radio, television)
ingénieur *n.m.* engineer (with a university degree)
innombrable *adj.* innumerable, countless
inscrire(s') (à) *v. pron.* to register (at)
insérer *v.* to insert
instant *n.m.* instant; **pour l'instant** for the moment, for the time being
instituteur *n.m.* elementary school (man) teacher
institutrice *n.f.* elementary school (woman) teacher
insupportable *adj.* unbearable
intercaler *v.* to insert
interdire *v.* to forbid, prohibit
intéressant *part. prés./adj.* interesting
intéresser *v.* to interest; **s'intéresser à** to be interested in
intérêt *n.m.* interest
intérieur *adj.* interior; **à l'intérieur** within, inside
intermédiaire *n.m.* agent, go-between; **par l'intermédiaire de** through
interpeller *v.* to summon, call upon
interrogatif, interrogative *adj.* interogative
interroger *v.* to question
interrompre *v.* to interrupt
intime *adj.* intimate; **un ami intime** a close friend

introduire *v.* to introduce
inutile *adj.* useless
invité *n.m.* guest
inviter *v.* to invite; **inviter quelqu'un à faire quelque chose** to invite/ask someone to do something
irréel, irréelle *adj.* unreal
irriter *v.* to irritate

J

jaloux, jalouse *adj.* jealous
jamais *adv.* never, ever; **ne ... jamais** never
jambe *n.f.* leg
jambon *n.m.* ham
janvier (le mois de) *n.m.* January
jardin *n.m.* garden
jardinage *n.m.* gardening
jardinier *n.m.* gardener
je *pron. pers.* I
jeter *v.* to throw; **se jeter** to jump in, to throw oneself into
jeu, jeux *n.m.* game(s); **jeux de société** parlor games
jeudi *n.m.* Thursday
jeune *adj.* young; **jeune fille** girl, young lady
jeunesse *n.f.* youth
joie *n.f.* joy
joli(e) *adj.* pretty, good-looking (girl)
jouer *v.* to play, perform; **jouer le rôle** to stand for
jouet *n.m.* toy
jour *n.m.* day, daylight; **il fait jour** it is daylight; **par jour** per day, a day; **jour de congé** day off, holiday; **de nos jours** today; **le petit jour** dawn
journal *n.m.* newspaper
journée *n.f.* day; **la journée continue** eight-hour day with a short lunch (as in the U.S.); **par une belle journée** on a beautiful day
juge *n.m.* judge
jugement *n.m.* judgment
jupe *n.f.* skirt
jus *n.m.* juice
jusque *prép.* as far as, until; **jusqu'à ce que** (+subj.) until, till

xvii

justement *adv.* precisely, exactly
justesse *n.f.* correctness, soundness
justice *n.f.* justice; **Palais de Justice** law courts

L

là *adv.* there; **d'ici là** between now and then, by then
labourer *v.* to plough
laine *n.f.* wool
laisser *v.* to let, leave
lait *n.m.* milk
laitier *n.m.* milkman; **chez le laitier** at the dairy store
lancer *v.* to throw; **lancer un produit** to put a new product on the market
langue *n.f.* language, tongue
lapin *n.m.* rabbit
larme *n.f.* tear; **fondre en larmes** to burst into tears
laver *v.* to wash; **se laver** *v. pron.* to wash oneself
le, la, les *art. déf.* the
lécher *v.* to lick; **lécher les vitrines** to window-shop
leçon *n.f.* lesson
léger, légère *adj.* light
légume *n.m.* vegetable
lendemain *n.m.* the day after
lent *adj.* slow
lentement *adv.* slowly
lenteur *n.f.* slowness
lequel, laquelle; lesquels, lesquelles *pron. rel. et inter.* who, whom, which
lettre *n.f.* letter; **papier à lettres** stationery
leur, leurs *adj. poss.* their
leur (le), leurs(les) *pron. poss.* theirs
lever *v.* to raise; **se lever** to get up, to be raised (curtain), to rise (sun)
liaison *n.f.* link, linking
libraire *n.m.* bookseller
librairie *n.f.* bookstore
libre *adj.* free; **libre service** self-service restaurant
librement *adv.* freely
lier *v.* to bind, link, connect

lieu, lieux, *n.m.* place, location; **en dernier lieu** finally; **au lieu de** instead of
lire *v.* to read
lit *n.m.* bed
litre *n.m.* litre (about $2\frac{1}{10}$ pints)
livre *n.f.* pound
livre *n.m.* book; **livre de poche** paperback/pocket book
livreur *n.m.* delivery-man
locution *n.f.* expression, phrase
loi *n.f.* law
loin *adv.* far (away)
lointain *adj.* distant, far away
long, longue *adj.* long; **le long de** the length of, along
longtemps *adv.* a long time; **aussi longtemps que** as long as
longuement *adv.* for a long time, slowly
lorsque *conj.* when
louange *n.f.* praise
louer *v.* to rent (house, apartment), reserve (seats)
lui *pron. pers.* to him, to her; he, him
lune *n.f.* moon; **être dans la lune** to day-dream, be absent-minded
luxe *n.m.* luxury; **de luxe** de luxe, luxury, first class
lycée *n.m.* secondary school (usually college preparatory)

M

machine à écrire *n.f.* typewriter; **machine à laver la vaisselle** dishwasher; **machine à laver le linge** washing-machine
maçon *n.m.* mason
magasin *n.m.* store
maillot de bain *n.m.* bathing suit
main *n.f.* hand
maintenant *adv.* now
maire *n.m.* mayor
mais *conj.* but, however
maison *n.f.* house, establishment; **à la maison** at home; **une maison de haute couture** a high-class dressmaking/fashion house

maître *n.m.* master; **maître d'hôtel** head waiter
mal *adv.* badly; **pas mal de** a great deal of, quite a lot of; **pas mal de pourboire** a considerable tip; **mal élevé** ill-behaved, badly brought up
mal *n.m.* pain, evil; **avoir mal aux dents** to have a toothache; **mal de mer** sea-sickness; **se donner du mal pour** (+inf.) to make great efforts to
malade *adj.* sick, ill
malade *n.m.* sick person, patient
malgré *prép.* in spite of
malheureusement *adv.* unfortunately
manger *v.* to eat
mannequin *n.m.* model
manière *n.f.* manner, fashion; **la manière d'être** condition, state; **la manière de vivre** way of living; **de toute manière** anyway, in any case; **de manière à** (+inf.) so as
manifestation *n.f.* demonstration
manœuvre *n.m.* laborer
manque *n.m.* lack
manquer *v.* to miss; **manquer de** to lack; **manquer à quelqu'un** to be missed by someone
manteau *n.m.* coat, overcoat
marchand *n.m.* merchant
marchande (*n.f.*) **des quatre saisons** (*n.f.*) costermonger, fruit and vegetable monger
marche *n.f.* hiking
marché *n.m.* market; **à bon marché** cheap; **marché aux puces** flea market
marcher *v.* to walk; to work, run, do (business), go; **marcher au pas** to march
mari *n.m.* husband
mariage *n.m.* marriage; **mariage de raison** marriage of convenience
marié *n.m.* bridegroom
mariée *n.f.* bride
marier(se) (**à/avec quelqu'un**) *v.* to marry (someone)
marine *n.f.* navy
marque *n.f.* brand
marquer *v.* to mark, note
marron *n.m.* chestnut
masser *v.* to massage
match *n.m.* game (tennis, football, etc.)
matériaux *n.m.pl.* materials
matière *n.f.* material, substance; **en matière de** concerning; **matière première** raw material
matin *n.m.* morning; **du matin** A.M.
mauvais *adj.* bad
mécanicien *n.m.* mechanic
mécontent *adj.* dissatisfied, unhappy
médaille *n.f.* medal
médecin *n.m.* doctor (M.D.)
meilleur *adj.* better, best; **le meilleur** the best
même *adj./adv.* same/even; **de même** likewise
ménage *n.m.* household, couple; **faire bon ménage** to live happily together, to get along well with one's wife/husband
mener *v.* to lead, conduct
merci *adv.* thank you; no, thank you
mère *n.f.* mother
mesure *n.f.* measure; **poids et mesures** weights and measures; **battre la measure** to beat time
métier *n.m.* trade
mètre *n.m.* meter
métro (**métropolitain**) *n.m.* subway
mettre *v.* to put, set; **mettre de côté** to put aside, save; **mettre fin à quelque chose** to put an end/stop to something; **mettre en scène** to direct/stage (a play); **mettre en rapport** to bring into contact; **se mettre à** to begin doing; **se mettre à table** to sit down at the table; **se mettre à la tâche** to begin working; **se mettre d'accord** to come to an agreement; **se mettre en colère** to become angry; **se mettre en route** to get underway
meubles *n.m.pl.* furniture
midi *n.m.* noon, twelve o'clock; **le Midi** Southern France
mien(le), mienne(la) *pron. poss.* mine

xix

mieux *adv.* better; **le mieux** best
milieu *n.m.* middle, center; **au milieu de** in the middle of, in the midst of
mille *adj.* one thousand
mine *n.f.* appearance; **avoir bonne/mauvaise mine** to look good/bad; **faire la mine** to look sulky
mineur *n.m.* miner
minijupe *n.f.* miniskirt
mise en scène *n.f.* stage direction
mode *n.f.* fashion; **à la mode** in fashion
mode *n.m.* mood (of a verb); **mode d'emploi** directions (for use)
modifier *v.* to modify
mœurs *n.f.pl.* customs, habits
moi *pron. pers. tonique* I, me
moins *adv.* less, minus; **le moins** the least; **au moins** at least; **à moins de** (+inf.) unless; **à moins que . . . ne** (+subj.) unless; **de moins en moins** less and less; **tout au moins** at the very least
mois *n.m.* month; **par mois** per month, a month
moisson *n.f.* crop, harvest
moment *n.m.* moment, instant; **au moment où** when
mon, ma, mes *adj. poss.* my
monde *n.m.* people, world; **un monde fou** a big crowd; **tout le monde** everybody; **il y a du monde ici** there are lots of people here; **le tour du monde** trip around the world
monnaie *n.f.* change
monotone *adj.* monotonous
monsieur, messieurs *n.m.* gentleman; **Monsieur** Sir
montagne *n.f.* mountain; **à la montagne** in the mountains
montant *n.m.* total amount
monter *v.* to get on, go aboard, go up; **monter quelque chose** to take up; **monter à cheval** to ride a horse; **monter une tente** to put up a tent
montre *n.f.* watch, clock
montrer *v.* to show; **se montrer** to show yourself to be, prove to be
moquer(se) *v. pron.* to mock; **se moquer de quelqu'un/quelque chose** to make fun of someone/something
moral *n.m.* morale
morceau *n.m.* piece; **un morceau de sucre** a sugar cube
mort *n.f.* death
mort *adj.* dead
mot *n.m.* word
moteur *n.m.* motor, engine; **moteur à explosion** internal combustion engine
mouillé *adj.* wet
mourir *v.* to die
moutarde *n.f.* mustard
mouton *n.m.* sheep
moyen *n.m.* means
muet *adj.* mute, silent
muguet *n.m.* lily of the valley
mur *n.m.* wall
mûr *adj.* ripe
musée *n.m.* museum
musique *n.f.* music

N

nage *n.f.* swimming
nager *v.* to swim
naissance *n.f.* birth; **donner naissance à** to give birth to
naître *v.* to be born
nature *n.f.* nature; **nature morte** still-life
ne . . . *adv.* not; **ne . . . guère** scarcely, hardly; **ne . . . jamais** never; **ne . . . ni . . . ni.** neither . . . nor; **ne . . . nul/nulle** no; **ne . . . pas** not; **ne . . . personne** no one; **ne . . . point** not (any), no; **ne . . . plus** no more/longer; **ne . . . que** only; **ne . . . rien** nothing
nécessaire *adj.* necessary
négatif, négative *adj.* negative
négativement *adv.* negatively
neige *n.f.* snow; **un bonhomme de neige** a snowman
neiger *v.* to snow; **il neige** it is snowing
nettoyer *v.* to clean

nez *n.m.* nose
ni ... *conj.* neither; ne ... ni ... ni neither ... nor
Noël *n.m.* Christmas
noir *adj.* black; le noir *n.m.* the color black
nom *n.m.* noun, name; nom propre proper noun
nombre *n.m.* number
nombreux, nombreuse *adj.* numerous
nominal *adj.* noun, name
nommer *v.* to name
non *adv.* no; non plus neither, not either
nord *n.m.* north
note *n.f.* bill
notre *adj. poss.* our
nôtre(le), nôtre(la) *pron. poss.* ours
nourriture *n.f.* food
nous *pron. pers.* we, us
nouveau/nouvel; nouvelle; nouveaux; nouvelles *adj.* new; de nouveau again
nouvelles(les) *n.f.pl.* the news
nuage *n.m.* cloud
nuance *n.f.* tone, difference
nuancé *adj.* varied (in tone)
nuit *n.f.* night; par une nuit sans lune on a moonless night
nul, nulle *adj.* no

O

obéir *v.* to obey; obéir à to obey (something/someone)
objet *n.m.* object
obligatoire *adj.* compulsory
observer *v.* to observe, note, watch
obtenir *v.* to obtain, get
occasion *n.f.* occasion, opportunity, chance
occuper *v.* to occupy; s'occuper to be busy; s'occuper de quelqu'un/quelque chose to take care of someone/something
œil *n.m.* eye; les yeux *n.m.pl.* eyes
œuf *n.m.* egg
œuvre *n.f.* work; chef-d'œuvre masterpiece

offrir *v.* to offer; offrir de faire quelque chose to offer to do something
oignon *n.m.* onion
ombre *n.f.* shadow, shade; à l'ombre in the shade
on *pron. pers. indéf.* one ("we"/"you"/"they"/"people")
oncle *n.m.* uncle
opter (pour) *v.* to choose
or *n.m.* gold
ordinateur *n.m.* computer
ordonner *v.* to command, order; ordonner à quelqu'un de faire quelque chose to order someone to do something
ordre *n.m.* order; en ordre in order
oreille *n.f.* ear
originaire *adj.* native (of)
oser *v.* to dare
ou *conj.* or
où *pron. rel. et interrog.* where, when (expressions of time); où que (+subj.) wherever
oublier *v.* to forget; oublier de faire quelque chose to forget to do something
ours *n.m.* bear
outil *n.m.* tool
outre(en) *adv.* besides, moreover
ouverture *n.f.* overture, opening
ouvreuse *n.f.* usherette
ouvrier *n.m.* worker
ouvrir *v.* to open

P

paille *n.f.* straw
pain *n.m.* bread, loaf of bread
paire *n.f.* pair
paisible *adj.* peaceful
palais *n.m.* palace; Palais de Justice law courts, hall of Justice
panier *n.m.* basket, basketful
panne *n.f.* breakdown (mechanical); tomber en panne to have a mechanical breakdown
pantalon *n.m.* pants, trousers

xxi

papier à lettres *n.m.* stationery
paquebot *n.m.* liner
paquet *n.m.* package
par *prép.* by, through; **par an,** etc. per/a year; **par exemple** for example
parapluie *n.m.* umbrella
parc *n.m.* park; **parc de stationnement** parking lot
parce que *conj.* because
parcourir *v.* to go/run/leaf through
parcours *n.m.* route, course, tour
pardonner *v.* to forgive; **pardonner quelque chose à quelqu'un** to forgive someone for something
pareil, pareille *adj.* similar
parent *n.m.* relative; **les parents** parents
parfois *adv.* sometimes, occasionally
parfum *n.m.* perfume
parfumerie *n.f.* perfume shop/factory
parler *v.* to speak; **parler à** to speak to; **parler de** to speak about
parmi *prép.* among, amid
part *n.f.* part, share; **d'une part** ... **d'autre part** on the one hand ... on the other hand; **d'autre part** in addition; **quelque part** somewhere
partager *v.* to share; **partager les idées de** to go along with
parti *n.m.* party; **un parti politique** a political party
particulier, particulière *adj.* particular
partie *n.f.* part, party
partiellement *adv.* partially
partir *v.* to leave; **partir de** to leave, leave from; **à partir de** starting from
partitif *n.m.* partitive
partout *adv.* everywhere, all over
pas *adv.* not; **pas mal de** a great deal; **ne ... pas** not any; **pas une ...** no, not one
passager, passagère *n.m. & f.* passenger
passé *n.m.* past, past tense; **passé composé** compound past, past indefinite (tense)
passeport *n.m.* passport

passer *v.* to pass, go by, spend; **en passant** as you go; **passer par-dessus** to go over; **passer un examen** to take an exam; **se passer** to happen, take place; **se passer de** to go without
passionnant *adj.* thrilling
pâté *n.m.* pâté (often of chopped goose liver)
patin *n.m.* skate; **patin à glace** ice-skate
patiner *v.* to skate
pâtisserie *n.f.* pastry shop, pastry
pâtissier *n.m.* pastry-cook
patron *n.m.* boss, employer, head
pâturage *n.m.* pasture
pause *n.f.* pause; **pause-café** coffee break
pauvre *adj.* poor
pauvreté *n.f.* poverty
payer *v.* to pay (for)
pays *n.m.* land, country
paysage *n.m.* landscape
peau *n.f.* skin, pelt
pêche *n.f.* fishing; **pêche en mer** deep-sea fishing
pêche *n.f.* peach
pêcher *v.* to fish, go fishing
pêcheur *n.m.* fisherman
peindre *v.* to paint
peine *n.f.* pain, trouble, suffering, penalty; **à peine** hardly, barely, scarcely; **se donner de la peine** to take trouble/pain
peinture *n.f.* paint, painting
pendant *prép.* during; **pendant que** while
pénétrer (dans) *v.* to go in
pensée *n.f.* thought
penser *v.* to think; **penser à quelqu'un/quelque chose** to think about/of someone/something; **penser de quelqu'un/quelque chose** to have an opinion about someone/something; **penser à faire quelque chose** to consider doing something
penseur *n.m.* thinker
pension *n.f.* boarding-house/school
pensionnaire *n.m.* boarder

pente *n.f.* slope
perdre *v.* to lose; **se perdre** to get lost
père *n.m.* father
permettre *v.* to allow, permit; **permettre à quelqu'un de faire quelque chose** to allow someone to do something
permis *n.m.* permit; **permis de chasse** hunting-permit
personne *n.f.* person; **personnes** people; **personne** *pron.* nobody
peser *v.* to weigh
petit *adj.* little, small; **un petit peu de** (+nom) a little (+noun); **le petit jour** dawn; **petit pois** green pea
peu *adv.* little; **un peu** a little; **à peu près** about, nearly
peuple *n.m.* people, nation, multitude
peur *n.f.* fear; **avoir peur** to fear, be afraid; **faire peur à quelqu'un** to frighten someone; **de peur que ... ne** (+subj.) for fear that, lest
peut-être *adv.* maybe, perhaps
pharmacien *n.m.* pharmacist
photographie (photo) *n.f.* photograph; **prendre des photos** to take pictures
phrase *n.f.* sentence
physique *n.f.* physics
pique-nique *n.m.* picnic; **faire un pique-nique** to have a picnic
pièce *n.f.* play, room
pied *n.m.* foot; **à pied** on foot, by foot
piège *n.m.* trap
piller *v.* to pillage, plunder, loot
pilotage *n.m.* piloting, flying
piloter *v.* to pilot
pis *adv.* worse; **tant pis** so much the worse, too bad
piscine *n.f.* swimming pool
pittoresque *adj.* picturesque
place *n.f.* room (in general), seat, spot, space, position
placer *v.* to place; **se placer** to be placed, place oneself
plage *n.f.* beach
plaindre *v.* to pity; **se plaindre de quelque chose/quelqu'un** to complain about something/someone
plaire à *v.* to please, be pleasing; **s'il vous plaît** if you please; **se plaire à faire quelque chose** to take pleasure in doing something
plaisir *n.m.* pleasure
planification *n.f.* planning
plat *adj.* flat
plat *n.m.* dish, platter
plâtre *n.m.* plaster
plein *adj.* full; **plein emploi** full/total employment; **faire le plein** to fill up (usually with gas)
pleurer *v.* to cry
pleurs *n.m.pl.* tears
pleuvoir *v.* to rain; **il pleut** it is raining
plonger *v.* to dive
pluie *n.f.* rain
plupart(la) *n.f.* most, the greater/greatest part
pluriel *adj.* plural
plus *adv.* more, most; **non plus** neither, not either; **ne ... plus** no more/longer
plusieurs *adj. pl.* several; **à plusieurs reprises** several times
plus-que-parfait *n.m.* pluperfect (tense)
plutôt *adv.* rather
pneu *n.m.* tire
poche *n.f.* pocket; **livre de poche** paper back, pocket book
poésie *n.f.* poetry
poids *n.m.* weight; **poids et mesures** weights and measures
poignée *n.f.* handful
point *n.m.* point, period; **au point de** (+inf.) to the point of (doing)
pois *n.m.* pea; **petits pois** green peas
poisson *n.m.* fish
poissonnier *n.m.* fish-monger
poivre *n.m.* pepper
poli *adj.* polite, courteous
police *n.f.* police, policy; **préfet de police** police commissioner
policier *adj.* detective; **roman policier** detective story
politesse *n.f.* courtesy, politeness
politique *adj.* political; **un homme politique** a politician
politique *n.f.* politics
pomme *n.f.* apple; **pomme de terre**

potato; **pommes frites** French-fried potatoes
pont *n.m.* bridge
port *n.m.* port, harbor
porte *n.f.* door, gate
porter *v.* to carry, wear; **porter sur** bear on, turn upon
porteur *n.m.* porter
poser *v.* to place, put; **poser une question** to ask a question; **poser sa candidature** to offer oneself as a candidate; **poser des briques** to lay bricks; **se poser** to arise
poste *n.f.* Post Office; **mettre à la poste** to mail
poste *n.m.* post, position, set (radio/television)
potage *n.m.* fairly thin soup
potager *n.m.* vegetable garden
poule *n.f.* chicken, hen
pour *prép.* for, in order to; **pour que** (+subj.) in order/so that; **pour cent** per cent; **pour de bon** for good/keeps, in earnest; **pour ainsi dire** so to speak, as it were, nearly, **pour de vrai** truly; **pour l'instant** for the moment/time being
pourboire *n.m.* tip
pourquoi *adv.* why
poursuivre *v.* to go after, pursue
pourtant *adv.* however, nevertheless, still
pourvu que (+subj.) *loc. conj.* provided that
poussière *n.f.* dust
pouvoir *v.* to be able, can; **n'en pouvoir plus** to be tired out/exhausted
pouvoir *n.m.* power; **être au pouvoir** to be in power
pratique *adj.* practical
pratiquer *v.* to practice
précédent *adj.* preceding, previous
précepteur *n.m.* preceptor, teacher
précis *adj.* precise, exact
préférer *v.* to prefer, like better
préfet *n.m.* prefect (administrative head of a department); **préfet de police** police commissioner

premier, première *adj.* first; **le premier ministre** prime minister
prendre *v.* to take; **prendre son billet** to buy one's ticket; **prendre garde à** to watch out for; **prendre la mauvaise route/le mauvais chemin** to go the wrong way; **prendre une photographie** to take a photograph/picture; **prendre quelque chose dans quelque chose** to take something out of something; **prendre un repas** to have/eat a meal; **prendre sa retraite** to retire; **prendre soin de faire quelque chose** to be careful to do something; **prendre le soleil** to take in a bit of sun
préparer *v.* to prepare; **se préparer** to get oneself ready; **se préparer à faire quelque chose** to prepare to do something
près (de +nom/pronom) *adv.* near; **à peu près** nearly, about
présenter *v.* to present, introduce; **présenter quelqu'un à quelqu'un** to introduce someone to someone; **se présenter** to introduce oneself
presque *adv.* almost, nearly
presser(se) *v. pron.* to hurry
prestidigitateur *n.m.* magician
prêt *adj.* ready
prêter *v.* to lend; **se prêter à** to lend itself to
prévenir *v.* to warn
prier *v.* to pray/beg for
principal, principaux *adj.* principal, leading, main
principe *n.m.* principle
printemps *n.m.* spring
prison *n.f.* prison, jail; **en prison** in jail
privé *adj.* private
prix *n.m.* price, prize
prochain *adj.* next, approaching, impending
profond *adj.* deep; **profondément** deeply
productif, productive *adj.* productive
produire *v.* to produce; **se produire** to happen, take place

produit *n.m.* product
profiter de *v.* to profit from, take advantage of
programmeur *n.m.* programmer
promenade *n.f.* walk, outing
promener(se) *v. pron.* to take a walk/ride, go out
promeneur *n.m.* walker, stroller
promesse *n.f.* promise
promettre *v.* to promise; **promettre à quelqu'un de faire quelque chose** to promise someone to do something
pronom *n.m.* pronoun
prononcer(se) *v.* to declare, decide
prononciation *n.f.* pronunciation
proposition *n.f.* clause; **la proposition principale** the main clause
propriétaire *n.m.* proprietor, owner
protéger *v.* to protect
provoquer *v.* to provoke
publier *v.* to publish
puce *n.f.* flea; **le marché aux puces** flea market
puis *adv.* then, afterwards
puissant *adj.* powerful
punir *v.* to punish

Q

quai *n.m.* platform, wharf, pier
quand *conj.* when; **quand même** anyway, all the same
quart *n.m.* quarter (of a liter)
quartier *n.m.* quarter, district; **le Quartier Latin** student quarter in Paris
quatorze *adj.* fourteen; **le quatorze juillet** Bastille day
que *pron. rel.* that, which, whom; **que** *pron. interrog.* what; **qu'est-ce qu'un/qu'est-ce que c'est qu'un** What's a ...?; **ne ... que** only
quel, quelle *adj. interrog.* what, what a; **quel que** (+subj.) whatever
quelque *adj.* some, several, a few; **quelque chose** something; **quelque chose de** (+adj. m.) something (+adj.); **quelque part** somewhere

quelqu'un, quelqu'une *pron. indéf.* someone
question *n.f.* question; **poser une question** to ask a question
queue *n.f.* line; **faire la queue** to stand in line
qui *pron. rel. et interrog.* who, which, whom; **qui que** (+subj.) whoever
quitter *v.* to leave
quoi *pron. rel. et interrog.* what; **quoi que** (+subj.) whatever
quoique (+subj.) *conj.* although
quotidien *adj.* daily

R

raconter *v.* to tell
raisin *n.m.* grape(s)
raison *n.f.* reason; **mariage de raison** marriage of convenience
raisonnable *adj.* reasonable
raisonner *v.* to reason
ramasser *v.* to pick up
rang *n.m.* rank, row
ranger(se) *v. pron.* to place oneself; **se ranger à ses côtés** to join his ranks
rappeler *v.* to call back; **se rappeler** to remember, recall; **rappeler à (quelqu'un)** to remind (someone)
rapporter *v.* to bring back, to bring in (income); **se rapporter** to refer, relate
rare *adj.* rare, scarce
rater *v.* to miss, spoil
rattraper(se) *v. pron.* to catch hold, steady oneself
rayon *n.m.* shelf, department; **chef de rayon** head of a department, floor manager
recette *n.f.* recipe
receveur *n.m.* ticket collector (in a bus)
recevoir *v.* to receive
recherche *n.f.* research
rechercher *v.* to search
réciproque *adj.* reciprocal
réclame *n.f.* advertising

réclamer *v.* to complain, object
récolte *n.f.* harvest
recommander *v.* to recommend
récompenser *v.* to reward
reconduire *v.* to drive back
reconnaître *v.* to recognize
recopier *v.* to recopy
recteur *n.m.* University president
redevable *adj.* indebted; **être redevable de quelque chose à quelqu'un** to owe something to someone
réduire *v.* to reduce; **se réduire à** to be reduced to
refaire *v.* to redo, remake
réfléchi *adj.* reflexive
réfléchir *v.* to reflect, think
réfugier(se) *v. pron.* to take refuge, find shelter
refuser *v.* to refuse; **refuser de faire quelque chose** to refuse to do something
regarder *v.* to look; **regarder quelqu'un/quelque chose** *v.* to look at someone/something
régime *n.m.* diet
règle *n.f.* rule, regulation; **être en règle** to be in order
regretter *v.* to regret; **regretter de faire quelque chose** to regret doing something
régulier, régulière *adj.* ordinary
rejeter *v.* to reject, refuse
rejoindre *v.* to join again
relation *n.f.* relation, acquaintance; **relations extérieures** public relations
relier *v.* to bind
remarquer *v.* to remark, notice, observe
remercier *v.* to thank; **remercier quelqu'un de quelque chose** to thank someone for something
remettre *v.* to put back, turn in (homework); **se remettre (de)** to get better, to recover
remonter *v.* to pull up; **remonter en voiture** to get back into a car
remplacer *v.* to replace
remplir *v.* to fill

rencontre *n.f.* meet, game
rencontrer *v.* to meet
rendez-vous *n.m.* appointment, date; **avoir rendez-vous** to have an appointment, have a date
rendre *v.* to return, give back, turn in, make; **rendre heureux/malheureux** to make happy/unhappy; **rendu par** translated/expressed by; **se rendre** to go; **se rendre compte de** to realize, become aware of
renoncer *v.* to give up; **renoncer à faire quelque chose** to give up doing something
renseignement *n.m.* information, piece of information
rentrer *v.* to go back in/home; to take in (the harvest . . .)
renverser *v.* to knock down, overthrow
renvoyer *v.* to throw back, fire someone from his job, refer
réparation *n.f.* repair; **en réparation** under repair
réparer *v.* to repair, fix
repartir *v.* to start again
le repas *n.m.* meal; **prendre un repas** to have/eat a meal
repasser *v.* to go over, review, to press, iron
répéter *v.* to repeat, to rehearse (play, etc.)
répondre *v.* to answer; **répondre à quelque chose/quelqu'un** to answer something/someone
réponse *n.f.* answer, response
reposer(se) *v. pron.* to rest
reprendre *v.* to take again/more; **reprendre la route** to get back on the road
représentant *n.m.* salesman, representative
reproche *n.m.* reproach
reprocher *v.* to reproach; **se reprocher** to reproach each other
résigner(se) à *v. pron.* to resign oneself to . . .
résoudre *v.* to solve
respirer *v.* to breathe

ressaisir(se) *v. pron.* to recover, pull oneself together
ressembler à *v.* to look like, resemble
rester *v.* to remain, stay, be left; **il reste** there remain(s)
résultant *adj.* resulting
résultat *n.m.* result
retard *n.m.* delay, lateness, slowness; **être en retard** to be late
retarder *v.* to be slow (watch, clock); to delay
retentir *v.* to ring, sound
retirer(se) *v. pron.* to retire, withdraw
retourner *v.* to turn inside out; to go back
retraite *n.f.* retirement; **prendre sa retraite** to retire
retraité *n.m.* retired person
retrouver *v.* to find/meet again, rediscover
réunion *n.f.* meeting
réunir *v.* to join together, to reunite; **se réunir** to get together
réussir *v.* to succeed; **réussir à** (+inf.) to succeed in (doing)
réussite *n.f.* success
rêve *n.m.* dream
réveiller *v.* to wake (someone) up; **se réveiller** to wake up
révéler *v.* to reveal, uncover
revendication *n.f.* demand, claim
revenir *v.* to come back
réviser *v.* to review, go over
revoir *v.* to see again, revise, go over, review; **se revoir** to see/meet each other again
revue *n.f.* magazine
riche *adj.* rich
richesse *n.f.* wealth
rideau *n.m.* curtain
ridicule *adj.* ridiculous
rien *adv.* nothing; **ne ... rien** nothing
rire *v.* to laugh; **rire de** to laugh at/make fun of
risque *n.m.* risk
rive *n.f.* bank, shore
robe *n.f.* dress
roman *n.m.* novel; **roman policier** detective story
rompre *v.* to break
rosbif *n.m.* roast beef
rosier *n.m.* rose-bush
rouge *adj.* red
rouler *v.* to roll, drive, go; **escalier roulant** escalator
route *n.f.* road, way; **en route** on the way; **se mettre en route** to get under way
rue *n.f.* street; **dans la rue** in/on the street
ruiner *v.* to ruin, bankrupt
russe *n.m.* Russian/the Russian language

S

sable *n.m.* sand
sac *n.m.* bag; **sac à main** purse; **sac de couchage** sleeping bag
sage *adj.* wise, well-behaved, good
saisir *v.* to seize, grab; **se saisir de** to get hold of
saison *n.f.* season
salaire *n.m.* salary, wages
salle *n.f.* room; **salle à manger** dining room; **salle de bain** bathroom; **salle de théâtre** theater
salon *n.m.* living room
samedi *n.m.* Saturday; **samedi** next Saturday; **le samedi** = **tous les samedis**
sans *prép.* without; **sans que** (+subj.) without
santé *n.f.* health; **en bonne santé** in good health; **en mauvaise santé** in bad health
satisfaction *n.f.* satisfaction; **donner satisfaction à** to satisfy someone
satisfaire *v.* to satisfy
sauce *n.f.* sauce, gravy
sauter *v.* to jump, leap
savoir *v.* to know, know how to
savon *n.m.* soap
scène *n.f.* stage; **mettre en scène** to direct/stage (a play)
schéma *n.m.* diagram
science *n.f.* science; **les sciences politiques** political science

scrutin *n.m.* ballot; **premier tour de scrutin** first ballot
séance *n.f.* session, meeting, sitting
sec, sèche *adj.* dry, abrupt
sécher *v.* to dry, dry up
secrétaire *n.m. et f.* secretary; **secrétaire de cabinet** minister's assistant
secrétariat *n.m.* office of secretary; **école de secrétariat** secretarial school
seigneur *n.m.* lord
séjour *n.m.* stay, sojourn
sel *n.m.* salt
sélectionner *v.* to select
selon *prép.* according to
semaine *n.f.* week; **la semaine dernière** last week
semblant *n.m.* semblance, appearance; **faire semblant** to pretend
sembler *v.* to seem
sens *n.m.* sense, meaning; **sens unique** one-way street
sentir *v.* to feel, smell; **se sentir** to feel
sérieusement *adv.* seriously, consciencieusement
sérieux, sérieuse *adj.* serious
serrer *v.* to squeeze; **se serrer la main** to shake hands
serveuse *n.f.* waitress
serviable *adj.* helpful
service *n.m.* service; **un libre service** a self-service restaurant
servir *v.* to serve; **servir à** to be useful; **se servir** to help oneself, serve oneself; **se servir de quelque chose** to use something; **servir à** to serve to
seul *adj.* alone, single, sole, only
seulement *adv.* only
si *adv.* so, as; **si** (+adj.) **que** (+subj.) however
si *conj.* if, whether
siècle *n.m.* century
sien(le), sienne (la) *pron. poss.* his, hers
sieste *n.f.* nap; **faire la sieste** to take a nap
siffler *v.* to whistle, boo
signifier *v.* to signify, mean
simplement *adv.* simply
simultané *adj.* simultaneous

singulier, singulière *adj.* singular
situé *adj.* located
ski *n.m.* ski, skiing; **faire du ski** to ski
société *n.f.* society; **la société de consommation** the consumer society; **jeux de société** parlor games
sœur *n.f.* sister
soi *pron. pers.* oneself, himself, herself; **chez soi** at home
soie *n.f.* silk
soif *n.f.* thirst; **avoir soif** to be thirsty
soigner *v.* to take care of, look after
soigneusement *adv.* carefully
soin *n.m.* care, pains; **avoir soin de** (+inf.) to take care to; **prendre soin de quelque chose** to look after/take care of something
soir *n.m.* evening(s), in the evening; **ce soir** tonight; **du soir** P.M.
soirée *n.f.* evening, evening party
soit que ... soit que *loc. conj.* whether ... or, either because ... or
solde *n.m.* surplus stock; **en solde** on sale
somme *n.f.* amount, sum
solitude *n.f.* loneliness, solitude
soleil *n.m.* sun; **an soleil** in the sun
sommeil *n.m.* sleep; **avoir sommeil** to be sleepy
son, sa, ses *adj. poss.* his, her, its
sonner *v.* to ring
sonnette *n.f.* bell
sortie *n.f.* exit, outing
sortir *v.* to go/come out, take out
sou *n.m.* penny
souffrir *v.* to suffer, endure
souhait *n.m.* wish; **"A vos souhaits!"** God bless you! (when somebody sneezes)
souhaiter *v.* to wish
soulier *n.m.* shoe
souligner *v.* to underline, emphasize
soumettre *v.* to submit
soupçonner *v.* to suspect
sourire *n.m.* smile
sourire *v.* to smile
sous *prép.* under, below
sous-entendre *v.* to imply, understand

sous-sol *n.m.* basement
souvenir (se) de *v. pron.* to remember (something/someone)
souvent *adv.* often
spécialité *n.f.* specialty
spectacle *n.m.* show, entertainment
stade *n.m.* stadium
stylo *n.m.* pen; **stylo à bille** ballpoint pen; **stylo Bic** Bic ballpoint pen
subir *v.* to bear, be submitted to, undergo, come under
subordonné *adj.* subordinate
subvenir à *v.* to provide for
subventionner *v.* to subsidize
sucre *n.m.* sugar; **un morceau de sucre** a sugar cube
sucré *adj.* sweet
succursale *n.f.* branch (of a store)
sud *adj.* south, southern
sud *n.m.* South
suffire *v.* to suffice, be sufficient
suffisant *adj.* sufficient
suffisamment *adv.* sufficiently
suggérer *v.* to suggest
suivre *v.* to follow, go along; **suivre un cours** to take a course; **suivant** following, according to
suite *n.f.* continuation; **tout de suite** right now/away
sujet *n.m.* subject
supermarché *n.m.* supermarket
supplémentaire *adj.* supplementary; **heures supplémentaires** overtime
supprimer *v.* to suppress, omit
sur *prép.* on, upon; **un jour sur deux** one day out of two
sûr *adj.* sure; **bien sûr** surely
surcharger *v.* to overload
sûrement *adv.* surely, certainly
surprendre *v.* to surprise
surtout *adv.* especially, particularly
surveiller *v.* to watch (over), observe
syndicat *n.m.* union

T

-t- euphonic "t" used to help pronunciation

tabac *n.m.* tobacco; **bureau de tabac** tobacco shop
table *n.f.* table; **à table** at the table; **table des matières** table of contents
tableau *n.m.* chart, painting
tablier *n.m.* apron
tâche *n.f.* task
tailleur *n.m.* woman's suit, tailor
taire(se) *v. pron.* to keep silent
tant *adv.* so much/many; **tant pis** too bad; **en tant que** (+nom) as (+noun)
tante *n.f.* aunt
taper *v.* to type (write)
tapisserie *n.f.* tapestry
tas *n.m.* heap, pile; **un tas de** a lot of
tasse *n.f.* a cup (full)
teindre *v.* to dye
tel, telle *adj. indéf.* such
téléférique *n.m.* cable-car
téléphoner *v.* to phone; **téléphoner à quelqu'un** to telephone someone
tellement *adv.* so, in such a way; **tellement de** so much
temps *n.m.* time, weather, tense; **à temps** in time; **de temps à autre** from time to time; **en même temps** at the same time; **en ce temps-là** in those days; **concordance des temps** sequence of tenses
tendre *v.* to stretch; **tendre la main** to hold out one's hand
tenir *v.* to hold, keep; **tenir à (quelque chose/quelqu'un)** to be fond of, value; **tenir à** (+inf.) to insist upon (doing), be eager/anxious (to do); **tenir (se)** *v. pron.* to keep, remain, stand, behave; **bien se tenir** to behave
tentative *n.f.* attempt
tente *n.f.* tent; **monter une tente** to put up a tent
tenter *v.* to try, attempt; **tenter de faire quelque chose** to try doing something
terminer *v.* to end, finish
terminus *n.m.* last stop on a line (railroad, subway, bus)

terrain *n.m.* lot, field (**le terrain de football**)
terre *n.f.* earth, ground, land; **pomme de terre** potato; **à terre** on the ground
tête *n.f.* head
thé *n.m.* tea
thème *n.m.* composition
tiens! *interj.* well!
tien(le), tienne(la) *pron. poss.* yours (familiar form)
tiers, *adj. & n.m.* third; a third party
timbre *n.m.* stamp
tirer *v.* to draw, pull; **tirer toute joie** to get all the pleasure
tiroir *n.m.* drawer
tissu *n.m.* material, fabric
toi *pron. pers.* you (familiar)
toilettes *n.f.pl.* washroom
toit *n.m.* roof
tomate *n.f.* tomato
tomber *v.* to fall; **tomber en panne** to have a mechanical breakdown
ton, ta, tes *adj. poss.* your (familiar)
tonique *adj.* stressed, accentuated, tonic
tonne *n.f.* ton
tort *n.m.* harm, hurt; fault, wrong; **avoir tort** to be wrong
tôt *adv.* early
toujours *adv.* always
tour *n.f.* tower
tour *n.m.* turn, tour; trick; **faire un tour** to take a walk/ride; **faire le tour de** to go around; **premier tour de scrutin** first ballot
tournée *n.f.* circuit, tour
tourner *v.* to turn, shape; **tourner un film** to make/shoot a film
tout *adj.* all, whole; **tout** *adv.* very, quite; **pas du tout** not at all; **tout d'abord** first of all; **tout à fait** completely; **tout au moins** at the very least; **tout de suite** right now/away
traduire *v.* to translate
train *n.m.* train, movement; **être en train de faire quelque chose** to be in the process of doing something

trait *n.m.* mark, stroke, line; **trait d'union** hyphen
traître *n.m.* traitor
tranquille *adj.* still, calm, quiet, tranquil, peaceful
transmettre *v.* to transmit
transport *n.m.* transportation
travail, les travaux *n.m.* work
travailler *v.* to work
traverser *v.* to go across
trembler *v.* to tremble, shake
très *adv.* very
triste *adj.* sad
tromper *v.* to cheat, trick, deceive; **se tromper de chemin/route** to go the wrong way
trop *adv.* too much, too many
troublant *adj.* troubling, disturbing
trouver *v.* to find; **se trouver** to be (located)
truite *n.f.* trout
tu *pron. pers.* you (familiar)
tuer *v.* to kill
tulipe *n.f.* tulip

U

un, une *art. indéf. et adj.* a/an; one
unicité *n.f.* uniqueness, singleness
unique *adj.* only, unique
unir *v.* to unite, unify
université *n.f.* university
universitaire *adj.* university
usine *n.f.* factory, plant
utile *adj.* useful
utiliser *v.* to make use of, utilize
utilité *n.f.* usefulness

V

vacances *n.f.pl.* vacation/vacations
vache *n.f.* cow
vague *n.f.* wave
vaisselle *n.f.* dishes
vainqueur *n.m.* winner
valeur *n.f.* value
valise *n.f.* suitcase
valoir *v.* to cost, be valued at, be worth; **mieux valoir** to be better/preferable

valse *n.f.* waltz
vedette (de cinéma) *n.f.* star (movies)
veiller à *v.* to look out for
velours *n.m.* velvet
vendange *n.f.* grape-harvest (generally used in the plural: **les vendanges**)
vendangeur *n.m.* grape-picker
vendeur *n.m.* salesman
vendeuse *n.f.* salesgirl
vendre *v.* to sell
venir *v.* to come; **venir à bout de** to succeed (in solving a problem); **en venir à** to end up by doing; **venir de** (+inf.) to have just (done something)
vent *n.m.* wind; **faire du vent** to be windy
vente *n.f.* sale; **être en vente** to be for sale
verger *n.m.* orchard
vérifier *v.* to check
véritable *adj.* veritable, true, real
vérité *n.f.* truth
verre *n.m.* glass
verser *v.* to pour; **verser un acompte** to make a down-payment
vert *adj.* green; **le vert** *n.m.* the color green
vêtement *n.m.* garment; **les vêtements** clothes; **vêtements de sport** sportswear
viande *n.f.* meat
vibrer *v.* to vibrate
vie *n.f.* life
vieillard *n.m.* old man
vieux/vieil, vieille *adj.* old
vigne *n.f.* vine; **vignes** vineyard
vigneron *n.m.* wine-grower
vigoureux, vigoureuse *adj.* vigorous, tough, strong
ville *n.f.* city, town; **ville natale** home town; **en ville** downtown
vin *n.m.* wine
vinaigre *n.m.* vinegar
viser *v.* to check, stamp
vite *adv.* quickly
vitesse *n.f.* speed; **en vitesse** quickly

vitrine *n.f.* shop-window; **lécher les vitrines** to window-shop
vivant *adj.* alive, lively
vivre *v.* to live
vocabulaire *n.m.* vocabulary
voici *prép.* here is/are
voilà *prép.* there is/are
voir *v.* to see; **y voir clair** to be clear-sighted
voisin *adj.* neighboring
voisin *n.m.* neighbor
voisinage *n.m.* neighborhood, vicinity
voiture *n.f.* car, automobile, railroad car; **voiture de première classe** first class railroad car
voix *n.f.* voice; **à haute voix** out loud; aloud; **à voix basse** in low voice
voler *v.* to fly, steal (see context)
volonté *n.f.* will
volontiers *adv.* willingly, gladly
votre *adj. poss. m. et f. sing.* your; **vos** *pl.* your
vôtre(le), vôtre(la) *pron. poss.* yours
vouloir *v.* to want, wish
vous *pron. pers.* you
voyage *n.m.* travel; **en voyage** on a trip
voyager *v.* to travel
voyageur *n.m.* traveler
voyelle *n.f.* vowel
vrai *adj.* true, real; **pour de vrai** truly
vraiment *adv.* really, truly
vue *n.f.* view, sight; **vue d'ensemble** comprehensive view

W

wagon-restaurant *n.m.* dining-car

Y

y *pron.* about/of it
y *adv.* there; **il y a** there is/are; **il y a 3 jours** three days ago
yé-yé *n.m.* rock and roll
yeux *n.m.pl.* eyes